AUF DER SUCHE NACH

NEUEN WELTEN

DIE GESCHICHTE DER ENTDECKUNGSREISEN

Titel der Originalausgabe: *Boats, Blisters and Frostbite*

www.librero-ibp.com

Buchdesign: JC Lanaway

Übersetzung aus dem Englischen:
Peter Simon, Wien
Redaktion und Satz der deutschen Ausgabe:
Print Company Verlagsges.m.b.H., Wien

Printed in Malaysia

ISBN: 978-94-6359-691-6

FSC
www.fsc.org
MIX
Papier | Fördert gute Waldnutzung
FSC® C007207

AUF DER SUCHE NACH

NEUEN WELTEN

DIE GESCHICHTE DER ENTDECKUNGSREISEN

Jonathan J. Moore

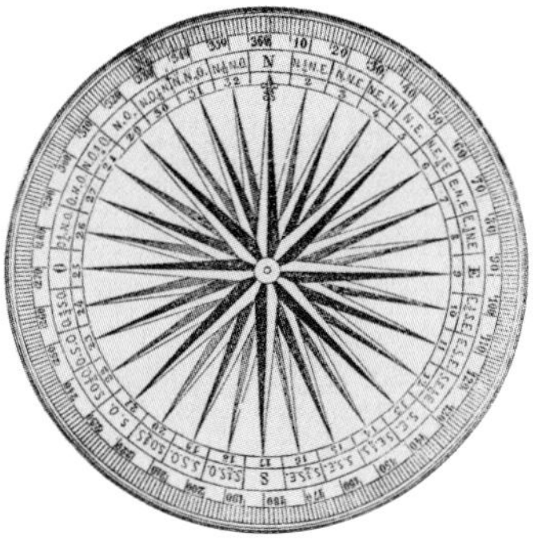

Librero

INHALT

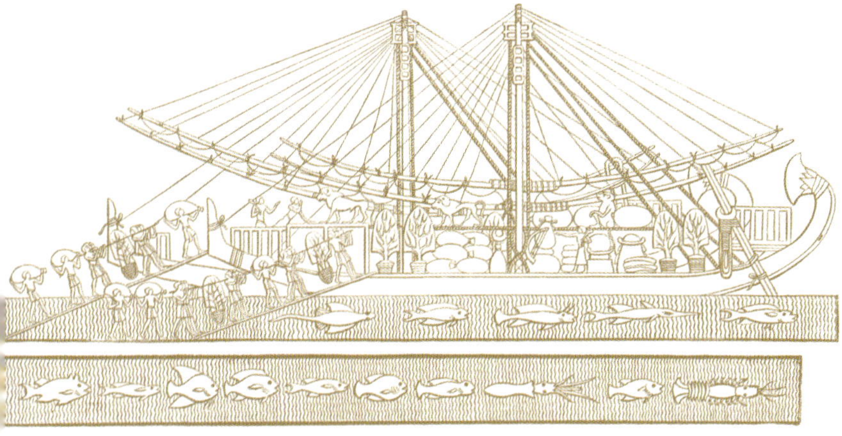

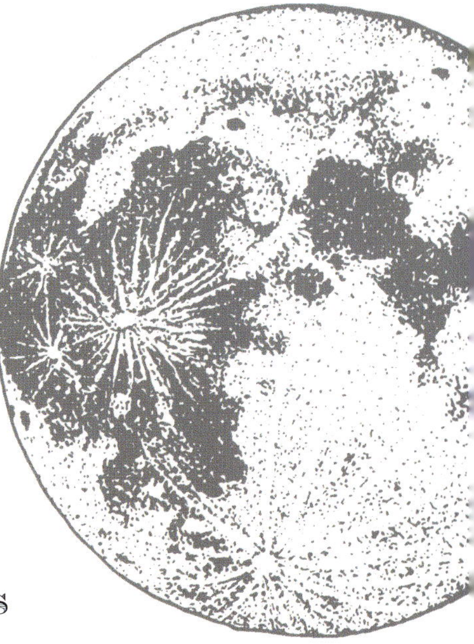

Einleitung

Neandertaler

Der Drang zu erforschen, neue Orte zu finden, über den Horizont hinauszugehen und neues Land für Jagd oder Landwirtschaft zu finden, ist in die menschliche DNA eingebaut. Das zeigt sich besonders gut am Beispiel einer etwa eine Million Jahre zurückreichenden Besiedlung Großbritanniens durch die Hominiden, zu denen alle Menschenaffen, einschließlich der frühen Menschen und unserer Vorfahren, gehören. Die Lage zwischen Atlantik und Kontinentaleuropa führte dazu, dass das Klima in dieser Zeit stark schwankte und mindestens zehn verschiedene Besiedlungswellen festgestellt wurden.

Die frühesten Bewohner hinterließen interessante Spuren. Einige primitive Steinwerkzeuge und Fußspuren stammen vom *Homo antecessor*, der vor 1 200 000 bis 800 000 Jahren umherwanderte. Diese Vorfahren der modernen Menschen überlebten bei ähnlichen Temperaturen wie in Skandinavien. Die nachfolgenden extremen Bedingungen machten Großbritannien bis etwa 500 000 v. Chr. bis zur Ankunft neuer fortgeschrittener Hominiden unbewohnbar: *Homo heidelbergensis* war ein erfolgreicher Räuber, der eine Fülle von Steinwerkzeugen hinterließ, die zum Jagen und Schlachten von großen Tieren wie Pferden, Hirschen und sogar Nashörnern verwendet wurden.

Die Vereisung der britischen Inseln begann vor etwa 450 000 Jahren. Wieder wurden die Hominiden für viele Jahrtausende von den Inseln vertrieben. Sobald sich die Bedingungen gebessert hatten, fand eine weitere Welle von Entdeckern ihren Weg in die vom Eis befreiten Länder. Es waren unsere nahen Verwandten, die Neandertaler, die in den nächsten hunderttausend Jahren zwischen ihrer europäischen Heimat und Großbritannien pendelten.

Anscheinend war Großbritannien wieder unbewohnt, als es vor 180 000 bis 60 000 Jahren von Europa abgeschnitten wurde. Vor etwa 60 000 Jahren schafften es die Neandertaler wieder zurück nach Großbritannien. Sie durchquerten die großen Ebenen von Doggerland, einem riesigen Grasland, das Großbritannien und Europa verband. Doggerland liegt jetzt unter der Nordsee, aber Fischer, die nach

LINKS 2010 entdeckten Fischer in der Nordsee Knochen des Wollhaarmammuts. Diese Tiere durchstreiften die eisige Tundra von Doggerland zwischen Großbritannien und dem europäischen Festland bis vor etwa 14 000 Jahren.

Nordisches Langschiff

Schalentieren suchen, ziehen oft Knochen empor, die von ausgestorbener Megafauna stammen. Der moderne Mensch, der *Homo sapiens*, erreichte Großbritannien vor etwa 40 000 Jahren, eine dauerhafte Besiedlung ist aber erst ab etwa 12 000 v. Chr. nachweisbar.

Dieses Bild der menschlichen Erforschung und Expansion unterscheidet sich radikal von der Vorstellung der menschlichen Eroberung der Welt, die Wissenschaftler noch vor zwanzig Jahren hatten. Es zeigt, dass sich die Menschen, sobald sie in der Lage waren, sich in ein neues Gebiet zu begeben, es zu erkunden und seine Ressourcen zu nutzen, immer aufmachten.

Bis etwa 50 000 v. Chr. erfolgte die Exploration zu Fuß. Um über den eurasischen und afrikanischen Kontinent hinausgehen zu können, bedurfte es einer neuen Technologie. Der erste Schritt dieser Reise begann, als die Menschen die Kunst der Seefahrt erlernten. Aborigines und Papua überquerten Tiefseebarrieren nach Sahul, dem alten Kontinent, durch den Papua-Neuguinea und Australien mit einer Landbrücke verbunden waren. Sie drangen auch zu den großen Archipelen von Melanesien und Mikronesien vor.

Ein weiterer technologischer Durchbruch ermöglichte den Vorfahren der Pazifischen Inselbewohner, von ihrer angestammten Heimat in der Region des heutigen Taiwan den weiten Pazifischen Ozean zu überqueren, um die reichen Inseln Polynesiens zu besiedeln. Diese Explorationsphase begann etwa 4000 v. Chr. und endete mit der Besiedelung Neuseelands durch die Maori vor etwas weniger als 1 000 Jahren.

In Europa waren die ersten großen Seefahrer die Minoer und die mykenischen Griechen, die das östliche Mittelmeer befuhren und im zweiten Jahrtausend v. Chr. bis nach Italien und ans Schwarze Meer vordrangen. Ihnen folgten die Phönizier und die klassischen Griechen, die jeden Teil des Mittelmeers erkundeten und sogar in den Atlantik hinausfuhren. Hier erreichte die weitere europäische Exploration ihre Grenzen, denn die Handelsschiffe mit tiefem Boden oder die schnittigen Biremen dieser Völker waren für Hochseefahrten nicht geeignet.

Erst als die skandinavischen Langschiffe aufkamen, konnte ein europäisches Volk Eurasien verlassen und einen neuen Kontinent finden. Diese hoch entwickelten und hochseetüchtigen Schiffe ermöglichten es den Nordmännern, über den Polarkreis vorzudringen, nach Osten ins Kaspische Meer und nach Westen bis Nordamerika. Die beeindruckenden Leistungen hatten aber auf die Besiedlung dieser Weltgegenden keinen dauerhaften Einfluss.

Erst siebenhundert Jahre später veränderte ein auf der iberischen Halbinsel entwickeltes, kleines, wendiges Schiff die Zukunft der Entdeckungen. Die Karavelle und ihre größeren Vettern verwendeten ein Lateinisches Segel, mit dem sie mit oder gegen den Wind segeln konnten. Plötzlich war kein Meer mehr unpassierbar. Innerhalb von

RECHTS **Die Maori benutzten raffinierte Langboote mit zwanzig Ruderern, um sich in Neuseeland anzusiedeln.**

»Hätten wir überlebt, könnte ich von der Härte, Ausdauer und dem Mut meiner Gefährten erzählen, die das Herz eines jeden Engländers bewegt hätten. Nun müssen diese Notizen und unsere Leichen die Geschichte erzählen.«

—Tagebuch von Kapitän Robert Falcon Scott

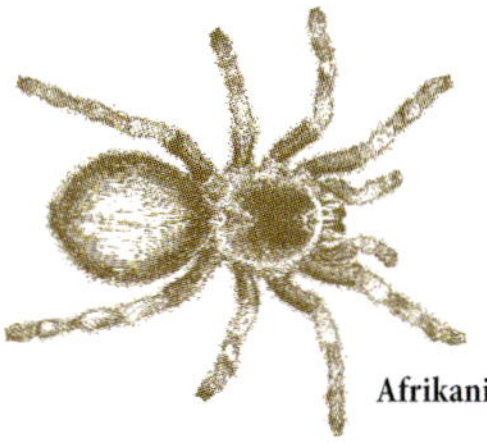

Afrikanische Vogelspinne

RECHTS Entdecker mussten nicht nur mit feindlichen Temperaturen und Gegenden fertig werden, sie bekamen es auch mit neuartigen und manchmal gefährlichen Kreaturen zu tun.

Australisches Känguru Afrikanischer Tapir

fünfzig Jahren wurde Afrika umrundet, ein Großteil Nord- und Südamerikas erforscht und die erste Weltumrundung durchgeführt. Für diese schwunghaften Aktivitäten waren hauptsächlich die tapferen und rücksichtslosen Portugiesen und Spanier verantwortlich. Den Entdeckungen folgten bald Ausbeutung und Kolonisierung. Die beiden iberischen Mächte schienen die Welt zu beherrschen.

Um 1530 traten andere europäische Seemächte auf den Plan. England, Frankreich und Holland schickten Entdecker, die von königlichen Charter- oder Handelsunternehmen finanziert wurden, um neues Land zu finden und ihre eigenen Reiche zu erweitern. In den folgenden drei Jahrhunderten wurden alle Ozeane und Meere der Erde erforscht.

Die Welt schien den Europäern zu Füßen zu liegen. Nur das feindliche Innere von Amerika, Australien und Afrika blieb unbekannt und unbesiegt. Es folgte die zweite große Phase der Entdeckungen, und im 19. Jahrhundert wurden auch die letzten Geheimnisse dieser exotischen Kontinente gelüftet.

Dann blieben nur noch die Pole übrig. Wieder erlaubten neue Technologien unerschrockenen Entdeckern, die fernen Enden der Erde zu erreichen, wobei sich in diesen Eiswüsten zahlreiche Tragödien ereigneten.

Gerade als die letzten Entdecker die Pole erreichten, wurde ein neues Kapitel der Entdeckungen eröffnet. Mit dem ersten Motorflug der Gebrüder Wright um die Jahrhundertwende begann die Menschheit nach neuen Feldern zu suchen, die sie erobern konnte. Und sechsundsechzig Jahre nach dem ersten Motorflug betraten die Menschen 1969 den Mond.

LINKS Kapitän Scott posiert neben einem tiefen Riss im Schneefeld, ein Beispiel dafür, wie trügerisch die Eisdecke sein konnte.

RECHTS Buzz Aldrin salutiert 1969 vor der amerikanische Flagge auf dem Mond.

KAPITEL 1

Entdeckungen am Beginn der Geschichte

SOBALD SICH JÄGER UND SAMMLER in landwirtschaftlich geprägten Zivilisationen niederließen, setzte sich der Drang durch, das umliegende Land zu erkunden. Schon 3500 v. Chr. fuhren sumerische Entdecker die Flüsse des Fruchtbaren Halbmonds hinunter, überquerten den Persischen Golf und das Arabische Meer und errichteten Stützpunkte für den Handel mit der Harappan-Zivilisation im Indus-Tal. Einige mutige Sumerer könnten sogar bis ins heutige Sri Lanka vorgedrungen sein.

LINKS **Die hochentwickelte Kultur der Sumerer erforderte eine Reihe von Ressourcen. Sie setzten nicht nur auf militärische Gewalt, sondern entwickelten auch umfangreiche Handelsbeziehungen.**

Ägyptische Entdeckungen

Die Dynastien Ägyptens schickten viele Expeditionen nach Süden, um die Quelle des Nils zu finden. Selbst dieses mächtige Imperium konnte das Rätsel nicht lösen, wo das Wasser dieses großen Flusses aus dem Boden kam, die Quelle wurde erst in der Neuzeit entdeckt. Trotzdem erkundeten die Ägypter die Arabische Halbinsel und entdeckten das Horn von Afrika.

Die erste dokumentierte Forschungsexpedition wurde von der ägyptischen Pharaonin Hatschepsut (Regentschaft um 1473–1458 v. Chr.) ausgesandt, um das sagenhafte Land Punt zu erkunden. Die im neunten Jahr ihrer Herrschaft gestartete Expedition war ein Triumph und brachte Bäume zurück, die in Ägypten erfolgreich angepflanzt wurden.

Die nachfolgenden Kulturen, Minoer, Griechen, Römer, Karthager und Wikingern, stürzten sich ins Unbekannte. Einige suchten nach Beute, andere nach Handelsbeziehungen, einige nach Ruhm. Was auch immer ihre Motivation war, die frühen Entdecker begaben sich in unerforschtes Gebiet und sahen sich unterwegs unzähligen Gefahren gegenüber.

OBERN UND UNTEN **Königin Hatschepsut entsandte mehrere Expeditionen in die Weiten des Nils, die seltsame und wundersame Gegenstände aus dem Land Punt heimbrachten.**

Minoer und Mykener

Eines der ersten bekannten Seereiche war das minoische Reich auf Kreta. Völker aus dem antiken Kleinasien (Anatolien in der heutigen Türkei) dürften zusammen mit griechischen Migranten vom Balkan ein Reich errichtet haben, das Hunderte von Jahren bestand (ca. 3000 v. Chr. bis 1100 v. Chr.). Von Stützpunkten wie dem Palast von Knossos auf Kreta aus erkundeten diese Abenteurer einen Großteil des östlichen Mittelmeers und errichteten Handelsniederlassungen in der gesamten Ägäis. Irgendwann im 15. oder 14. Jahrhundert v. Chr. übernahmen ihre kriegerischen Verwandten vom griechischen Festland, die Mykener, die Kontrolle über Kreta und verdrängten die Minoer als herrschende Klasse.

OBEN **Wunderbare Fresken, die in der antiken Stadt Akrotiri entdeckt wurden, vermitteln uns ein lebendiges Bild der minoischen Seefahrer die das östliche Mittelmeer beherrschten.**

Die Mykener, die Helden von Homers *Ilias* und *Odyssee*, waren ebenso unternehmungslustige Seefahrer die sich weit über die Grenzen der Minoer hinauswagten. Sie erforschten die Küste Kleinasiens, errichteten dort Kolonien und drangen bis Zypern und Ägypten vor.

Ihre bedeutendsten Entdeckungen fanden im Westen statt. Spuren dieser Entdecker wurden in ganz Italien gefunden, insbesondere in Apulien. Sizilien beherbergte wahrscheinlich mehrere große Siedlungen, es gibt Hinweise auf griechische Einflüsse in Sardinien und sogar in Zentralspanien. Wahrscheinlich fuhren die Mykener durch das Ionische Meer, die Adria und das Tyrrhenische Meer. Einige Mythen deuten darauf hin, dass sie sogar die Säulen des Herakles erreicht haben könnten, die griechische Bezeichnung für die Vorgebirge zu beiden Seiten der Straße von Gibraltar, der Meerenge zwischen Mittelmeer und Atlantik.

Altgriechische »Mythen« sind keine Fiktion. Das griechischen Wort *mythos* bedeutet »wahre Erzählung«, »Wort« oder »Geschichte«. Es scheint, dass Mythen wie die Geschichte der *Sieben von Theben* und der *Zerstörung Trojas durch Agamemnon* auf wahren historischen Ereignissen basieren. Der mykenische Mythos von Jason und den Argonauten, der die Geschichte von griechischen Entdeckern und den Prüfungen erzählt, denen sie begegneten, ist eine Erzählung, die uns einen guten Einblick in die Vergangenheit gibt.

UNTEN **Die reichen Herrscher von Städten wie Mykene förderten ehrgeizige Entdeckungsreisen, die ins westliche Mittelmeer und im Osten bis ins Schwarze Meer vordrangen.**

Jason und die Argonauten

Die Geschichte von Jason und den Argonauten war, wie die meisten der frühen griechischen Mythen, eine Zusammenfassung von Ereignissen, die über einen langen Zeitraum stattfanden. Sie handelt von einer abenteuerlichen Expedition über die Grenzen der griechischen Zivilisation hinaus in den gefährlichen Pontos Axeinos, das Schwarze Meer.

Die Geschichte erzählt von Jason, einem gestürzten König, der aus dem Exil zurückkehrt und vom Usurpator seines Throns beauftragt wird, eine Gruppe von Abenteurern nach Kolchis am Pontos Axeinos zu führen. Dort sollen sie das magische Goldene Vlies finden und es als Beute zurückbringen. König Pelias, der Jason auf diese Suche schickt, ist sicher, dass er umkommen und ihm nicht mehr gefährlich werden wird. Dieser Plan deutet auf die Gefahren der Reise hin und darauf, dass viele mykenische Griechen die Reise versucht hatten, aber gescheitert waren.

Jason bereitet sich auf die Reise vor. Als Adliger verfügt er über die notwendigen Ressourcen für solch eine Operation, ein klarer Hinweis darauf, dass durch Handel zu Reichtum gekommene Könige und Kriegsherren im Mittelpunkt der mykenischen Entdeckungen standen. Er beauftragte den talentiertesten Bootsbauer seiner Zeit, die *Argos* zu bauen, ein hochmodernes Schiff mit einer Länge von rund 21 Metern, das mit fünfzig Rudern und einem Segel ausgestattet war. Es wurde aus Eiche und Kiefer gebaut und mit der Hilfe der Göttin Athene robust genug gemacht, um den grausamsten Meeren standzuhalten. Das Schiff hatte einen geringen Tiefgang, was es ermöglichte, in Küstengewässern zu navigieren, ohne zu stranden. Steuerruder, Anker, Segel und Ruder konnten entfernt werden, sodass die Segler die Argos aus dem Wasser ziehen konnten, um Gefahren zu entgehen. Die Galionsfigur des Schiffes hatte die Gabe der Sprache und konnte den Seefahrern Orientierung bieten, ein Hinweis auf frühe Navigationsinstrumente. Indem sie die Galionsfigur nach Norden und das Ruder nach Süden ausrichteten, konnten die Seeleute sie an den Sternen über ihnen ausrichten und ihre Position bestimmen.

Sobald die Argos gebaut war, musste Jason seine Mannschaft auszuwählen. Der Mythos erzählt von bemerkenswerten Individuen, die aus ganz Griechenland herbeikamen. Sie mussten sich würdig erweisen, indem sie in einem sportlichen Wettbewerb ähnlich den Olympischen Spielen antraten. Nur die Geschicktesten und Kräftigsten durften sich der gefährlichen Expedition anschließen.

Es war eine sehr gefährliche Reise. Im Mythos wimmelt es von tödlichen Kreaturen, verführerischen Harpyien, mörderischen Frauen, schrecklichen Monstern und feindlichen Völkern. Während diese Charaktere wahrscheinlich metaphorisch sind, zeugen die Gefahren, die sie darstellen, von der feindlichen Umgebung, in die sich die frühen Entdecker begaben:

Bronzemünzen aus dem 4. Jh. v. Chr. mit Darstellung der *Argos*.

Die Reise ins Schwarze Meer war voller Gefahren. Zuerst mussten die Griechen von der Ägäis durch die Meerenge des Hellespont (die heutigen Dardanellen). Starke Winde und Gezeiten waren natürliche Gefahren, ebenso Bedrohungen durch mächtige Staaten wie Troja oder Piraten, die bereit waren, jedes Schiff, das gegen das tosende Wasser kämpfte, zu entern. Nach dem Hellespont durchquerten die Griechen den Propontis (Marmarameer), was mehrere Tage dauerte. Schließlich standen sie vor der größten Gefahr, der engen Bosporus-Straße. Hier schossen tückische, schnelle Strömungen durch die enge Wasserstraße. Im Mythos von Jason und den Argonauten prallten die felsigen Küsten aufeinander, zerstörten Boote und töteten alle Besatzungsmitglieder, die den gefährlichen Gewässern trotzten. Nur Gebete an den Meeresgott Poseidon konnten Jason und seine Männer retten: Der Gott wurde angerufen, seine göttliche Kraft einzusetzen und die bedrohlichen Felsen auseinanderzuhalten.

UNTEN **Die *Argos* repräsentierte die neueste Technologie der Bronzezeit. Sie ermöglichte es den Argonauten, schwierige Passagen zu überwinden und neue Länder zu entdecken**

Nachdem diese gefährliche Meerenge überwunden war, waren die Gefahren noch lange nicht vorbei. Griechische Schiffe der Bronzezeit waren nicht hochseetauglich. Sie fuhren tagsüber entlang der Küste oder zwischen Inseln und zogen sich in ruhige Buchten zurück, wenn die Nacht anbrach oder schlechtes Wetter drohte. Dem Schwarzen Meer fehlen viele dieser Dinge. Sein griechischer Name, Pontos Axeinos, bedeutet »unwirtliches Meer«. Ohne Buchten oder Inseln waren die frühen Seeleute dem Meer hilflos ausgesetzt. Kalte Winde aus dem Osten schufen Bedingungen, die im gemäßigten Mittelmeerraum nicht zu finden waren: Nebel, Stürme, Schnee und sogar Eisschollen.

Das Fehlen von Anhaltspunkten machte die Navigation schwierig. Sollten die Griechen versuchen, an den kargen Küsten Schutz zu fin-

UNTEN **Der Mythos der Symplegaden (der aufeinanderprallenden Felsen) war eine Metapher für die sehr reale Gefahr, der frühe Seeleute im Bosporus begegneten.**

RECHTS **Das Goldene Vlies wurde von Jason den Herrschern von Kolchis entwendet. Durch die Erschließung einer neuen Handelsroute ins Schwarze Meer sorgte Jason dafür, dass neue Reichtümer nach Griechenland flossen.**

den, konnten feindliche Einheimische wie die Skythen und Thraker angreifen und ihre Gefangenen blutrünstigen Gottheiten opfern.

Jason und seine Argonauten erreichen schließlich ihr Ziel, das seltsame Land Kolchis (das heutige Georgien) am äußersten östlichen Ende des Schwarzen Meeres. Obwohl sie willkommen sind, sind ihnen die seltsamen Bräuche und Gewohnheiten der Bewohner sehr fremd. Die Herrscher praktizieren dunkle Künste und sind zu böser Magie fähig, die Monster aus den Eingeweiden der Erde beschwören kann.

Die Tatsache, dass Jason nach einem Goldenen Vlies sucht, ist ein Beweis dafür, dass der Mythos auf der Kenntnis der lokalen Bräuche beruht. Noch heute wird in Georgien häufig mithilfe eines Lammvlieses nach Gold gesucht. Lammvliese werden in Gebirgsgewässern platziert, damit sie Goldpartikel aus den wilden Gewässern auffangen. Das Vliesmotiv hatte auch Anklänge im nahen Hethiterreich. Südlich von Kolchis am Ufer des Schwarzen Meeres gelegen, kannte dieses Reich eine Tradition, Schafshäute in heiligen Hainen und Tempeln als Symbol der königlichen Macht aufzuhängen. Sogar die Etrusker im fernen Italien (die möglicherweise aus Anatolien stammen) kannten ein farbiges Vlies als Symbol für Wohlstand.

Jason flieht Unruhe stiftend und mordend mit dem Goldenen Vlies und bringt Medea, die Tochter des Königs Aietes, als seine Braut mit nach Hause. Sie verursacht Chaos und Zerstörung, symbolisch für die fremde Natur der östlichen Barbaren.

Während es wenig Beweise dafür gibt, dass die Heldentaten der frühen Mykener zu dauerhafter Besiedlung des Pontos Axeinos führten, trugen ihre Leistungen doch späte Früchte. Im späten achten Jahrhundert v. Chr. wurden griechische Kolonien entlang der Ufer des Schwarzen Meeres gegründet. Diese Kolonien nahmen die überschüssige Bevölkerung aus den griechischen Stadtstaaten auf und exportierten Holz, Gold, Sklaven, Getreide und andere Lebensmittel. Dank der Bemühungen von Jason und anderen wurden der Pontos Axeinos zum Euxeinos Pontus, zum einladenden Meer.

Antike Griechen und Phöniker

Um 1200 v. Chr. brach das mykenische Reich zusammen. Eine Kombination von Naturkatastrophen und Invasionen aus dem Norden zerstörte beinahe die alte Kultur, und ein dunkles Zeitalter, das 300 Jahre dauerte, brach über die griechische Welt herein. Möglicherweise bezieht sich Homers Gedicht *Ilias* auf die Konflikte dieser Zeit und vielleicht sind die Leiden der zurückkehrenden Griechen in seiner *Odyssee* Metaphern für die Ereignisse dieser unruhigen Epoche.

Aber um 800 v. Chr. entstanden neue griechische Stadtstaaten aus den dunklen Zeiten der Vergangenheit und diese neuen Staaten erwiesen sich sogar als noch dynamischer als ihre minoischen und mykenischen Vorgänger. Die griechischen *Poleis* (Stadtstaaten) waren dynamische Handelskulturen, die neue Schiffe entwickelten, um das Mittelmeer erfolgreich zu befahren. Für mehrere

UNTEN **Die phönizischen Küstenstädte im heutigen Libanon errichteten riesige Handelsnetze, die sich vom östlichen Mittelmeer bis zu den Säulen des Herakles erstreckten.**

Jahrhunderte begannen abenteuerliche Expeditionen von Griechenland aus. Sie erkundeten das westliche und östliche Mittelmeer und auch das Schwarze Meer und errichteten Kolonien, wo immer sie freies Land und einen guten Hafen finden konnten, darunter Massilia in Frankreich, Syrakus in Sizilien, Taras an der Ferse Italiens, Byzanz am Eingang zum Bosporus, Milet an der südwestlichen Ecke der Türkei und Kyrene im heutigen Libyen.

OBEN **Phönizische Handelsschiffe mussten ihre Ladung schützen. Wenn die schnellen Biremen den Angreifern nicht entkommen konnten, mussten die Seeleute kämpfen.**

Zu diesem Zeitpunkt konnte man das östliche Mittelmeer das griechische Meer nennen, während zur gleichen Zeit das westliche Mittelmeer von den Phöniziern kontrolliert wurde. Um 1000 v. Chr. segelten die Phönizier, Entdecker aus den Städten Tyrus, Sidon und Byblos in der Levante (im heutigen Libanon) direkt über das Mittelmeer und entdeckten die reichen Silbervorkommen Spaniens. Im neunten Jahrhundert v. Chr. gründete Tyrus Karthago im heutigen Tunesien und bald wurde ein Großteil Nordafrikas und Spaniens von diesem unternehmungslustige Volk erobert. Die Griechen und Phönizier nutzten ihre modernen Biremen (Galeeren mit zwei Ruderreihen), um das Meer zu beherrschen, und selbst heute wissen wir noch nicht genau, welche Länder sie entdeckten.

OBEN **Als Karthago an der Küste Nordafrikas erbaut wurde, entstand ein Handelsimperium, das über das westliche Mittelmeer und einen Teil des Atlantiks herrschte.**

Hanno und Himilkon von Karthago

Karthago wurde von Rom in den punischen Kriegen (264–146 v. Chr.) zerstört und alle alten Aufzeichnungen gingen verloren. Zum Glück bewahrten griechische und römische Schriftsteller einiges an Wissen über Hanno und Himilkon, Karthagos größte Entdecker. Leider sind viele der Details und Daten dieser Reisen eher verschwommen.

Hanno fuhr zwischen 500 und 450 v. Chr. von Karthago los, um Afrika zu umrunden. Er war einer der ersten bekannten Segler aus dem Mittelmeer, die durch die Säulen des Herakles in den Atlantischen Ozean fuhren. Biremen waren schnelle Schiffe, die perfekt für schnelles Reisen in den geschützteren Gewässern des Mittelmeers, aber nicht für die hohe See des Atlantiks geeignet waren. Hannos Expedition segelte daher wahrscheinlich in *Gauloi*-Rundbodenschiffen. Diese Handelsschiffe konnten Waren und Vorräte transportieren und wurden möglicherweise am Rumpf verstärkt, um den harten Bedingungen im Atlantischen Ozean standzuhalten.

Eine Flotte von sechzig Schiffen wurde ausgesandt, um Kolonien zu gründen und Informationen zu sammeln. An der Nordwestküste Afrikas gründete Hanno mindestens sieben Kolonien im heutigen Marokko. Entlang der afrikanischen Küste setzte er seinen Handel mit einheimischen Völkern fort: Die Karthager waren besonders an der Goldgewinnung interessiert. Niemand weiß, wie weit Hanno segelte. Der antike Schriftsteller Arrian behauptet, dass er nach fünfunddreißig Tagen umkehrte, während der römische Schriftsteller Plinius der Ältere glaubte, dass der Karthager den gesamten Kontinent umrundet und seine Reise mit der Entdeckung Arabiens beendet hätte. Die meisten modernen Forscher sind sich einig, dass Hanno wahrscheinlich bis ins heutige

OBEN **Hanno der Seefahrer war einer der ersten Mittelmeerforscher, der in den Atlantik segelte. Auf seiner Entdeckungsreise wurde ein Großteil der afrikanischen Küste erkundet.**

Gabun im Golf von Guinea gelangte. Untermauert wird dies durch eine Begegnung mit Flachlandgorillas. Bei der Erkundung einer Insel vor der Küste stießen die Expeditionsmitglieder auf eine große Population wilder, haariger Menschen. Hanno befahl, einige davon, die von ihren Dolmetschern *Gorillai* genannt wurden, gefangen zu nehmen. Die größeren Männchen konnten entkommen, aber drei der Weibchen wurden gefangen genommen, getötet und gehäutet. Die grob behaarten Häute wurden nach Karthago zurückgebracht, wo sie bis zur Zerstörung der Stadt in einem Tempel aufgehängt gewesen sein sollen.

Himilkons Reise, etwa zur gleichen Zeit wie die Hannos, ist ebenso geheimnisumwoben. Es scheint, dass er bis nach Irland gelangte. Wahrscheinlich organisierten die karthagischen Herrscher diese Expedition, um neue Ressourcen zu finden. Im frühen sechsten Jahrhundert v. Chr. unterzeichneten sie Verträge mit Rom und griechischen Stadtstaaten. Das bedeutete, dass, wenn die Karthager neue Gebiete erschließen wollten, die Erschließung im Westen die einzige Option war. Man vermutet, dass Himilkon in der Hoffnung ausgesandt wurde, neue Zinnvorkommen zu finden. Zinn, das nur 0,001 Prozent der Erdkruste ausmacht, ist auch in der Eisenzeit ein wesentliches Element bei der Herstellung von Bronze, einem dringend benötigten Metall. Zinn gab es nur an wenigen Orten, aber es gab Gerüchte über große Zinnvorkommen im Norden.

Himilkon segelte zuerst entlang der Küste der iberischen Halbinsel und gründete möglicherweise einige Kolonien in der Nähe des heutigen Lissabon. An der Küste Galliens und im Land der Kelten stieß der Entdecker auf ein großes Vorgebirge, die Bretagne. Diese Region Frankreichs war für ihre Zinnproduktion bekannt, ebenso wie

Cornwall in Großbritannien, das Himilkon wahrscheinlich danach besuchte. Es folgte eine mehrtägige Reise und mehrere antike Schriftsteller waren sich einig, dass er *Ierne,* griechisch für Irland, erreichte.

Himilkon malte ein düsteres Porträt der Gebiete, die er besuchte, aber das könnte eine List gewesen sein, die die Griechen von den neu entdeckten Ressourcen abschrecken sollte. Er erreichte sein Hauptziel und ebnete den Weg für karthagische Händler, die in seine Fußstapfen traten und den Zinnhandel für Karthago aufbauten.

Es ist sogar möglich, dass die karthagische Expedition bis zur Ostsee gelangte. Im sechsten Jahrhundert v. Chr. erzählten griechische Schriftsteller von einem legendären Bernsteinfluss, *Eridanus* genannt. Dreihundert Jahre später erwiesen sich diese Gerüchte als wahr.

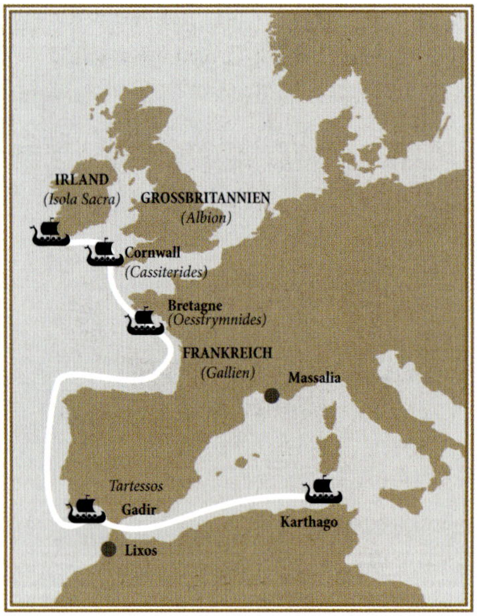

OBEN UND RECHTS **Himilkon wurde von den karthagischen Herrschern ausgesandt, um neue Zinnvorkommen zu finden. Während einige Quellen den Entdecker um die spanische Küste segeln lassen (siehe Karte), sagen andere, er habe Gallien (heutiges Frankreich) durchquert und dann auf keltischen Schiffen seine Reise nach Irland fortgesetzt.**

Pytheas von Massalia

Während Jason und seine Argonauten die ersten griechischen Entdecker des Hellespont und des Schwarzen Meeres waren, begab sich fast 1 000 Jahre später ein weiterer kühner Forscher an die »Enden der Erde«. Pytheas fuhr aber nach Nordwesten, nicht nach Osten.

Um 320 v. Chr. segelte Pytheas von Massalia (heute Marseille) aus dem Mittelmeer entlang der Atlantikküste bis über den Polarkreis hinaus. Massalia wurde 600 v. Chr. von phokäischen Griechen gegründet, die als die abenteuerlustigsten der griechischen Entdecker gelten. Sie waren die Ersten, die sich weit über die sagenumwobenen Säulen des Herakles (Gibraltar) hinaus gewagt hatten. Pytheas setzte diese Tradition fort und nach seiner Rückkehr schrieb er einen Reisebericht mit dem Titel *Über das Weltmeer*, der so voll seltsamer Geschichten war, dass viele die Richtigkeit des Werks anzweifelten.

OBEN Pytheas ist vermutlich der erste Grieche, der den Polarkreis überquerte. Er hätte dafür warme Kleidung gebraucht, keinen traditionellen *Chiton*.

Der wissenschaftlich denkende Forscher schätzte die Breite seines Standorts ein, indem er die Höhe der Sonne zu Mittag und die Länge der Tage maß. Als er nach Norden segelte, wurden die Tage außerordentlich lang. Von der Spitze Schottlands segelte er sechs Tage lang, bevor er in ein Land namens Thule kam. Er bemerkte, dass die Sonne nur für ein oder zwei Stunden am Tag unter dem Horizont war. Thule war von Bauern bewohnt, die von Hirse, Weizen, Kräutern und Honig lebten. Das Land war so feucht, dass sie ihre Ernte drinnen dreschen mussten, sonst würde der ständige Regen sie zerstören. Die Einwohner tranken Bier aus Getreide und Met aus Honig. Offenbar ist Thule der erste historische Hinweis auf Skandinavien.

Man glaubt, dass Pytheas am Trondheimfjord in Norwegen landete, der noch heute als eine der fruchtbarsten Gegenden des Landes gilt. Der Grieche fuhr dann weiter, bis er zum Eismeer kam.

Er wandte sich nach Süden und gelangte am heutigen Dänemark vorbei in die Ostsee. Hier löste er ein altes Rätsel: Bernstein, von den Griechen Elektra genannt, war seit Jahrtausenden ein geschätztes Gut, aber niemand wusste, woher es kam. Pytheas fand es angespült an Land, was bedeutet, dass er wahrscheinlich in der Nähe der Samland-Halbinsel in der Nähe des heutigen Kaliningrad war. Die Griechen reisten dann vermutlich den Fluss Don hinunter zum Schwarzen Meer und nahmen damit die Route vorweg, die die Wikinger mehr als 1 000 Jahre später befuhren.

Xenophon

OBEN **Xenophon war ein Entdecker wider Willen. Mitten im Persischen Reich gestrandet, musste er eine Armee durch feindliche und seltsame Länder führen.**

Xenophon und der Zug der Zehntausend

Die Griechen nannten das Mittelmeer ihren »Teich«. Sie erkundeten alle Küsten, wagten sich aber selten mehr als ein paar Meilen ins Landesinnere. All das änderte sich mit der persischen Expedition, als griechische Krieger als Söldner dienten in das Herz des achämenidischen Reiches marschierten und fast bis nach Babylon gelangten.

Der persische Fürst Kyros der Jüngere (gestorben 401 v. Chr.) versammelt etwa 11 000 griechische Söldner die ihm helfen sollten, seinen Bruder, König Artaxerxes II. (404–358 v. Chr.) zu stürzen. Sie versammelten sich in Sardes an der Westküste Anatoliens und marschierten ostwärts durch die Berge. Fast 1 500 Meilen marschierten sie landeinwärts durch die zuvor unerforschten Länder Lykaonien, Kappadokien und Syrien, entlang des Flusses Euphrat in das Persische Reich und durch Gebiete, die kein Grieche je zuvor gesehen hatte.

Im September 401 v. Chr. trafen die beiden Armeen bei der kleinen Stadt Cunaxa aufeinander. Kyros wurde fast sofort getötet und seine persische Armee löste sich auf. Die griechischen Söldner strandeten mehr als 1 000 Meilen von zu Hause.

Die Perser nahmen die griechischen Führer gefangen töteten sie und hofften, dass das die Griechen zur Kapitulation zu bringen würde. Doch ein junger Athener namens Xenophon (ca. 431–354 v. Chr.) sammelte die Truppen, und sie machten sich auf, das Persische Reich zu erkunden. Die Griechen beschlossen, zur griechischen Kolonie Trapezus am Schwarzen Meer westlich des antiken Kolchis zu ziehen. Die Reise dauerte zwei Jahre und führte die Griechen durch einige der schwierigsten Gebiete im Persischen Reich. Xenophon führte detaillierte Aufzeichnungen über die Länder, die sie erkundeten, und beschrieb sie in einem faszinierenden Reisebericht, der *Anabasis.*

Auf ihr erstes großes Hindernis trafen sie in den gebirgigen Ländern der Karduchianer. Diese kriegerischen Menschen hatten einst eine Armee von 120 000 Persern geschlagen, die in den Bergen verschwunden waren und nie wieder gesehen wurden. Indem er die von den Eingeborenen in steilen Bergpässen errichteten Straßensperren überwand, konnte Xenophon durch das beschwerliche Gelände marschieren.

Die Griechen zogen dann durch die Länder Armenien und Kappadokien. In Kappadokien fanden sie heraus, dass diese Völker in riesigen unterirdischen Tunneln mit riesigen Lagerhäusern für Getreide und ihre Tiere lebten. Die Griechen wurden hier gut behandelt und bekamen reichlich zu essen.

Nach dem Kampf gegen die erbitterten Krieger der Chalyber, die in Bergfestungen lebten, sahen die Griechen schließlich das Schwarze Meer und machten sich auf den Weg nach Trapezus und nach Hause.

DIESE SEITE **Als die Griechen nach ihrem legendären Marsch schließlich das Schwarze Meer erreichten, fanden sie viele griechische Kolonien, die ihnen Hilfe gewährten.**

Alexander der Grosse

Alexander der Große

Xenophons Expedition hatte gezeigt, dass die persische Armee des Achämenidenreiches durch griechische Infanteristen verwundbar war. Als Alexanders Vater, Philipp von Makedonien (382–336 v. Chr.), seine Infanterie mit fünfeinhalb Meter langen Lanzen ausstattete, wurde sie noch beeindruckender.

Dann wurde Philipp ermordet. Sein Sohn Alexander machte sich nicht nur daran, Philipps Traum zu erfüllen, Teile des Persischen Reiches zu erobern, sondern die ganze Welt!

Alexander der Große und seine Armee drangen tief in Westasien ein. Er war entschlossen, weiterzumachen, und wollte die Enden der Erde erreichen. Der mazedonische König wurde schließlich nur von seiner meuternden Armee aufgehalten, die dachte, sie hätten sich zu weit von ihrer griechischen Heimat entfernt.

UNTEN **In einem mehrere Jahre dauernden Kriegszug vereinigte Alexander der Große den Osten mit dem Westen und entdeckte viele neue Länder und Völker, die in sein Reich eingegliedert wurden.**

334 v. Chr. überquerte die mazedonische Armee den Hellespont nach Asien. In einer Reihe von Schlachten zerstörte Alexander die persische Armee und eroberte das Kernland des Reiches. Ägypten, Anatolien, die Levante und Persien fielen unter seine Kontrolle.

Nach der Brandschatzung der persischen Hauptstadt Persepolis marschierte die Armee nach Norden nach Media. Sie kamen an das Kaspische Meer und durchquerten die Kaspische Pforte.

Die Expedition drang in Länder vor, von denen man kaum je gehört hatte: Hyrkania, Parthia, Baktria und Sogdiana. Die Völker dieser geheimnisvollen Länder, die etwa dem heutigen Irak, Pakistan und Afghanistan entsprechen, leisteten erbitterten Widerstand gegen den erobernden Alexander. Aber keiner konnte ihn aufhalten. Mit kleinen Gruppen leichter Truppen stürmte Alexander Hügel für Hügel im heutigen Afghanistan. Noch heute ist dieses Land bekanntermaßen schwer zu durchqueren, aber Alexander schaffte das. Der mazedonische König gründete neue Städte, in denen griechische Veteranen angesiedelt wurden, um seine Herrschaft zu festigen, und diese Städte wurden nach dem König benannt. Kandahar in Afghanistan hieß ursprünglich Alexandria.

Die mazedonische Armee erreichte die Grenzen der Zivilisation am Fluss Jaxartes (Syr Darya in Kasachstan). Hier besiegte er eine Armee nomadischer skythischer Reiter. Nicht zufrieden mit diesen Eroberungen, zog Alexander weiter nach Osten, bis er in den Himalaya und an den Indus Fluss kam. Seine erschöpfte Armee focht eine Reihe von Schlachten gegen den indischen König Porus (um 326–315 v. Chr.). Diese Schlachten wurden knapp geschlagen: Die Mazedonier sahen sich schwer gepanzerten Kriegselefanten und vierspännigen Streitwagen gegenüber, die von wilden Kriegern mit zwei Meter langen Bögen besetzt waren. Selbst gegen diese Kräfte triumphierten Alexander und seine alles erobernde Armee.

UNTEN **An den Ufern des Indus stieß Alexander auf eine Zivilisation, die mit dem mazedonischen Reich konkurrierte. König Porus benutzte Kriegselefanten und schwere Streitwagen.**

Nach dem Sieg über Porus plante Alexander, zum Ganges vorzurücken. Aber seine Armee hatte genug. Ihrer Ansicht nach hatten sie die Enden der Erde schon Tausende von Meilen hinter sich gelassen. Alexander war gezwungen, nach Hause zurückzukehren. Er erkundete dabei weitere Länder. Seine Armee zog nach Süden und kehrte nach Babylon zurück, nachdem sie den südlichen Iran, den Irak und Teile der arabischen Halbinsel erkundet hatte.

In Babylon machte Alexander neue Explorationspläne. Er wollte die arabische Halbinsel umrunden und angeblich nach Westen ziehen und Italien erobern. Diese Pläne wurden jedoch nie verwirklicht, da Alexander 323 v. Chr. starb.

Die erstaunliche Bilanz der Entdeckungen und Eroberungen des Mazedoniers eröffnete Wege, durch die Handel und Wissen auch heute noch fließen.

UNTEN **Alexanders Hunger nach Erforschung und Eroberung hätte ihn noch viele neue Länder finden lassen, wäre er nicht an einer mysteriösen Krankheit gestorben nachdem er Babylon betreten hatte.**

Admiral Nearchos

Alexander sprengte die Grenzen der griechischen Welt, aber er war nicht auf sich allein gestellt. Einer seiner treuesten Untergebenen war Admiral Nearchus (ca. 360–300 v. Chr.).

Zum Glück für Alexander hatte er den talentierten Nearchus unter seinem Kommando. Als die Mazedonier den Indus erreichten, stellte man fest, dass dort Krokodile lebten, die denen im Nil sehr ähnlich waren. Alexander dachte, dass der Indus die Quelle des Nils sein könnte und dass Indien und Afrika verbunden sein könnten. Um die Hypothese zu testen, ließ er Nearchus eine Flotte bauen. Die Flotte von 150 Schiffen lud ein Viertel von Alexanders Fußtruppen und fuhr 326 bis 325 v. Chr. den Indus bis zum Indischen Ozean hinunter. Es war keine leichte Passage und viele der Einheimischen versuchten, die Flotte zu stoppen.

Von dort aus wandte sich die Flotte nach Westen und folgte der Küste bis zur Meerenge von Hormus, der Einfahrt zum Persischen Golf. Der Admiral war ein begabter Kartograf und machte eine genaue Aufzeichnung der Häfen und Orientierungspunkte. Die Flotte fuhr in den Golf ein und kehrte dann zur Armee zurück, bevor sie zur Mündung des Tigris fuhr.

Viele seltsame und wunderbare Dinge wurden im Tagebuch des Admirals beschrieben. Er schilderte einen Stamm, der an der Küste lebte und die er die »Schildkrötenfresser«nannte, da ihre Ernährung hauptsächlich aus Schildkröten bestand und sie deren Panzer als Dächer für ihre Häuser verwendeten. Diese bemerkenswerten Menschen waren mit dunklen zotteligen Haaren bedeckt und trugen Kleidung aus Fischhäuten.

OBEN **Alexanders Admiral Nearchos segelte den ganzen Weg vom Oberlauf des Indus in die Gewässer des Persischen Golfs.**

Nearchus brachte nicht nur viele große Geschichten in die griechische Welt, sondern eröffnete auch eine neue Route zwischen Ost und West, auf der neue Produkte und Ideen nach Europa fließen konnten.

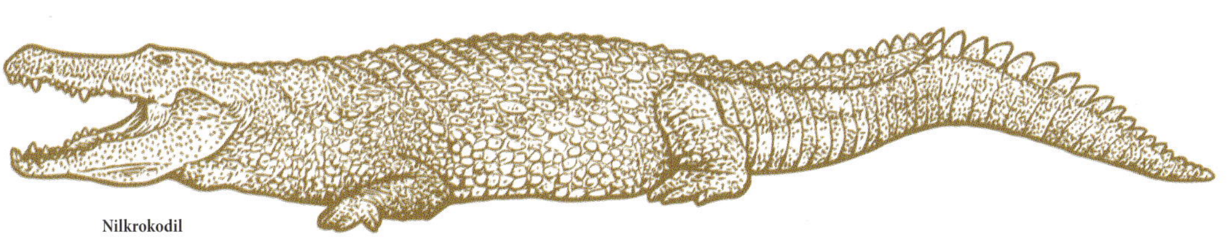

Nilkrokodil

Legionäre an den Grenzen

OBEN Die Römer gewannen nicht jede Schlacht. Es ist möglich, dass einige von Crassus' Soldaten, die von den Parthern besiegt wurden, schließlich in China landeten.

Einige Einheiten römischer Soldaten erforschten unfreiwillig die äußeren Grenzen der Zivilisation. Antike Schriftsteller berichten, sie seien bis nach China und Irland gekommen.

In der Schlacht von Carrhae gegen das parthische Reich in Mesopotamien, 53 v. Chr., wurde eine römische Armee unter Crassus (ca. 115–53 v. Chr.) dezimiert. Nur 10 000 Männer überlebten in Gefangenschaft. Vermutlich wurden sie an die Ostgrenze des parthischen Reiches gebracht, wo sie als Grenzsoldaten gegen Feinde wie die Han-Chinesen eingesetzt wurden.

Etwa zwanzig Jahre später tauchte eine seltsame Gruppe von ausländischen Kämpfern in einer Garnisonsstadt namens Li-Jien an der Grenze des Han-Reiches und Tibets auf, die ihre Schilde wie »Fischschuppen« anordneten (möglicherweise ein Hinweis auf die Schildkrötenformation der römischen Armee). Vielleicht diese Legionäre? Vielleicht hatten sie die Han von den Parthern gefangen genommen oder als Söldner angeheuert. Heute noch haben viele Bewohner des heutigen Li-Jien kaukasische DNA, was darauf hindeutet, dass sie von den in Italien geborenen Soldaten abstammen könnten.

Eine ähnliche Geschichte gibt es aus Irland. Nach 83 n. Chr. zogen sich die Römer aus den nördlichen Regionen der britischen Inseln zurück, aber es gibt Hinweise darauf, dass Neros General Agricola eine kleine Militärmission entsandte, um die Küste Irlands zu erkunden. Sie könnten gefangen genommen worden sein, denn irische Legenden erzählen von einem mächtigen Krieger mit zehn Armen und zehn Beinen, der mit schuppigem Fell kämpfte – wieder ein möglicher Hinweis auf eine römische Testudo-Formation.

Die Wikinger erobern die Welt – beinahe

Als die Wikinger 793 n. Chr. in Lindisfarne zuschlugen, schien es den Europäern, dass aus heiterem Himmel eine schreckliche neue Bedrohung entstanden war. Tatsächlich hatten die Wikinger seit fast 1 000 Jahren ihr Wissen über die Meere rund um Skandinavien aufgebaut. Mit der bemerkenswerten Technologie ihrer Langschiffe und der Entwicklung unübertroffener Navigationsfähigkeiten erkundeten die Nordmänner aus dem heutigen Norwegen, Dänemark und Schweden die Küsten Nordeuropas, das Mittelmeer und sogar das Schwarze Meer. Ihre vielleicht bemerkenswerteste Leistung war die Entdeckung Grönlands und Nordamerikas. Ohne einen Unfall der Geschichte hätten die wilden Nordmänner wohl den gesamten Kontinent kolonisiert.

Langschiff der Wikinger

UNTEN Die Wikinger beobachteten beim Segeln Meer und Land. Dichte Nebelbänke oder lang anhaltende Windstille waren eine echte Gefahr.

Die Anfänge der nordischen Entdeckungen

Schon als Pytheas im vierten Jahrhundert v. Chr. Thule besuchte, legten die Bewohner dieser abgelegenen Region den Grundstein für ihre eigenen außergewöhnlichen Entdeckungen. Ein bemerkenswerter Fund auf der dänischen Insel Als zeigt, dass die Menschen der Eisenzeit bereits jene Technologie entwickelten, mit der sie ihre berühmten Langschiffe bauen konnten. In einem Moor bei Hjortspring wurde ein langes Kriegskanu entdeckt. Es war fast 18 Meter lang und zwei Meter breit, mit markanten Doppel-Schnabel-Steven an beiden Enden, genau wie die späteren Langschiffe der Wikinger. Am bemerkenswertesten war die Bauweise dieses großen Bootes. Es wurde aus langen Lindenholzbohlen gebaut und mit einem breiten Bodenteil und überlappenden Setzborden in Klinkerbauweise an den Seiten versehen. Die Bretter wurden vernäht und mit Seilen befestigt, die gesamte Struktur innen mit Spanten verstärkt. So ein Flachkielschiff eignete sich perfekt für Überfälle in Binnengewässern, war aber ausreichend stabil und flexibel, auch schwerer See zu trotzen. Das Boot hatte an beiden Enden ein Steuerruder, sodass es in beide Richtungen fahren konnte. Es wurde von Mannschaften angetrieben, die mit Paddeln für kürzere Reisen ausgestattet waren. Das Boot hatte aber keine Segel, war also nicht für Ozeanreisen gebaut.

Im dritten Jahrhundert n. Chr. hatten die Wikinger noch keine Schiffe für lange Seereisen. Es gab Boote die von bis zu zwanzig Besatzungsmitgliedern gerudert wurden. Diese Antriebsmethode erlaubte hohe Geschwindigkeiten über kurze Strecken, was für ein Kriegskanu passte, taugte aber nicht für lange Reisen, da die Besatzungen bald erschöpft sein würden. Boote, die 1863 in Nydam Moss in Südjütland ent-

UNTEN **Das bemerkenswert flexible Design der Wikinger-Langboote ermöglichte es ihnen, die Hochsee und flache Binnenwasserstraßen zu befahren.**

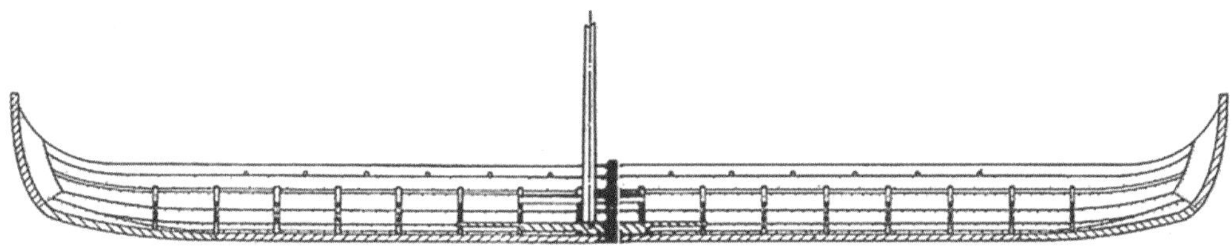

Seitenansicht des Rumpfs von Sebbe Als

Querschnitt des Rumpfs

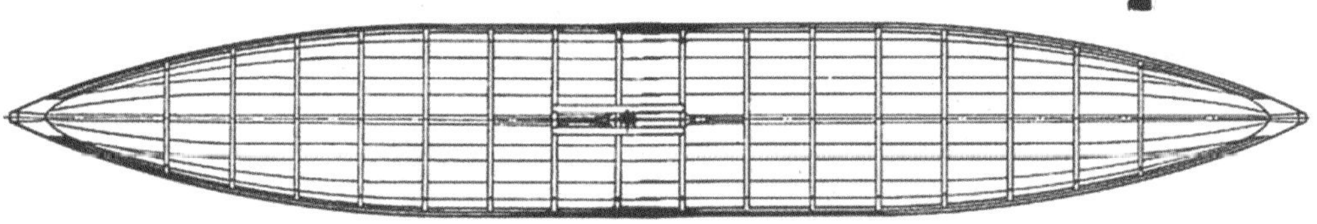

Aufsicht des Rumpfs

deckt wurden, hatten die charakteristischen Klinker-Rümpfe und lang aufragende Steven. Sie waren mit Eisennägeln verstärkt und hatten Öffnungen für lange Ruder. Das Steuerruder war fest an der Seite des Schiffes befestigt, was eine genaue Navigation des Schiffes ermöglichte. Man schätzt, dass diese Boote am Ende des dritten Jahrhunderts n. Chr. gebaut wurden.

Nur noch ein weiterer Schritt war nötig, damit diese wendigen Boote für lange Seereisen wirklich geeignet wurden: die Erfindung eines Segels. Es ist nicht genau bekannt, wann die Skandinavier diese Technologie übernahmen, obwohl Kelten und Germanen schon lange vor der römischen Invasion im ersten Jahrhundert v. Chr. Segel verwendeten. Wahrscheinlich benutzten die Nordmänner erstmals Segel, als sie ihre Fjorde und Seen im sechsten und siebten Jahrhundert n. Chr. verließen. Zwei Arten von Booten waren entscheidend für die skandinavischen Entdeckungen. Das schlanke Langboot mit flachem Rumpf wurde für Überfälle und Kriegsführung verwendet, während der *Knarr* tiefer, breiter und stabiler war, ideal für den Transport von Fracht und Vieh. Diese Handelsschiffe waren für lange Fahrten auf Wind angewiesen und führten feinere Manöver mit Rudern durch.

OBEN **Der zentrale Holm der Langboote, hier an einem Boot im Wikingerschiffsmuseum, Oslo, verlieh den Schiffen große Kraft.**

Eintausend Jahre Entwicklung ermöglichten es den Wikingern, seetüchtige Schiffe zu bauen, die bis dahin unübertroffen waren. Reichlich Holz erlaubte es ihnen, verschiedene Arten von Booten herzustellen, sodass sie sich auf offenem Wasser genauso wohl fühlten wie in Küstengewässern. Der ständige Einsatz von Handelsschiffen, Fischerbooten, Fähren oder einfachen Ruderbooten führte dazu, dass die Nordmänner ein enges Verständnis des Ozeans und der Seewege entwickelten.

Langboote und *Knarr* hatten einen zentralen Kiel, der aus einem einzigen Stamm geschnitten war, von dem aus der Rumpf in Klinkerbauweise aufragte. Die Eichen- oder Eschenbretter waren fein geschnitten und mit Rosshaar oder in Baumsaft gekochter Wolle abgedichtet. Spanten und Querbalken verstärkten die Rümpfe, auf denen ein Deck mit Bänken aus Kiefer aufgesetzt war. Die riesigen quadratischen Segel wurden aus Woll- oder Leinenstoffen hergestellt, die zusammengenäht und mit tierischem Fett eingelassen wurden, um sie wasserdicht zu machen und zu erreichen, dass jeder Windhauch erfasst wurde. Der Hauptmast konnte bei rauer See oder an feindlichen Küsten abgesenkt werden.

In ihren Herkunftsländern konnten die Nordmänner diese Technologie bestens gebrauchen. Warme Strömungen im Atlantik begünstigten die Landwirtschaft in den skandinavischen Ländern. In Kombination mit ertragreicher Fischerei führte das zu starkem Bevölkerungswachstum. Ackerland war begrenzt, was zu einem großen Bevölkerungsüberschuss und zur Suche nach neuem Land führte.

OBEN **Eine fantasievolle Darstellung der Kimbernzugs. Einige frühe skandinavische Stämme bedrohten die Macht Roms.**

Mit regelmäßigen Überfällen auf Nachbardörfer war die skandinavische Gesellschaft traditionell gewalttätig. Der Kontakt mit den Römern führte zu einer zunehmend formalisierten Militarisierung der Gesellschaft, in der Kriegsherren und Könige eine Gefolgschaft von Kriegern um sich scharten, die ihre Schwerter im Dienst ihres Herrn einsetzten. Der Anführer sorgte im Gegenzug für Nahrung, Unterkunft, Beute und vor allem für Sieg im Kampf. Im sechsten und siebten Jahrhundert n. Chr. hatten sich viele skandinavische Stämme zu zentralisierten Staaten zusammengeschlossen. Diese waren aber noch instabil. Viele nordische Krieger hatten genug Prestige, um das Königtum zu beanspruchen, da jeder Mann, der durch die mütterliche oder väterliche Linie königliches Blut besaß, den Thron beanspruchen konnte. Wenn sie es nicht mit einem der größeren Staaten aufnehmen könnten oder besiegt und ins Exil geschickt wurden, konnten sie zu einem »Seekönig« werden, einem König, dem es an Land mangelte, der aber die Loyalität einer Mannschaft erprobter Krieger besaß. Diese Seekönige beteiligten sich an Piratenüberfällen oder versuchten, anderswo Land zu finden. Sogar die etablierten Herrscher der neuen Staaten gingen auf Raubzüge, um ihre *Huscarls* (Diener) und *Jarls* (Adeligen) zu belohnen und ihr Prestige zu steigern.

Auf der untersten Ebene konnte ein einzelner Anführer, der sich ein Boot leisten (oder bauen) konnte, es mit landlosen Freiwilligen besetzen und sich auf eine Entdeckungs- oder Eroberungsreise begeben.

Sagas, die damals entstanden, spiegeln die bemerkenswerten Errungenschaften der Wikinger wider. Ortsnamen in diesen Geschichten zeugen von ihren Reisen: Wales heißt Bretland, Nowgorod in Russland ist Holmgard, Zypern ist Kipr, Gibraltar ist Norvasund, und die goldene Stadt Konstantinopel (heutiges Istanbul) mit ihren 640 Toren und den gewaltigen Mauern, die die alte kaiserliche Hauptstadt bewachten, wurde Miklagard genannt, vielleicht eine Anspielung auf Valhalla, den Wikinger-Himmel, .

Die Skandinavier hatten eine lange Tradition der Entdeckung und Besiedlung. Das erste belegte Ereignis war der Kimbernkrieg von 113–101 v. Chr. Die Teutonen und die Kimbern wanderten von Jütland im heutigen Dänemark aus und schnitten eine blutige Schneise durch Gallien (Frankreich) und die Apenninenhalbinsel. Sie vernichteten unterwegs mehrere römische Armeen, wurden aber in der letzten Schlacht gegen den römischen General Marius (157 86 v. Chr.) nahezu ausgelöscht.

Während des Zusammenbruchs des Römischen Reiches bildeten mehrere germanische Stämme, die von skandinavischen Stämmen abstammten, einen Teil jener barbarischen Horden, die einige der westlichen Gebiete des ehemaligen Reiches übernahmen.

Die Angeln, Sachsen und Jüten ließen sich in Großbritannien nieder, während die Heruler Gallien angriffen und ans Schwarze Meer und bis zum Mittelmeer vordrangen.

Im siebten und achten Jahrhundert n. Chr. kombinierte eine neue Welle skandinavischer Entdecker Handel und Eroberung in weiten Teilen der bekannten Welt. Sie drangen in die russischen Flusssysteme bis zum Schwarzen Meer ein. Die Flexibilität der Langboote gab ihnen in den Untiefen der mächtigen Flüsse Don und Wolga entscheidende Vorteile. Wo sich die Flusssysteme fast kreuzten, hoben sie ihre Boote aus dem einem Fluss und transportieren sie auf dem Landweg in den angrenzenden, wodurch neue Gebiete erschlossen wurden und sie bis zum Kaspischen Meer und darüber hinaus vordringen konnten. Skandinavische Kolonien entstanden in Polen, Finnland und den baltischen Staaten als Basen der Exploration. Ausgehend von den Städten Nowgorod und Kiew beherrschten die Skandinavier oder Rus, wie sie die Einheimischen nannten, die lokale slawische Bevölkerung und gründeten ein Reich, das große Teile des heutigen Russlands umfasste. 923 erstreckte es sich vom Finnischen Meerbusen bis zur Krim am Schwarzen Meer.

793 betrieben die Wikinger richtige Seefahrt: Ihre schnellen Langschiffe fuhren nach Lindisfarne an der britischen Küste. Um 830 erreichten sie das Schwarze und Kaspische Meer und trieben Handel mit Konstantinopel und sogar mit Bagdad, was beweist, dass sie den Tigris und den Euphrat hinuntergefahren waren. Indische Keramik und Schmuck wurde in Skandinavien gefunden. 844 griffen Wikinger die islamischen Staaten auf der iberischen Halbinsel an. Die al-Urdumaniyin (arabisch für »Nordmänner«) terrorisierten Atlantik- und Mittelmeerküste.

UNTEN **Die Drachenköpfe der Langboote waren ein Symbol des Schreckens in der ganzen Welt, als die Nordmänner ins Mittelmeer und bis ins Kaspische Meer vordrangen.**

Navigation der Wikinger

Wie konnten die Nordmänner in einigen der schwierigsten Umgebungen der Erde solch spektakuläre Navigations- und Explorationserfolge erbringen? Auf der Reise von Europa nach Grönland mussten nordische Seeleute mehr als 3 200 Kilometer tückischer Gewässer durchqueren. Im neunten Jahrhundert waren nur die Malaien im Indischen Ozean oder polynesische Siedler im südlichen Pazifik in der Lage, ähnliche Kunststücke zu vollbringen, und das unter viel freundlicheren Bedingungen.

Jedes Schiff oder jede Flotte hatte einen Spezialisten, der bei der Durchquerung dieser schwierigen Meere half. Verantwortlich für die Navigation war ein Steuermann. Diese professionellen Seeleute gaben ihr Wissen von Generation zu Generation weiter. Sie orientierten sich an Himmelskörpern wie Sternen, aber in der arktischen Region verbarg schlechtes Wetter oft diese Navigationshilfen.

Wikinger hatten ein tiefes Verständnis des Meeres, nutzten alle fünf Sinne, um die Stimmungen des Ozeans zu erkennen, und schätzten ihren Standort intuitiv. Auf ihren jährlichen Fahrten lernten sie die Routen von Walen oder Heringen kennen. Sie nahmen vertraute Orientierungspunkte in ihre mentalen Karten auf. Die Seeleute hatten ein wachsames Ohr für das Geräusch von Brechern in der Ferne oder den Schrei der Seevögel. Sie konnten Land im Wind riechen und Geschmacksunterschiede zwischen Salzwasser und Gletscherabflüssen erkennen. Gedichte, Gesänge und Lieder der Wikinger beschrieben Seewege, Navigationsgefahren wurden über Generationen weitergegeben.

Die Steuermänner nutzten auch das Breitensegeln, fuhren entlang der Küste, bis sie auf dem gleichen Breitengrad wie ihr Ziel waren, um bei günstigem Ost- oder Westwind das Festland zu erreichen. Der Standort der Sonne bei Tag oder der Nordstern bei Nacht erlaubte es dem *leisognarmaor*, den Breitengrad zu bestimmen, es gab aber keine ähnliche Hilfe, um den Längengrad zu bestimmen. Sie mussten sich auf ungenaue Koppelnavigation verlassen und versuchen, ihre Geschwindigkeit abzuschätzen.

OBEN **Der wichtigste Mann auf einem Wikingerschiff war der Steuermann. Er nutzte das über viele Generationen gesammelte Wissen, um eine Reise zu einem erfolgreichen Ende zu bringen.**

Vögel waren eine wertvolle Hilfe zur Navigation. Raben wurden an Bord vieler Langboote transportiert. Ein freigelassener Vogel flog zum Land, und die Flotte folgte ihm. Sollte die Krähe zurückkehren, war die Wahrscheinlichkeit gering, dass Land in Sicht kam.

Auf seiner Reise nach Island im neunten Jahrhundert nahm Floki Vilgerdarson drei Vögel mit. Der erste Rabe, den er losließ, flog zurück in Richtung des Landes, das sie verlassen hatten; der zweite umkreiste die Flotte, bevor er zu seinem Korb zurückkehrte; aber der dritte flog geradeaus. Floki folgte dem Raben und schon bald gelangte seine Flotte an Land.

Die meisten Segler folgten dem Stand der Sonne, um eine Vorstellung von ihrem Breitengrad zu bekommen. Die Wikinger hatten möglicherweise mehrere ausgeklügelte Geräte, um den Stand der Sonne auch bei dichter Bewölkung zu erkennen. Eine Holzscheibe mit einem aufrechten Gnomon (Schattenzeiger einer Sonnenuhr) schwamm in einem Eimer, um ihn stabil und immun gegen den Seegang zu halten; selbst der leiseste Schatten konnten den Stand der Sonne anzeigen.

Eine andere Möglichkeit ist, dass die Wikinger Sonnensteine in Verbindung mit Sonnenuhren verwendeten. Diese Kristalle wurden so geschnitten, dass sie Sonnenstrahlen auch an bewölkten Tagen brechen und fokussieren konnten. Der Steuermann konnte durch diesen klaren, glasartigen Stein den Stand der Sonne erkennen. Im Wrack eines elisabethanischen Kriegsschiffes, das 1592 in der Nähe der Kanalinsel Alderney sank, fand man Fragmente von Sonnenstein in der Nähe anderer Navigationsinstrumente, was darauf hindeutet, dass er viele Jahrhunderte lang zur Navigationsausstattung eines Seefahrers gehörte.

LINKS **Raben waren eine der wichtigsten Navigationshilfen der Wikinger. Diese Vögel konnten Land auf viele Meilen Entfernung wahrnehmen.**

Der Kreis schließt sich – Wikinger im Nordatlantik

Viele Jahrtausende zuvor waren Asiaten über die Beringstraße nach Osten gezogen, um Amerika zu kolonisieren. Um das Jahr 1000 segelte Leif Erikson von Grönland nach Westen und kam in Kontakt mit den Nachkommen dieser frühen Amerikaner. Zum ersten Mal in der Geschichte hatten Menschen alle Teile der Welt besucht.

Die Reise nach Vinland, wie Erikson den Kontinent Nordamerika nannte, hatte eine lange Vorlaufzeit. Die Nordmänner kannten die Orkneys an der Nordspitze der britischen Inseln, und von dort aus war es ein kurzer Ausflug zu den Shetlandinseln und zum Färöer-Archipel. Weitere 450 Meilen nordwestlich entdeckten sie Island und eine ähnlich lange Reise brachte sie an der Südspitze Grönlands. Westlich davon lag Vinland.

Irische Mönche dürften einige dieser Länder Jahrhunderte vor den Wikingern entdeckt haben. Diese Mönche liebten die Einsamkeit und wussten, wo man sie am besten auf windgepeitschten Inseln im Nordatlantik fand. Sie fuhren in mit Tierhäuten bespannten Kanus, den Curachs, und gründeten Siedlungen. Die Mönche erreichten sicherlich die Färöer. Als sich die Nordmänner im frühen neunten Jahrhundert dort niederließen, fanden sie die fruchtbaren Inseln von großen Schafherden bewohnt vor, die die irischen Mönche für Nahrung und Kleidung dorthin gebracht hatten.

Der nächste Schritt war Island. Es wurde eher zufällig entdeckt. Um 860 n. Chr. machte sich Gardar der Schwede von Dänemark auf den Weg zu den Orkneys. Ein mächtiger Sturm erhob sich und sein Schiff wurde weit hinaus in den Atlantik getrieben. Nach Tagen und Wochen sah Gardar ein unbekanntes Land am fernen Horizont. Es

UNTEN **Die Wikinger, die Island entdeckten, fristeten auf der windgepeitschten Insel ein prekäres Dasein.**

war die gefährliche Steilküste Islands. Der mutige Entdecker folgte der Küste, umrundete das Land und bewies, dass es eine Insel war. Gardar verbrachte ein Jahr damit, die Insel zu erkunden, die er Gardarsholm nannte, bevor er nach Norwegen zurückkehrte.

Andere Abenteurer folgten. Ein Norweger nannte es Schneeland und Floki Vilgerdarson nannte es Island. Bald kam ein stetiger Strom von Siedlern in das neue Land und um 900 scheint es dort 20 000 Menschen aus ganz Skandinavien gegeben zu haben. In Island wird immer noch ein Dialekt gesprochen, der der ursprünglichen Sprache dieser skandinavischen Entdecker bemerkenswert ähnlich ist. Da Siedler aus unterschiedlichen Bevölkerungsgruppen miteinander auskommen mussten, sprachen sie weiterhin das gebräuchliche Altnordisch, die damalige Lingua franca.

975–976 gab es eine schlechte Ernte in Island und Erik Thorvaldsen (um 950–1003), später bekannt als Erik der Rote, musste Island für drei Jahre verlassen, um einer Blutfehde zu entgehen. Er wollte zu den Gunnbjörn-Schären fahren, landete aber in der Nähe eines Gletschers an der Ostküste des neuen Landes. Dann folgte er der Küste nach Süden und umrundete Cape Farewell, die südlichste Spitze der Insel. Seine Entschlossenheit zahlte sich aus, als seine Expedition die geschützten westlichen Fjorde erreichte. Das Land hier bot gute Weideflächen und reichlich Holz.

Die Isländer waren in einer Zeit angekommen, in der das Klima Landwirtschaft auf Grönland ermöglichte. Zwischen 900 und 1250 n. Chr. herrschte im Nordatlantik die sogenannte mittelalterliche Warmzeit. Als sich das änderte und das Klima kälter wurde, mussten die Skandinavier Grönland und ihre Farmen verlassen.

UNTEN **Als Erik der Rote Siedler nach Grönland brachte, wunderten sie sich wohl, warum die raue Gletscherinsel einen so lieblichen Namen hatte.**

Aber das lag in ferner Zukunft. Erik kehrte nach drei Jahren des Exils nach Island zurück und versuchte, für das neue Land, das er »Grönland« nannte, neue Siedler anzuwerben. Zwei Siedlungen wurden gegründet und einer der neuen Bewohner war Eriks Sohn Leif (um 970–1020).

Leif war wie sein Vater. Als begeisterter Abenteurer nutzte er die Berichte eines anderen Wikingers, der vom Kurs abgekommen war, als Inspiration, neues Land zu entdecken. 986 segelte Bjarni Herjolfsson, ein Händler aus Island, zu seinem Vater in Grönland. Er wurde vom Kurs abgetrieben und verlor sich viele Tage im Nebel. Dann stieß er auf ein dicht bewaldetes, hügeliges Land. Er entschied sich jedoch, es nicht weiter zu erkunden, sondern wendete sein Schiff nach Osten und erreichte vier Tage später sein ursprüngliches Ziel.

Bjarni genoss später einen schlechten Ruf, weil er sich trotz der Bitten seiner Mannschaft weigerte, auf dem neuen Territorium zu landen. Leif kaufte Bjarnis Boot und machte sich auf die Suche nach dem neuen Land. Er fragte Erik, ob er ihn auf der Entdeckungsreise begleiten wolle, aber sein Vater hielt sich für zu alt dazu.

UNTEN **Leif Eriksons Expedition nimmt Nordamerika ins Visier, der gesamte Globus war nun von Menschen umrundet.**

OBEN Von seinem Bruder Leif überredet, nach Grönland zu kommen, wagte Thorvald 1002 die Landung in Rhode Island. Zwei Jahre später wurde er von Indigenen getötet.

Leif segelte nach Nordwesten und stieß auf ein Land aus kahlen Felsen und Gletschern. Er nannte es Helluland (»Steinplattenland«) wahrscheinlich das heutige Baffin Island. Es ist ein bemerkenswerter Gedanke, dass er mit der Landung in Helluland den Kreis der menschlichen Erforschung des Globus schloss, da er der erste bekannte Europäer war, der den amerikanischen Kontinent betrat.

Anders als Bjarni vor ihm ging Erikson an Land. Im Süden erreichte die Expedition Markland (»Waldland«), höchstwahrscheinlich Labrador. Weiter südlich erreichte er ein fruchtbares Land, wo die Flüsse reich am Lachs waren und wilde Trauben in Fülle wuchsen. Leif nannte diese Region Vinland (»Weinland«). Sie lag wahrscheinlich irgendwo im heutigen New England.

Von seinem Bruder Thorvald wird eine abscheuliche Tat berichtet: Während seiner Expedition 1003, bei der Landung in Vinland, stieß er auf drei Buckel an einem Strand. Sie erwiesen sich als umgedrehte Kanus, unter denen neun indigene Männern versteckt waren. Thorvald befahl prompt, diese *Skraelings* (»Ausländer«), wie er sie nannte, zu töten. Acht wurden abgeschlachtet, aber einer floh und kehrte mit Verstärkung zurück. Thorvald wurde daraufhin im Kampf tödlich verwundet. Ihm kommt die zweifelhafte Ehre zu, als erster Europäer Native Americans massakriert zu haben und als Erster durch ihre Hände zu sterben! Die indigenen Männer, die er tötete, waren wahrscheinlich Thule, Vorfahren der heutigen Inuit.

Amerika wird wieder aufgegeben

Eines der ewigen Mysterien der Geschichte ist, warum die Wikinger sich nicht dauerhaft in Nordamerika niederließen. Die Überreste mehrerer nordischer Siedlungen wurden gefunden, darunter eine an der Anse aux Meadows, einer Gegend an der Nordspitze von Neufundland, Kanada.

Zwei isländische Sagas, die *Saga von Erik dem Roten* und die *Grönland-Saga* beschreiben diese frühen Siedlungen und beide beschreiben die *Skraelings*, wie die Wikinger jedes Volk nannten, das keinen skandinavischen Ursprung hatte, genauso wie die Griechen Ausländer als Barbaren beschrieben. Der Ursprung des Wortes ist unklar, könnte aber an seiner Wurzel die alten nordischen Begriffe *skra* haben, was »Haut« bedeutet, und sich möglicherweise auf die Tierhäute beziehen, die die indigenen Bewohner anstelle von Wolle trugen.

Wahrscheinlich hatten die Nordmänner mit zwei indigenen Gruppen Kontakt, den Vorfahren der Inuit im Norden und denen der Irokesen im Süden. Anfangs waren die Beziehungen friedlich und die Siedler tauschten Metalle gegen Pelze, während sie Holz machten und sogar Wein herstellten. Aus irgendeinem Grund verschlechterten sich die Beziehungen zwischen den Gruppen und sie befanden sich bald in offenem Krieg.

Was auch immer die Gründe für das Verlassen von Vinland waren, die Wikinger packten all ihre Waren, nahmen ihr Vieh und ihre Pflüge und fuhren nach Grönland, ohne auch nur Gräber zu hinterlassen.

Vielleicht hatte die kleine Kolonie auf Grönland, Tausende von Meilen von Nordamerika entfernt, nicht die Ressourcen, eine Siedlung in einem Land zu halten, das bereits von einer großen Anzahl indigener Bewohner besetzt war.

RECHTS **Es gibt nur eine belegte Wikingersiedlung in Nordamerika, die hier an der Anse aux Meadows dargestellt ist. Es könnte viele mehr gegeben haben.**

Ahmad ibn Fadlan

Die Jahre zwischen 800 und 1300 n. Chr. gelten als das Goldene Zeitalter des Islam. In dieser Zeit blühten Technik, Medizin, Kunst, Wissenschaft und Literatur. Und auch die Entdeckungen.

Einer der bekanntesten arabischen Entdecker war Ahmad Ibn Fadlan (877–960 n. Chr.). Er erforschte das Gebiet des heutigen Russlands und berichtete über die bemerkenswerten Bräuche seiner Bewohner.

921 verließ er Bagdad, um den Bulgaren, die kürzlich zum Islam konvertiert waren, islamisches Recht beizubringen. Diese Vorfahren der heutigen Bulgaren lebten am Ufer der Wolga. Zuerst mussten die Araber durch Persien reisen, bevor sie durch die zentralasiatischen Städte Samarkand und Xiwa kamen. Sie zogen dann bis zum Kaspischen Meer und begegneten wilden Stämmen wie den Pecheneg und Baschkir. Nach einer Reise von einem Jahr stieß Ahmad schließlich in ihrer Hauptstadt Bolghar auf die Bulgaren.

Ibn Fadlan verbrachte mindestens ein Jahr damit, diese Menschen zu unterrichten. Während er und seine Gefährten dort waren, bemerkten sie, dass die Frauen sehr geachtet wurden. Sie saßen und aßen mit den Männern auf Augenhöhe und badeten nackt in der Öffentlichkeit.

OBEN Einer der ersten Reiseberichte wurde von Ahmad Ibn Fadlan geschrieben. Er enthielt viele anzügliche Details über die Nordmänner.

Während die Wikinger in Nordeuropa vorwiegend mit Vergewaltigungen und Plünderungen beschäftigt waren, waren sie im Süden hauptsächlich im Handel tätig. Er bemerkte, dass die Nordmänner gut gebaute, stattliche Leute waren, so groß wie »Palmen« und mit Tätowierungen bedeckt.

Ibn Fadlans Berichte über die Heiden, die er auf seinen Reisen traf, sind für Historiker sehr nützlich. Viele der Völker, denen er begegnete, einschließlich der Rus, wurden im Mittelalter christianisiert.

KAPITEL 2

EXPEDITIONEN IM MITTELALTER

DIE GESCHICHTE DER ENTDECKUNGEN IM MITTELALTER wird von drei Figuren dominiert: Marco Polo aus dem christlichen Europa, Ibn Battuta aus den muslimisch arabischen Ländern und Zheng He aus dem Ming-Reich.

Alle drei Entdecker widmeten einen Großteil ihres Lebens der Suche nach neuen Ländern. Marco Polo und Ibn Battuta verließen sich für einen ihrer Reisen meist auf die Seidenstraße, während Zheng He mit einer riesigen Flotte chinesischer Dschunken, die speziell dafür ausgestattet waren, neue Länder erkundete. Am Ende des Mittelalters blieben den europäischen und östlichen Entdeckern noch zwei ganze Kontinente zu erkunden: Amerika und Australien. Oder waren sie bereits entdeckt?

LINKS Heinrich der Seefahrer (links) und Marco Polo waren Pioniere auf dem Gebiet der Entdeckungen. Während Marco einen fantasievollen Reisebericht schrieb, förderte Heinrich neue wissenschaftliche Methoden.

Marco Polo: die Seidenstrasse

Als die venezianischen Kaufmannsbrüder Niccolò (um 1230–1294) und Maffeo (um 1230–1309) Polo 1260 und später (1271) Niccolòs Sohn Marco (um 1254-1324 v. Chr.) zum Reich Kublai Khans (1215–94) aufbrachen, begaben sie sich auf eine Reise entlang der Seidenstraße, die seit fast 1 500 Jahren bestand.

Die Route, die sich vom Herzen des chinesischen Reiches über den eurasischen Kontinent bis zum Mittelmeer erstreckte, entstand als Teil eines Plans, das Reich zu öffnen und neue Handelsverbindungen zu schaffen, der von Kaiser Wudi (157–87 v. Chr.) aus der Han-Dynastie initiiert wurde. Wudi wollte Pferde von den Nomaden der Steppe und wertvolle Gegenstände aus dem heutigen Indien und Pakistan kaufen und erweiterte (und besteuerte) den Handel, der bereits zwischen Ost und West bestand.

Wudi sandte einen Diplomaten namens Zhang Qian (114 v. Chr.) aus, um zu versuchen, eine Route nach Westen zu finden und Handelskontakte mit den nomadischen Reitern der Steppe aufzunehmen. Auf zwei Expeditionen erforschte Zhang Qian die Gebiete, die an das Han-Reich angrenzten, indem er Waren mitnahm, um mit den wilden Yue-Chi-Nomaden Allianzen einzugehen. So entstand die Seidenstraße.

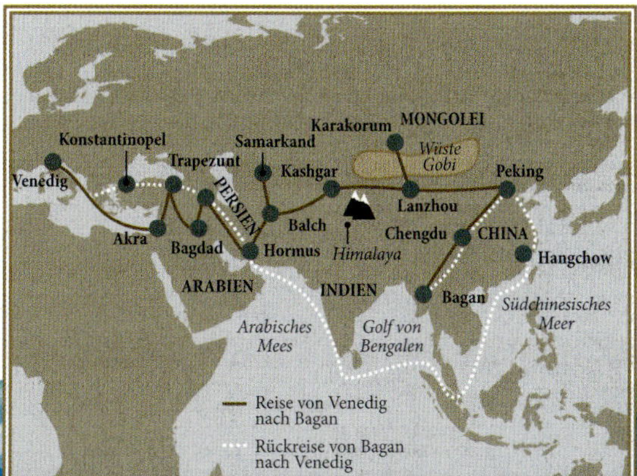

LINKS UND UNTEN **Marco Polo legte weite Strecken zu Land und Meer zurück. Die Seidenstraße zwischen China und Indien stellte eine große Herausforderung dar.**

Vom östlichen Rand des Himalaya aus ging die Route südlich der Wüste Gobi durch Gansu und umrundete die Wüste Taklamakan. Zahlreiche Arbeitskräfte waren beschäftigt, Straßen zu bauen, Zollstationen einzurichten und Städte zu befestigen. Die Route führte durch Kashgar das zu einem riesigen Zwischenlager wurde, in dem sich Produkte aus Indien und China kreuzten. Von hier aus ging die Route weiter nach Samarkand und Merv, bevor sie am südlichen Ufer des Kaspischen Meeres entlang nach Persien und zum Mittelmeer führte. Sowohl Samarkand als auch Merv wurden mächtige Stadtstaaten an der »Kreuzung der Kulturen«.

Kostbare Güter flossen zwischen Europa, Indien und China, darunter Seide, Juwelen und Gewürze, und sogar frühes Schießpulver fand seinen Weg von China in den Westen. Als das mongolische Reich im frühen dreizehnten Jahrhundert entstand, verlagerte sich die östliche Route der Seidenstraße nach Norden, sodass sie durch Karakorum, die von Dschingis Khan (1162–1227) gegründete Hauptstadt, führte. Die Sicherheit entlang der gesamten Strecke wurde durch regelmäßige Wachstationen verstärkt. Als Monkge Khan (1209–59), Dschingis Khans Enkel, 1251 den mongolischen Thron bestieg, hieß es, dass eine Person mit einem Topf Gold auf dem Kopf ohne Angst vor Räubern durch das gesamte Reich gehen könne!

UNTEN **Die Polo-Brüder halfen, die Reise zwischen West und Ost zu erleichtern. Dieses fantasievolle Bild von Hangzhou in China weist auf die Reichtümer hin, die dort gefunden wurden.**

Venedig war die dominierende Handelsmacht in Europa und im 13. Jahrhundert ein wichtiges Zentrum zwischen Ost und West, mit seinen Galeeren, die einen Großteil des Mittelmeerhandels kontrollierten. Als ihr Leitungsgremium, der Rat der Zehn, vom Aufstieg des großen Mongolischen Reiches im Osten hörte, brauchten sie Informationen über seine Pläne und Absichten. Glücklicherweise gab es eine unternehmungslustige Familie, die bereits Verbindungen im Osten hatte.

OBEN **Die Polos waren keine simplen Kaufleute. Im Auftrag der venezianischen Regierung sollten sie, wirtschaftliche und militärische Geheimnisse ausspionieren. Hier wird dargestellt, wie die Familie Venedig verlässt.**

Niccolò und Maffeo Polo waren venezianische Händler, die es nach Wissen und Abenteuer dürstete. Im Jahre 1260 machten sich die beiden Brüder auf den Weg zu einem routinemäßigen Handelsbesuch am Schwarzen Meer. Dort wurden sie zu einer Karawane eingeladen, die den ganzen Weg von Europa nach China zurücklegen wollte. Auf dieser bemerkenswerten Reise drangen die beiden Venezianer tief in das heutige Russland vor, bevor sie sich nach Süden wandten und zwischen Aralsee und dem Kaspischen Meer reisten. Die Karawane zog in die exotische Handelsstadt Buchara und folgte dann der nördlichen Route der Seidenstraße oberhalb der Taklamakan-Wüste. Sie reisten in den Süden der Wüste Gobi, bevor sie in Peking und am Hof des mongolischen Herrschers Kublai Khan ankamen.

Hier wurden sie vom Khan begrüßt, der ein aufgeschlossener Mann mit einer Faszination für fremde Kulturen und Überzeugungen war. Eine der Stärken des Mongolischen Reiches war seine Duldung verschiedener Religionen, und innerhalb des Hofes

OBEN **Niccolò und Maffeo Polo reisten mit dem Segen von Papst Gregor X.**

gab es Vertreter des muslimischen, buddhistischen und animistischen Glaubens. Kublai Khan interessierte sich für den christlichen Gott und er lud die Brüder Polo ein, mit 100 Priestern und einem Teil des heiligen Öls, das in den Lampen am Heiligen Grab in Jerusalem brannte, zurückzukehren. Er ernannte die beiden Männer zu seinen Gesandten beim Papst und schickte sie auf ihren Weg, nachdem er sie mit Reichtum überschüttet hatte. Fast ein Jahrzehnt nach Antritt ihrer Reise kehrten die Brüder nach Venedig zurück.

Sie verbrachten einige Zeit in Venedig, bevor sie wieder aufbrachen. Dieses Mal nahmen sie Niccolòs Sohn Marco und zwei vom Papst entsandte Mönche mit. 1271 erreichte die Gruppe Jerusalem, erwarb das benötigte Öl und nahm es auf die weitere Reise mit. Die beiden Mönche aber fanden das Gehen zu beschwerlich und sie kehrten bald um, als die Reisegruppe weiter nach Osten zog.

Die Polos verließen Jerusalem in Richtung Hormus am Persischen Golf. Hier durchquerten sie die iranischen Wüsten und zogen durch das bergige Gelände Afghanistans. Es besteht kein Zweifel, dass sie in Städte kamen, die von Alexander dem Großen gegründet wurden, obwohl viele dieser Stätten damals schon verlassen in Ruinen lagen. Sie blieben ein Jahr lang in Badakshan (einer historischen Region Afghanistans), bevor sie durch das Pamir-Gebirge und die Wüste Gobi zogen. Auf ihrer vorherigen Reise hatten die Polos diese Gegend umgangen, sodass nun erstmals Europäer die Gobi erlebten.

Auf der Reise sahen sie sich vielen Gefahren gegenüber, einigen realen und einigen eingebildeten. Marco erzählte, wie Reisende in den schrecklichen Wüsten, die sie durchqueren mussten, verrückt wurden. In der heißen Wüstensonne wurden einige durch Stimmen und sogar Musik aus der Karawane weggelockt. Sie entfernten sich unter dem Eindruck der Halluzinationen und kamen Stunden später weit weg von ihren Gefährten einsam in der Wüste zu Tode. Aus diesem Grund war es wichtig, dass alle Reisenden eng beieinander blieben. Die Stimmen konnten auch nachts kommen, was morgens zu Orientierungslosigkeit und Verwirrung führte. Um diese Gefahr zu vermeiden, stellten Reisende vor Sonnenuntergang ein Schild in den Sand, das die Richtung angab, in die sie am nächsten Tag weiter mussten.

Kublai Khan

Die Italiener erreichten schließlich nach zwei Jahren anstrengender Reise den Gelben Fluss (Huang He) in China. Sie wurden von Vertretern des Khans empfangen und in seinen Sommerpalast in Shangdu, nördlich von Peking, gebracht.

Hier knüpfte Marco sofort eine Beziehung mit dem Khan. Der junge Italiener hatte eine Gabe für Sprachen und hatte viele der Dialekte auf seiner Reise über den eurasischen Kontinent aufgenommen. Die Polos wurden treue Mitglieder des kaiserlichen Gefolges. Die Brüder waren möglicherweise als Militärberater tätig, während Marco auf sensible diplomatische Missionen nach Burma, Vietnam und Indien entsandt wurde.

UNTEN **Die Polos beim Eintreffen in Peking. Wegen der großen Distanz zwischen den Kulturen hatten europäische Künstler keine reale Vorstellung von chinesischer Architektur.**

DAS WUNDER DER GROSSEN MAUER

NOCH HEUTE sind die Menschen skeptisch gegenüber dieser Reise, und eines der wichtigsten Argumente ist, dass Marco die Chinesische Mauer nie erwähnte. Der Khan stammte jedoch von den nomadischen Mongolen ab und die Große Mauer wurde gebaut, um ihn und seine Verwandten von China fernzuhalten. Darüber hinaus wurde die beeindruckende Mauer, die wir heute kennen, weitgehend renoviert und während der Ming-Dynastie (1368–1644) gebaut, die die Mongolische Yuan-Dynastie (vom 13. Jahrhundert bis 1368) vertrieben hat.

UNTEN War alles nur erfunden? Besuchte Marco Polo wirklich das Yuan-Imperium? Seine Unkenntnis der Großen Mauer wird manchmal herangezogen, um seine Glaubwürdigkeit anzuzweifeln.

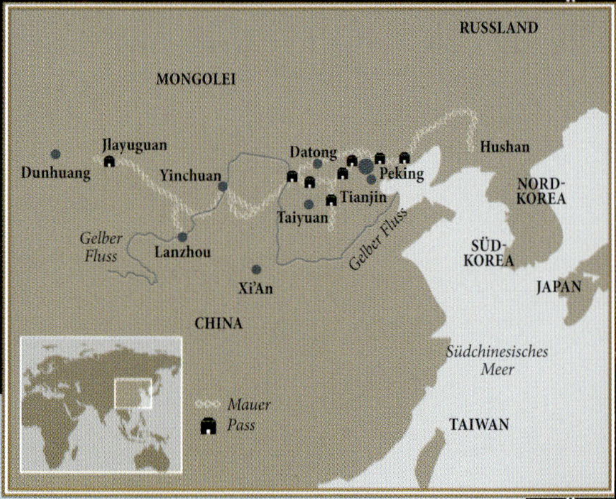

OBEN Mongolische Herrscher wie Kublai Khan wollten ihre Majestät und Macht zeigen. Der Khan reitet auf vier gepanzerten Elefanten in die Schlacht.

In seinem Buch, das viele Jahre nach diesen Abenteuern geschrieben wurde, erzählte Marco von vielen wunderbaren Dingen, von schwarzen Steinen, die verbrannt wurden, um Wärme zu geben, von explodierenden Raketen und Geld, das nicht aus Metall, sondern aus Papier gemacht war. Er erzählte auch von der mobilen Kommandozentrale des Khans, einer riesigen Sänfte auf dem Rücken von fünf gepanzerten Elefanten.

Die *Reisen des Marco Polo* entstanden ungefähr 1299, während Marco in einem genuesischen Gefängnis eingesperrt war. Sie wurden von vielen Lesern mit Verachtung aufgenommen, die dachten, es sei weitgehend Fiktion. Einige der bizarren Geschichten waren jedoch wahr. Die brennenden Steine waren natürlich Kohle, und die Mongolen verwendeten Papiergeld. Vieles von dem, was er schrieb, kann bezeugt werden. Zum Beispiel gab er eine genaue Beschreibung der Ernährung der mongolischen Stammesangehörigen und schrieb, dass sie »vollständig von Fleisch und Milch leben und Fleisch jeder Art essen, Pferde, Kamele und sogar Hunde, wenn sie fett genug sind. Sie trinken Stutenmilch, die sie so zubereiten, dass sie die Eigenschaft und den Geschmack von Weißwein haben. Sie nennen sie in ihrer Sprache Kemurs«.

Auf dem Sterbebett fragte man Marco Polo, ob das, was er geschrieben hatte, wahr sei. Er antwortete, dass er nur die Hälfte der Wunder beschrieben habe, die er gesehen hätte. Falls Marco Polos Bericht korrekt ist, erforschte er in den siebzehn Jahren, die er im Dienst des Khans stand, einen Großteil Asiens. Die Polo-Familie war durch Handel und kaiserliche Gunst wohlhabend geworden. Sie baten jedoch schließlich um Urlaub, um nach Venedig zurückzukehren. Der Khan zögerte, seine Vertrauten abreisen zu lassen, stimmte aber der Bitte zu, wenn die Polos eine mongolische Prinzessin nach Persien eskortierten, wo sie seinen Großneffen Argun (1258–91), den Il-Khan (Unterkönig), heiraten sollte.

Heimreise

1292 brachen die Venezianer vom chinesischen Hafen Zaitun (Quanzhou) mit einer Flotte von vierzehn Schiffen mit 600 Besatzungsmitgliedern auf. Sie überquerten das Südchinesische Meer und landeten an der Küste des heutigen Vietnams. Am Rande des mächtigen Khmer-Reiches von Kambodscha und vorbei an Malaya fuhren sie durch die gefährliche Straße von Malakka, bevor sie den wilden Dschungel von Sumatra besuchten. Sie überquerten den Golf von Bengalen, besuchten Ceylon (Sri Lanka) und Südindien, bevor sie nach Hormus am Eingang des Persischen Golfs weiterfuhren. Von hier aus reiste die Familie in die Hauptstadt des Il-Khans, lieferte die Prinzessin ab und machte sich dann auf den Landweg zurück zum Mittelmeer. Schließlich kehrte Marco Polo 1295 nach vierundzwanzig Jahren Reise nach Italien zurück. Ein Großteil ihres Reichtums war unterwegs gestohlen worden, aber die Heimkehrer sorgten immer noch für Aufsehen, als sie eine Fülle von Edelsteinen aus dem Futter ihrer Kleidung hervorholten.

Marco Polos Erzählungen hatten eine bedeutende Konsequenz: Christoph Kolumbus (1451–1506) las Marcos Beschreibung von Japan und dem Mongolischen Reich und war entschlossen, diese Länder selbst zu entdecken. Er reiste sogar mit einem Exemplar von Marcos Buch, das er mit vielen Anmerkungen kommentiert hatte. Kolumbus, der sich des Zusammenbruchs des Mongolischen Reiches nicht bewusst war, schrieb sogar eine kurze Rede, die er dem Nachfolger des Khans präsentieren wollte, falls sie sich treffen sollten!

UNTEN **Marco Polos bemerkenswerte Reisen durch Fernost inspirierten Christoph Kolumbus, nach Indien aufzubrechen, wenn auch Richtung Westen und nicht nach Osten.**

Galeeren gegen Karavellen

Die im Mittelmeer gebräuchlichen Schiffe reichten von kleinen Booten mit nur einer Ruderbank bis zu mächtigen Galeassen. Diese riesigen Schiffe waren mehr als 50 Meter lang und konnten bis zu 200 Soldaten tragen. Aber Galeeren hatten Nachteile: Während sie im geschützteren Mittelmeer in massiven Größen eingesetzt werden konnten, waren sie für die Atlantiküberquerung nicht geeignet, da sie hauptsächlich auf Ruder angewiesen und zu lang waren.

Im späten Mittelalter entwickelten die Portugiesen die Karavelle. Nicht annähernd so imposant wie die großen Galeassen, hatten diese handlichen Schiffe mit ihrem sanft abfallenden Bug und einem einzigen Heckkastell zwei oder drei Masten. Die Karavellen waren so konstruiert, dass sie hoch am Wind segeln konnten. Diese schnellen, wendigen kleinen Schiffe dienten den bedeutendsten Entdeckern für ihre großen Erkundungsreisen. Bartolomeu Dias (um 1450–1500), Vasco da Gama (um 1460–1524) und Christoph Kolumbus begründeten ihren Ruf mit Karavellen. Kolumbus liebte besonders seine Karavelle *La Niña*, die er als sein sicherstes und wendigstes Schiff ansah.

Galeeren wurden zuletzt im Kampf während der Napoleonischen Kriege (1803–15) von der osmanischen Marine und den Berber-Korsaren verwendet, die Häfen an der Nordküste Afrikas betrieben. Diese Relikte vergangener Zeiten schockierten die Seeleute Großbritanniens und Amerikas. Die Galeeren konnten wegen der verheerenden Bedingungen, die die an ihre Ruder gefesselten Galeerensklaven ertragen mussten, angeblich schon auf eine Meile Entfernung gerochen werden.

OBEN Galeeren waren wertvolle Schiffe im Mittelmeer. Ihr geringer Tiefgang und ihre langen Rümpfe machten sie jedoch für Atlantikfahrten ungeeignet.

Ibn Battuta – Gehe nie den gleichen Weg zweimal

Mehr als zwei Jahrzehnte lang bereiste Ibn Battuta (1304–77) die Welt und legte geschätzte 120 000 Kilometer zurück. Er erkundete die meisten arabischen Gebiete, Afrika, den Nahen Osten und den größten Teil der Seidenstraße und reiste auch tief nach Asien. Zu diesem Erfolg trug zweifellos auch sein Motto bei: »Niemals zweimal den gleichen Weg gehen.«

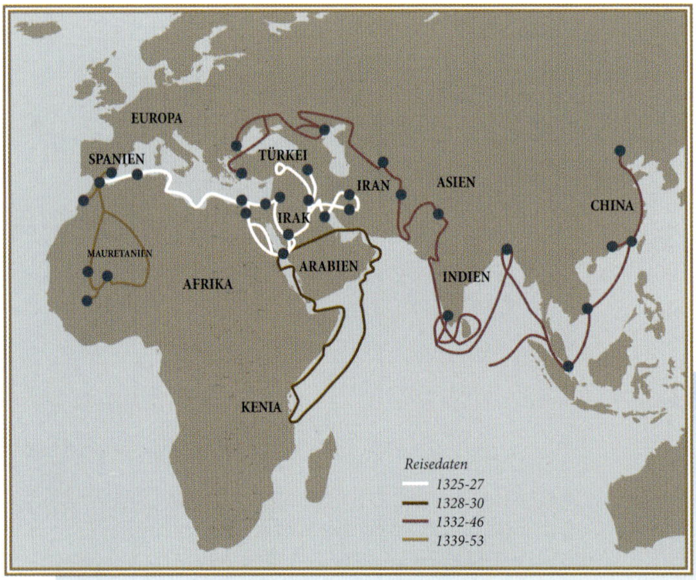

LINKS UND UNTEN **Ibn Battutas Reisen glichen denen von Marco Polo, der so viele islamische Länder wie möglich bereiste. Auch er folgte der Seidenstraße. Hier unten die alten Ruinen von Jaohe in der Nähe von Turpan, Xinjiang, China.**

Ibn Battuta trat das Erbe von Jahrhunderten arabischer Entdeckungen an und folgte auf seinen Reisen den von seinen Vorgängern entdeckten Routen. Der Indische Ozean hätte damals fast als Arabisches Meer bezeichnet werden können. Viele Jahrhunderte lang nutzten arabische Kaufleute den Monsun, um ihre Handelsschiffe im November vom Persischen Golf nach Osten treiben zu lassen, bevor sie im Sommer mit den Ostwinden zurückkehrten. Im achten Jahrhundert entdeckten arabische Händler zuerst den Seeweg nach Kanton, der entlang der Malabarküste und durch die Straße von Malakka zwischen dem heutigen Indonesien und Malaysia führte, bevor sie in Hanoi Halt machten. Als die Entdecker Kanton (heute Guangzhou) erreichten, tauschten die Araber Eisen, Wolle, Gold und Weihrauch gegen Seide und Gewürze. Schließlich drangen die Araber nach Südostasien und bis Madagaskar vor, wo sie einen lebhaften Handel mit den malaiischen Händlern aufbauten.

Ibn Battutas voller Name war Abu Abd Allah Muhummad ibn Abd Allah al-Lawati al-Tanji ibn Battuta. Um 1304 wurde er in eine angesehene Richterfamilie in Tanger, Marokko, geboren. Im Alter von einundzwanzig Jahren machte er sich auf den Weg zur Haddsch, der Pilgerfahrt, die jeder gute Muslim in die heilige Stadt Mekka unternehmen soll. Ursprünglich sollte Battuta nach Tanger zurückkehren und seine Karriere im islamischen Recht fortsetzen, stattdessen ergriff ihn die Reiselust.

Auf dem Weg nach Mekka war der junge Mann östlich entlang der Mittelmeerküste nach Ägypten gereist und zog dann den Nil entlang südwärts. Von dort ging es weiter zum Roten Meer, bevor er den langen Weg nach Mekka nahm, der eine Reise nach Damaskus in Syrien beinhaltete. Von Mekka ging er nach Basra und folgte dem Euphrat nach Bagdad. Er kehrte auf dem Tigris nach Norden zurück und besuchte die Türkei, bevor er eine weitere Reise nach Mekka unternahm. Nachdem er mehrere Jahre lang seine Fähigkeiten als Gelehrter erweitert hatte, hielt es ihn nicht länger, und 1330 stellte er eine Expedition zur Erkundung Ostafrikas zusammen. Ibn Battuta und seine Gefährten segelten durch das Rote Meer und den Indischen Ozean bis nach Mombasa im heutigen Kenia und Kilwa, heute eine Stadt in Tansania. Battuta war von der großartigen Architektur der Einheimischen südlich des Äquators beeindruckt.

Nach seinem afrikanischen Aufenthalt beschloss Battuta, Indien zu besuchen, wo er hörte, dass ein Sultan gelehrte Reisende an seinem Hof willkommen hieß. Anstatt auf dem gleichen Weg zurückzureisen, schlug Battuta die gewundene nördliche Route nach Indien ein.

Verworren ist eine Untertreibung. Wieder zurück in Mekka, machte er sich auf den Weg durch die Zentraltürkei nach Sinope am Schwarzen Meer. Er durchquerte dieses Gewässer und einen Großteil des Kaukasus. Er zog die gefrorene Wolga flussaufwärts (bestimmt eine Sensation für einen Marokkaner), bevor er in die Türkei und nach Konstantinopel zurückkehrte. Battuta hatte ursprünglich geschworen, nur islamische Länder zu besuchen, diese Absicht aber offensichtlich verworfen. Von der Hauptstadt des Byzantinischen Reiches aus setzte er seine Reisen auf einem Teil der Seidenstraße fort und passierte das Kaspische Meer und den Aralsee, bevor er im September 1333 Buchara erreichte und nach Indien kam.

LINKS **Wie viele davor und danach bestaunte Ibn Battuta die Ruinen, die die alten Ägypter hinterließen.**

Nach Indien

Battuta ging nach Delhi, wo er von Sultan Mohammed bin Tughluq (1290–1351), dem zweiten Sultan der Tughluq-Dynastie, in Dienst genommen wurde. Der Sultan muss erfreut gewesen sein, einen so gelehrten Mann an seinem Hof zu haben, da er den Marokkaner mit einem beachtlichen Lohn, Ländereien und der wichtigen Aufgabe des Obersten Richters von Delhi ehrte. Das gefiel offensichtlich dem Reisenden, der sieben Jahre lang in dieser herrlichen Stadt lebte.

1341 erteilte der Sultan dem Marokkaner einen neuen Auftrag. Bin Tughluq befahl Battuta, als Gesandter beim chinesischen Kaiser eine diplomatische Mission nach Peking zu leiten.

Der Sultan hätte keine bessere Wahl treffen können, denn Battuta erwies sich als entschlossener Reisender, der an seinem Auftrag festhielt, obwohl er auf der Reise so viel Unglück erlitten hatte, dass ein anderer wohl aufgegeben hätte. Die erste Expedition wurde von Hindurebellen angegriffen und der größte Teil der Karawane vernichtet. Der zweite Versuch war genauso schlimm. Die Gesandten verließen Delhi und reisten über Land zum Hafen von Calicut, dem wohl reichsten Hafen der Welt zu dieser Zeit. Alle Vorräte wurden an Bord einer Flotte von Dhaus geladen und der gläubige Muslim besuchte eine Moschee, um für den Erfolg der Operation zu beten. Während er betete, fegte ein wilder Sturm durch das Arabische Meer und zerstörte zwei der drei Schiffe seiner Flotte. Das andere fuhr davon.

Battuta wollte seinen Auftraggeber nicht mit den schlechten Nachrichten konfrontieren und reiste von Calicut zu den Malediven und dann nach Ceylon (Sri Lanka). Entschlossen, einen letzten Versuch zu unternehmen, seine Mission zu erfüllen, segelte er die Ostküste Indiens hinauf nach Bengalen und Assam (Myanmar), bevor er wieder südlich entlang der

RECHTS Sultan Mohammed bin Tughluq war ein mächtiger Herrscher. Er schätzte Battutas Verständnis des islamischen Rechts.

Nach dem Sturm konnte sich Battuta auf ein anderes Schiff retten, das nachts von Piraten angegriffen wurde: »Sie raubten die Juwelen und Rubine, die der König von Ceylon mir gegeben hatte, und nahmen mir meine Kleider und Vorräte, mit denen fromme Männer und Heilige mich beschenkt hatten. Sie hinterliessen nichts an meinem Körper ausser meiner Hose.«

—Ibn Battuta

malaiischen Halbinsel nach Sumatra (Indonesien) fuhr. Ein freundlicher König stattete den Gesandten mit einer neuen Dschunke aus, und nach einundsiebzig Tagen Fahrt über das Südchinesische Meer landete Battuta in Quanzhou in China. Die Gruppe reiste dann über Land, bis sie schließlich Peking erreichte. Mit vier Jahren Verspätung kam er dort an.

Es scheint, dass der Entdecker während seines Aufenthalts in China Schwierigkeiten hatte, mit einer fremden Gesellschaft umzugehen. Viele Reisende erleben Episoden, in denen sie ihre Unterkunft in einem fremden Land aufgrund einer Art unbenannter Furcht nicht verlassen können, und in Peking verursachte die dortige Vorliebe für Statuen und Schreine eine Art unbegründeter Panik bei Ibn Battuta. Wie er in seinem berühmtesten Reisetagebuch, *Rihla*, schrieb, blieb er den ganzen Tag in seinem Quartier und verließ es nur, wenn es unvermeidlich war. Die Verwendung von Symbolen und Statuen in den religiösen Praktiken der Chinesen war das Gegenteil der muslimischen Zeremonien, was eine Rolle für die Gefühle der Entfremdung und Isolation des Arabers gespielt hatte.

Sobald er konnte, beendete Battuta seine Pflichten als Gesandter des Sultans und verließ China. Er kehrte entlang der Küste des Indischen Ozeans nach Hause zurück und zog 1348 durch Persien nach Syrien. Hier erlebte er die schrecklichen Auswirkungen der Beulenpest, die ihren Ursprung in China und Burma hatte, bevor sie auf der Seidenstraße nach Europa und in den Nahen Osten gelangte. 1349 kehrte er im Alter von 45 Jahren nach Marokko zurück.

Wieder blieb er nur ein Jahr, bevor er über das Mittelmeer nach Granada in Spanien fuhr. 1352 schickte ihn der Sultan von Marokko auf eine Expedition ins Mali-Reich im afrikanischen Landesinneren. Battuta verbrachte mehrere Jahre damit, die Sahara zu durchqueren, eine äußerst unangenehme Erfahrung, und lebte in den beiden Hauptstädten Timbuktu und Gao. Arabische Reisende kannten die Stadt Timbuktu schon Hunderte von Jahren , bevor die Europäer dieses sagenumwobene Ziel erreichten.

Die Jahre holten schließlich Ibn Battuta ein und 1353 kehrte er zum letzten Mal nach Marokko zurück. Hier vollendete er seinen Reisebericht *Rihla* und beendete sein Berufsleben, wie er es begonnen hatte, als Richter.

Hunderte von Jahren später folgte eine ungewöhnliche Entdeckerin den Spuren Ibn Battutas. Die amerikanische Geografin Fanny Bullock Workman (1859-1925) bereiste einen Großteil Nordafrikas und Asiens und drang auf ihrem Lieblingsgefährt, einem Singlespeed-Fahrrad, tief in den Himalaya vor. Wie Battuta schrieben Fanny und ihr Mann William informative Reiseberichte über ihre Erkundungen..

OBEN **Fanny Bullock Workman war 1905 die zweite Frau, die vor der Royal Geographical Society sprach.**

Arabische Sklaverei

Ibn Battuta musste vorsichtig sein, wenn er durch Afrika reiste. Der Handel mit afrikanischen Sklaven durch Araber war gut etabliert und die Afrikaner waren zu Recht auf der Hut vor arabischen Besuchern.

Ab etwa 600 n. Chr. hatten die Araber einen Großteil der Sahara und ihrer umliegenden Länder sowie die Westküste Afrikas erkundet. Hier begannen sie einen lebhaften Menschenhandel mit lokalen Potentaten und etablierten lange Handelswege. Viele Afrikaner wurden in Zentralafrika gefangen genommen, in Städte wie Timbuktu geliefert und mussten dann in langen, elenden Karawanen durch die Sahara zu Handelszentren wie Marrakesch, Tunis und Kairo in Nordafrika. marschieren Andere wurden an der Westküste Afrikas von Städten wie Mogadischu und Sansibar in arabischen Dauhs nach Arabien, Indien und sogar bis nach China transportiert, wo es Mode war, einen afrikanischen Sklaven im Haushalt zu haben.

Die Sklaven litten unter schrecklichen Bedingungen. Viele arabische Schriftsteller berichten von den Skeletten, die die Handelsrouten durch die Sahara säumten. Wenn sie nicht mit der Karawane mithalten konnten, wurden sie zurückgelassen und starben an Durst und Erschöpfung.

Man schätzt, dass jedes Jahr bis zu 5 000 Sklaven aus Afrika an arabische und westliche Besitzer verkauft wurden. Mit der Öffnung der Neuen Welt durch die Spanier im sechzehnten Jahrhundert und dem steigenden Bedarf an Sklavenarbeit stieg auch die Nachfrage und Zehntausende von Sklaven gelangten jedes Jahr in den transatlantischen Handel.

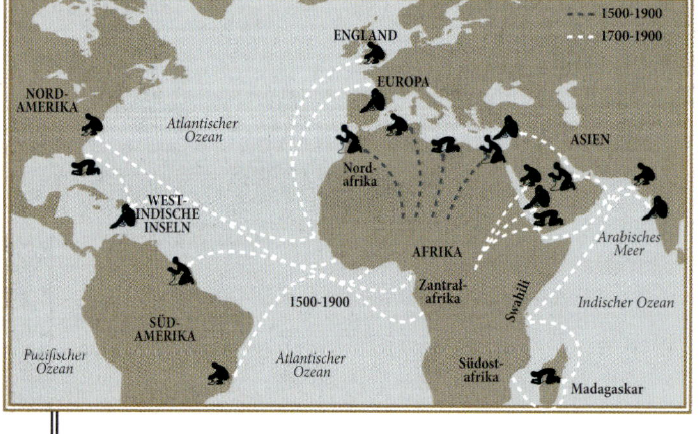

LINKS Sklaverei war ein Fluch für die Bewohner Afrikas. Potentaten und Könige ließen sich auf den üblen Handel ein, um Macht und Waffen zu erwerben.

Zheng He

1401 war das chinesische Kaiserreich eindeutig isolationistisch und hatte keine Abteilung für auswärtige Angelegenheiten. Diese Einstellung hielt an, weil man glaubte, dass der Kaiser des Reichs der Mitte als der göttliche Herrscher der ganzen Welt angesehen wurde! Daher konnte es keine unabhängigen Königreiche geben, und aus Sicht der Chinesen war die ganze Welt der Regierung in Peking verpflichtet.

Zheng He (um 1371–1433) wurde von seinem Kaiser ausgesandt, um den Gehorsam gegenüber dem kaiserlichen Willen zu erzwingen und neue Länder zu entdecken. Die riesigen Flotten, die er befehligte, stellten die aller anderen Erkundungsreisen in den Schatten.

1402 wurde Zhu Di (1360–1424) der dritte Kaiser der Ming-Dynastie und versuchte, das Ansehen des chinesischen Reiches zu erhöhen. Als Prinz hatte sich Zhu Di als zäher Krieger gegen die Mongolen erwiesen, die die Ming 1368 aus China vertrieben hatten.

Der neue Kaiser bemerkte, wie effizient Zheng He war, und beförderte seinen Schützling zum Oberkämmerer des Ming-Hofes. Zheng He war für Bauten und Arbeiten im Imperium verantwortlich und wurde 1403 zum obersten Botschafter und Admiral befördert. Zhu Di befahl ihm, eine riesige Flotte zu bauen, um andere Königreiche mit Chinas Größe zu beeindrucken und gleichzeitig Steuern und Schätze einzutreiben.

Der Admiral machte sich an die Arbeit. Er musste eine Flotte bauen, die die wahre Herrlichkeit des Reiches der Mitte widerspiegeln

UNTEN Zheng He ist nicht nur ein chinesischer Held. Er wird auch in Malaysia als großer Entdecker geschätzt, wie dieses Wandbild in Malakka bezeugt.

OBEN Viele Jahre lang war der große chinesische Forscher Zheng He fast vergessen. Diese Nach. bildung eines seiner Schatzschiffe in Nanjing zeugt vom erneuten Interesse an seinen Reisen.

sollte. Zuerst baute er die *Baoshan*-Schatzschiffe. Das waren massive Dschunken, die europäische Karavellen im Vergleich winzig aussehen ließen. Die Schatzschiffe sollen bis zu 150 Meter lang und 65 Meter breit gewesen sein. Sie hatten neun massive Masten mit effizienten quadratischen Segeln und bis zu vier Decks mit Prunkräumen für Beamte und Unterkünften für Soldaten. Die Schiffe sollten autark sein und hatten Einrichtungen zum Anbau von Sojabohnen zur Herstellung von Tofu: Eine flache Erdschicht wurde auf den Decks ausgebreitet, um einfache Pflanzen säen zu können. Der *Baoshan* hatte eine Verdrängung von 20 000-30 000 Tonnen und erreichte fast die Größe eines Flugzeugträgers. Wie konnten solche massiven Schiffe auf offener See bestehen? Der Rumpf gab den Schiffen ausreichend Stabilität, und mit erfahrenen Kapitänen könnten sie die schlimmsten Bedingungen auf See vermeiden. Die Schatzschiffe hatten erhebliche Mengen an Ballast im v-förmigen Rumpf und wasserdichte Schotten. Schwimmende Anker an den Seiten verliehen zusätzliche Stabilität, während das Ruder gesenkt oder angehoben werden konnte, um als stabilisierender Kiel zu fungieren.

Die Flotte wurde von bis zu 180 weiteren Schiffen begleitet, die verschiedene Aufgaben zu erfüllen hatten. Fast 20 000 Soldaten begaben sich auf die Reise. Ihre Mission war es, den Willen des Kaisers durchzusetzen und lokale Könige zu beeindrucken. Die *Machuan,* Transportschiffe, trugen Reittiere, Holz für Reparaturen und den Tribut, der von den Vasallenstaaten beschlagnahmt wurde. Diese *Machuan* waren etwa halb so groß wie der *Baoshan.* Die *Liangchuan*-Getreideschiffe waren von ähnlicher Größe und trugen Vorräte für die Seeleute und Soldaten: Letztere wurden in den *Zuochuan*-Truppenschiffen transportiert. Schließlich gab es die wendigeren *Zhanchuan*-Schlachtschiffe. Diese schnellen und wendigen Kampfschiffe, die kleinsten in der Flotte, waren immer noch doppelt so lang wie die *Santa María,* das Flaggschiff von Christoph Kolumbus.

Die Besatzung, Beamte, Seeleute und Soldaten sollen 28 000 Mann betragen haben. Die erste Expedition begann 1405 und bestand aus 208 Schiffen, darunter 62 Schatzschiffe. Diese Reise hielt zuerst in Hue, der Hauptstadt von Đàng Trong, (dem heutigen Vietnam) bevor es zu den Gewürzinseln Indonesiens und Malaysias ging. Calicut in Indien war das am weitesten entfernte Ziel, bevor die Flotte 1407 wieder nach Hause fuhr.

Zwei weitere Reisen folgten, sehr ähnlich wie die ersten. Lokale Herrscher wurden geehrt und reich beschenkt und »eingeladen«, dem Kaiser Tribut zu zollen. Die vierte Reise war noch spektakulärer; 1413 brach die Flotte auf und segelte über Indien hinaus, um die Malediven zu erkunden und erreichte sogar Hormus am Persischen Golf.

Die vielleicht spektakulärste Reise Zheng Hes fand jedoch von 1417 bis 1419 statt. Die Flotte erreichte das Horn von Afrika und segelte entlang der Küste bis nach Kenia. Bemerkenswerte Gaben wurden von dieser Reise zurückgebracht, darunter eine Giraffe für den Kaiser.

Die letzte Reise Zheng Hes fand nach dem Tod von Kaiser Zhu Di statt. 1431 segelte die Flotte auf einer ähnlichen Route wie die erste Expedition, obwohl der Admiral einen Umweg unternahm und Mekka besuchte. Er war Muslim und führte seine Haddsch aus, kurz bevor er 1433 starb.

Mit dem Tod von Zhu Di konzentrierte sich das Ming-Reich wieder auf sich selbst und die herrschende Klasse entschied sich gegen weitere Entdeckungsexpeditionen, die die soziale Ordnung des Reiches der Mitte destabilisierten. Seefahrten wurden verboten. Aufzeichnungen und Karten wurden verbrannt und die mächtige Flotte, die große Teile der Welt erforscht hatte, verrottete in den Häfen entlang der chinesischen Küste.

RECHTS **Wie viele Eunuchen war Zheng He ein treues Mitglied des chinesischen Kaiserhofes. Da sie keine Kinder haben konnten, war es unwahrscheinlich, dass sie den Thron beanspruchten.**

Haben die Chinesen Australien und Amerika entdeckt?

OBEN Diese Karte wird oft als Beweis dafür verwendet, dass Zheng He Australien und Amerika entdeckte. Sie ist höchstwahrscheinlich die Kopie einer europäischen Karte.

Haben die Chinesen Australien entdeckt? Einige Autoren und Wissenschaftler glauben, dass die Flotte von Zheng He von Indonesien aus den Kontinent Australien Hunderte von Jahren vor den ersten europäischen Entdeckern erreichte. Sie behaupten, dass zwei seiner Vizeadmirale 1422 ankamen und mehrere Monate auf der Suche nach Mineralien verbrachten. Hong Bao soll an der Westküste gelandet sein, Zhou Man an der Ostküste.

Diese Theorien werden heiß diskutiert, obwohl mehrere chinesische Relikte wie Münzen und Bronzestatuen an der australischen Küste gefunden wurden. Diese könnten jedoch auch aus einer anderen Quelle stammen. Jahrhundertelang, ab dem frühen achtzehnten Jahrhundert, suchten Fischer aus Sulawesi (im heutigen Indonesien) die Küsten Australiens auf, um nach Seegurken zu fischen.

Diese Trepanger, wie sie genannt wurden, verbrachten mehrere Monate damit, ihren Fang zu machen und zu konservieren, bevor sie nach Indonesien zurückkehrten, wo sie ihn oft an chinesische Händler verkauften. Ein Beweisstück hätte dieses Rätsel lösen können. Zheng He bewahrte genaue Karten seiner Reisen auf, doch leider wurden sie alle auf Befehl eines späteren Kaisers verbrannt.

Chinesische Kartenmacher stellten die Welt nie als zwei Ovale dar, die die verschiedenen Hemisphären zeigen, wie die obige Reproduktion. Aller Wahrscheinlichkeit nach ist das Artefakt eher eine Kopie einer europäischen Karte aus dem 19. Jahrhundert als die Kopie einer chinesischen Karte aus dem 15. Jahrhundert.

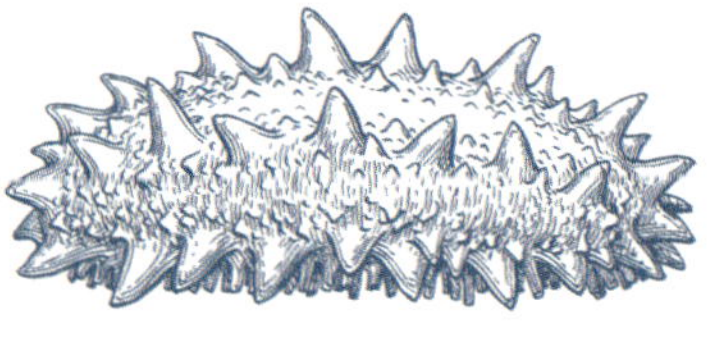

Seegurke von den Sulawesi-Fischern gefischt

Aufbruch in die neue Welt – Prinz Heinrich der Seefahrer

Prinz Heinrich von Portugal

Ein Ort versetzte mittelalterliche Seefahrer in besondere Angst: Kap Bojador, 1 600 Kilometer von Gibraltar entfernt ragt es an der afrikanischen Küste in den Atlantischen Ozean. Am westlichen Rand der riesigen Sahara-Wüste treffen die sandigen und felsigen Wüsten auf die gigantischen Wellen, die im Atlantik toben. Eine seichte Unterwasserplatte erstreckt sich viele Meilen vor dem Kap und gefährdet alle Schiffe, die zu nahe kommen. Es hieß, dass das Kap ganze Schiffe verschlungen habe.

Man erzählte sich schreckliche Geschichten von diesem Ort: Die Hitze der Sonne war so stark, dass das Pech der Plankenabdichtungen schmolz und die Haut der Matrosen schwarz wurde. Schreckliche Monster lauerten in den Schatten und warteten darauf, selbst die größten Schiffe zu verschlingen und die unglücklichen Matrosen in ihre Unterwasserhöhlen zu schleppen. Die Seefahrer konnten versuchen, den Gefahren zu entgehen, indem sie weit hinaus aufs Meer segelten, aber dort bestand die Gefahr, vom Ende der Welt abzustürzen.

Kap Bojador war ein Hindernis für die europäischen Entdeckungen, aber ein Mann war entschlossen, es zu durchbrechen. Prinz Heinrich von Portugal legte den Grundstein für die europäische Meeresforschung. Er wurde als Sohn von Johann I. von Portugal (regierte 1385–1433) und Philippa von Lancaster (1360–1415) geboren. Portugal war nach vielen Jahren Krieg und Streit fast bankrott. Das kleine Königreich war vom aufstrebenden spanischen Königreich und dem Atlantik umgeben. Wenn das Land wachsen und mächtiger werden wollte, musste es nach Übersee blicken.

UNTEN **Die Portugiesen sind zu Recht stolz auf ihre Entdecker. Dieses Denkmal zeigt Heinrich den Seefahrer an der Spitze von dreiunddreißig anderen Entdeckern.**

Vasco da Gama

GANZ OBEN **Vasco da Gama hält in dieser Statue in Lissabon eine Karavelle in den Armen. Die wendigen kleinen Schiffe waren im Zeitalter der Entdeckungen von entscheidender Bedeutung.**

Heinrich beauftragte den Abenteurer Gil Eannes mit einer Expedition um das Kap herum. Nach mehreren Misserfolgen segelte Eannes 1434 weit hinaus auf See und als ein günstiger Wind kam, drehte er nach Osten zur Küste Afrikas. Er glaubte, er sei 160 Kilometer hinter dem schrecklichen Kap Bojador gelandet, war aber wahrscheinlich nur zum damals bereits bekannten Kap Juby, etwa 270 Kilometer weiter nördlich gelangt.

Heinrich finanzierte viele Expeditionen. Er gab unternehmungslustigen Seeleuten die Mittel, Karavellen zu kaufen und sich auf die Suche nach neuen Ländern zu machen. 1418 und 1419 wurden die ersten europäischen Kolonien von portugiesischen Entdeckern auf Madeira und den Kanarischen Inseln gegründet. Eine weitere Expedition drang weit an die Westküste Afrikas vor und ermöglichte es den Portugiesen, direkt mit zentralafrikanischen Staaten zu handeln und sich nicht mit muslimischen Zwischenhändlern herumschlagen zu müssen. Portugiesische Seeleute erreichten 1445 Kap Verde, Afrikas westlichsten Punkt, und als Prinz Heinrich 1460 starb, näherte sich eine seiner Expeditionen Sierra Leone-3 200 Kilometer von Portugal entfernt.

Vasco da Gama baute auf diesen Erfahrungen auf, als er im Jahr 1497 um das Kap der Guten Hoffnung und weiter nach Indien segelte und den Osten für den portugiesischen Handel und die Kolonisierung öffnete.

Die Kapverdischen Inseln und die Azoren im Mittelatlantik wurden portugiesische Besitzungen. Diese Inseln wurden zu wichtigen Sprungbrettern für die spanischen und portugiesischen Reisen über den Atlantik in die Neue Welt.

OBEN **Als Vasco da Gamas Flotte den indischen Subkontinent erreichte, läutete er eine Ära ein, in der die Europäer einen Großteil der Welt dominieren sollten.**

Prinz Heinrich gewann nicht nur neues Territorium, sondern leistete auch andere wichtige Beiträge. In seiner Seefahrtsakademie in der Stadt Sagres im Südwesten Portugals lehrten die bedeutendsten Schiffsbauer, Astronomen, Kartografen, Kapitäne und Mathematiker. Hier wurde das neu gewonnene Wissen seiner Kapitäne über Gezeiten und Windmuster aufgezeichnet und für zukünftige Expeditionen zur Verfügung gestellt. Hier und am königlichen Observatorium in Lissabon begannen die besten Kartografen Europas, die Erkenntnisse über die Erde und die Sterne darüber zusammenzufügen. Die Karten und Tagebücher vieler früher Entdecker, einschließlich Vasco da Gamas, wurden in diesen königlichen Archiven aufbewahrt, doch leider ging vieles davon 1755 bei dem schrecklichen Erdbeben von Lissabon verloren, das 85 Prozent der Stadt zerstörte.

KAPITEL 3

Die Aufteilung der Welt

Als Christoph Kolumbus (1451–1506) 1492 auf einer Insel in der Karibik landete, begann eine Zeit der Entdeckungen und Eroberungen wie nie zuvor. Auf der Suche nach den von den Portugiesen in Asien entdeckten Ländern landeten Generationen von spanischen und portugiesischen Entdeckern auf dem amerikanischen Kontinent, drangen nach Mittelamerika vor, eroberten die Berge und Dschungel Südamerikas und entdeckten die Reichtümer Nordamerikas. Während andere Entdecker von Neugier und dem Wunsch nach Handelsbeziehungen motiviert waren, waren die »Konquistadoren«, wie sie genannt wurden, völlig anders geartet. Diese »Eroberer« trugen die modernsten Waffen und waren fanatische Verbreiter des Christentums.

LINKS Die Päpste gaben Konquistadoren wie Vasco Balboa (ca. 1475–1519) Gottes Segen, Amerika und Asien zu erkunden und zu erobern.

Dias und da Gama: Portugiesen erschliessen die Neue Welt

1482 setzten portugiesische Entdecker einen weiteren Präzedenzfall, der von allen Entdeckern und Kolonisatoren nachgeahmt wurde. An der afrikanischen Küste des heutigen Ghana wurde eine dauerhafte Siedlung errichtet. Elmina wurde mithilfe eines lokalen Herrschers gegründet, der sich auf die militärische Macht der Neuankömmlinge stützte. Diese Siedlungen wurden zu wichtigen Handelsposten, die die Kassen der Gründungsmacht füllen sollten. Die portugiesischen Expeditionen errichteten auch Steinzeichen mit dem königlichen Wappen Portugals, wenn sie neues Territorium betraten.

Bartolomeu Dias (1450–1500) ließ mehrere solcher Säulen errichten, bei seinen Versuchen, die Südspitze Afrikas zu umsegeln. Ziel war es, eine neue Handelsroute nach Indien zu finden, die die Routen arabischer Händler umgehen sollte, die den Handel nach Indien durch den Nahen Osten beherrschten. Dias segelte im August 1487 mit zwei Karavellen und einem Versorgungsschiff los.

Er wusste, dass es wegen ungünstiger Winde und schwieriger Strömungen fast unmöglich sein würde, die afrikanische Küste entlang zu fahren. Er beschloss daher, der Praxis früherer portugiesischer Entdecker zu folgen und südwestlich in den Atlantik zu halten, um dann günstigere Bedingungen zu nutzen, um parallel zur afrikanischen Küste zu fahren. Das war ein bei portugiesischen Entdeckern übliches Vorgehen, das zur Entdeckung der atlantischen Inselketten wie den Azoren und Madeira geführt hatte. Als er glaubte, weit genug hinaus gefahren zu sein, ließ er die Flotte nach Osten wenden, um die afrikanische Küste zu suchen. Aber da war nichts, sie waren schon darüber hinaus. Er drehte daher nach Norden ab und konnte am Horizont den Beginn der Ostküste Afrikas erkennen.

Dias hatte die Spitze Afrikas abgerundet und bewiesen, dass es nicht mit dem Südpol verbunden war. Die Schiffe landeten in Mossel Bay, bevor sie etwa 400 Kilometer nach Norden weiterfuhren, wo ein weißes Kreuz auf Cape Padrone aufgestellt wurde. Hier weigerte sich seine Mannschaft, nach Indien weiterzufahren, und drohte mit Meuterei. Dias musste umkehren und die Expedition fuhr nach Süden. Auf der Rückfahrt bewältigten sie die Herausforderung, die gefährliche Spitze Afrikas zu umschiffen. Diese schreckliche Tortur führte dazu, dass Dias diese gefährliche Landspitze Kap der Stürme nannte.

UNTEN **Überall auf seinen Entdeckungsreisen hinterließ Bartolomeu Dias Steinsäulen mit einem Kreuz, um die Majestät des portugiesischen Throns zu verkünden.**

OBEN **Dias kleine Flottille war die erste, die mit den harten Bedingungen an der Spitze des afrikanischen Kontinents fertig wurde. Viele andere scheiterten und waren für immer verloren.**

Nach einer Reise von fünfzehn Monaten und 26 000 Kilometern kehrten die Schiffe nach Lissabon zurück, wo sie von der Bevölkerung begeistert begrüßt. wurden. König Johann II. (1481–95) begann sofort mit der Planung einer weiteren Expedition. Er war entschlossen Indien zu erreichen und den europäischen Gewürzhandel zu beherrschen.

Diese Entschlossenheit trug unter seinem Nachfolger Manuel I. (1495–1521) Früchte . Am 20. Mai 1498 legte eine portugiesische Flottille im Hafen von Calicut (heute Kozhikode) an. Die Flotte von vier Schiffen unter Vasco da Gama (1460–1524) war seit Juli des Vorjahres unterwegs und hatte das Glück, an der Küste des heutigen Kenia, einen erfahrenen muslimischen Piloten rekrutierten zu können, der sie zur indischen Küste führte.

Calicut war überwältigend für die neu angekommenen Europäer. In diesem Hafen an der Grenze zum späteren Mogulreich lagen bis zu 700 Schiffe aus allen Teilen der Welt. Tamilen, Perser und Araber konkurrierten mit Chinesen und Malaysiern um die besten Preise. Neue, in Europa unbekannte Gewürze und eine riesige Menagerie exotischer Tiere standen zum Verkauf. Hindus und Muslime lebten Seite an Seite, und den portugiesischen Seeleuten schien es , dass viele Leute seltsam gekleidet waren und eigenartige, unverständliche Dialekte sprachen. Anfangs galten die Portugiesen mit ihren bescheidenen Waren den Einheimischen als arme Verwandte, konnten aber nach mehreren Expeditionen ihren Willen durchsetzen. 1502 terrorisierte da Gama mit einer Flotte von zwanzig Kriegsschiffen Siedlungen an der indischen Küste und erwarb Handelskonzessionen, die portugiesische Händler begünstigten. Als da Gama 1524 starb, gab es portugiesische Siedlungen an den Küsten Indiens und Afrikas. Festungen kontrollierten die Meerenge von Malakka und die Gewürzinseln (die heutigen Molukken, die im 16. Jahrhundert Gewürzinseln genannt wurden, weil dort Nelken und Muskatnuss gefunden wurden) sowie unzählige andere Handelsplätze.

Das größte Land Südamerikas wurde fast zufällig von den Portugiesen erobert. Pedro Álvares Cabral (1468–1520) trat in die Fußstapfen von da Gama, fuhr aber auf seinem Bogen durch den Atlantik zu weit nach Westen und landete an der Küste des heutigen Brasiliens. Er nahm dieses riesige Land prompt für die portugiesische Krone in Besitz.

LINKS UND UNTEN **Während einige portugiesische Entdecker direkt nach Indien zogen, landete Pedro Álvares Cabral in Südamerika und beanspruchte das riesige Territorium Brasiliens.**

Christoph Kolumbus

Viele der in diesem Buch genannten Entdecker standen vor unzähligen Herausforderungen, bevor sie sich überhaupt auf die Entdeckungsreise begeben konnten. Christoph Kolumbus war keine Ausnahme. Sein Plan, den Atlantik zu überqueren, um eine direkte Route zu den Gewürzinseln und nach Indien zu finden, wurde viele Male abgelehnt. Aber sobald er die Unterstützung von Königin Isabella von Kastilien (reg. 1474–1504) erhielt, gab es kein Halten mehr, und er unternahm 1492, 1493 und 1502, vier Reisen nach Amerika.

Schon in jungen Jahren hatte Kolumbus ein bemerkenswertes abenteuerliches Leben. Er wurde in Genua als Sohn eines Wollhändlers geboren. Der Beruf des Wollhändlers ermöglichte es ihm Kontakte im gesamten Mittelmeerraum und sogar bis zu den britischen Inseln zu knüpfen.

Kolumbus war abenteuerlustig und nahm schon in jungen Jahren eine Stelle auf einem Handelsschiff an. 1476 wurde das Schiff von französischen Freibeutern angegriffen, die die Fracht beschlagnahmten und das Schiff versenkten, während

UNTEN **Christoph Kolumbus brachte fabelhafte Dinge für Ferdinand und Isabella von Spanien mit, aber wo waren das Gold und die Gewürze?**

es vor der portugiesischen Küste segelte. Kolumbus schwamm auf einem Stück Holz an Land, glücklich, die Tortur zu überleben. Den Mutigen hilft das Glück: Kolumbus nutzte die Umstände, um nach Lissabon zu gelangen, wo er sich mit den neuesten Lehren der Seefahrt und Entdeckungen vertraut machte, darunter Mathematik, Astronomie, Kartografie und Navigation. In dieser Zeit besuchte Kolumbus auch England und Island. In Bristol erlebte der Seemann die 15-Meter-Gezeiten an der Küste dieses Teils Südwestenglands. Das deutete auf die Größe des Ozeans vor ihm hin. Während seines Besuchs in Island hörte er vielleicht Geschichten der alten Nordische Entdecker von einer neuen Welt.

Christoph Kolumbus

In Portugal kam Kolumbus in die Kreise des Mathematikers Paolo dal Pozzo Toscanelli (1397–1482). Dieser einflussreiche Lehrer leistete mit einem kolossalen Fehler einen wichtigen Beitrag zu Kolumbus' Reise. Toscanelli und seine Schule versuchten, den Umfang des Globus zu schätzen. Die meisten ihrer Berechnungen waren durchaus realistisch, aber sie machten einen entscheidenden Fehler. Sie unterschätzten den Erdumfang um ein Viertel. Die besten Köpfe der Profession schafften es, ausgerechnet jenes Stück Erde auszulassen, wo die amerikanischen Kontinente lagen. Als Kolumbus die Segel setzte, war er zuversichtlich, dass er nach einiger Entfernung am Ende auf Asien und Indien stoßen würde.

Kolumbus trug seine Idee, westwärts zu segeln, den Herrschern von Portugal und England vor, diese waren aber nicht interessiert; Spaniens Herrscher Ferdinand (reg. 1479–1516) und Isabella waren es. Um mit dem Reichtum und Ruhm ihrer portugiesischen Nachbarn konkurrieren zu können, nahmen sie den Plan des genuesischen Abenteurers an und finanzierten die Expedition. Kolumbus sollte zehn Prozent der Beute behalten dürfen, einen Adelstitel und die Statthalterschaft jedes neuen Landes erhalten.

Mit einem Brief an den chinesischen Kaiser und einem arabischen Übersetzer, der mehrere östliche Sprachen fließend beherrschte, begab sich Kolumbus am 3. August 1492 auf seine berühmte Reise.

Am frühen Morgen des 12. Oktober 1492 sah Kolumbus etwas am Horizont. Als er über den Bug seines Flaggschiffs, der *Santa María*, blickte, sah er einen seltsamen Anblick wie »eine kleine flackernde Wachskerze«. Vier Stunden später erblickte der erfahrene Seemann Rodrigo de Triana (geb. 1469) als Erster den amerikanischen Kontinent vom Bug der *Pinta* aus.

Santa María

Das war eine knappe Sache. Einige Tage zuvor stand Kolumbus vor einer Meuterei von Besatzungsmitgliedern, die befürchteten, dass ungünstige Ostwinde eine Rückreise in ihre Heimatländer in Europa unmöglich machen würden. Glücklicherweise zeigten Pflanzen und Hölzer, die im Wasser trieben, dass sie fast ihr Ziel erreicht hatten, und die Flotte konnte weiterfahren.

Als der Tag anbrach, segelte die Flottille in eine kleine Bucht von Watling Island auf den Bahamas. In zwei Monaten hatten Kolumbus und seine Mannschaften der *Niña*, *Pinta* und *Santa María* den Atlantik überquert. Kolumbus ließ sich an Land rudern, die Insel wurde San Salvador getauft und zum Besitz der spanischen Krone erklärt. Die Einheimischen, die Schwierigkeiten hatten, die seltsamen, in Leder und Eisen gekleideten Gestalten zu verstehen, erhielten kleine Geschenke.

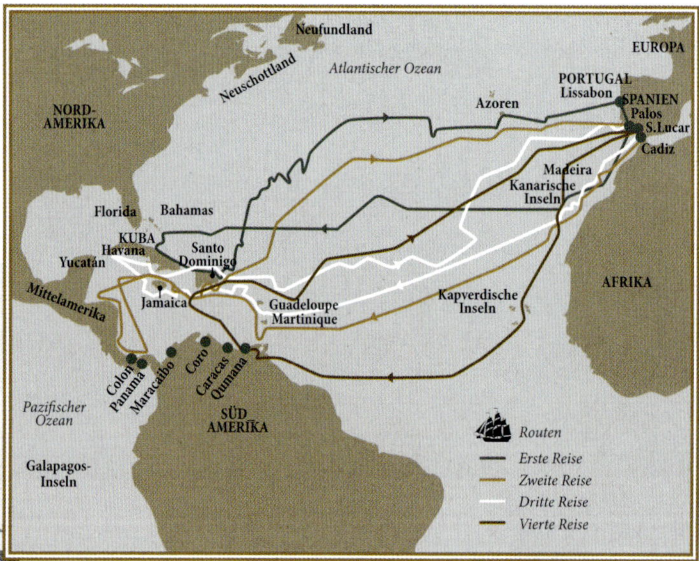

LINKS UND UNTEN **Kolumbus unternahm mehrere Reisen zurück in die Karibik. Jedes Mal wurde die indigene Bevölkerung durch die Europäer schlechter behandelt.**

Dieser erste kulturelle Kontakt zwischen den beiden Völkern war harmonisch, sogar freudig. Für den Rest des Tages trieben sich die Einheimischen, die Tainos genannt wurden, um die drei Schiffe herum, tollten in Kanus herum und brachten frisches Obst, das gegen Perlen und mehr Schmuck getauscht wurde. Kolumbus schrieb von einer überwältigenden Freude, nicht nur wegen der Befriedigung, sicher gelandet zu sein, sondern auch wegen der Unschuld und Einfachheit der Menschen, denen er begegnet war.

Es gab nur einen Grund zur Sorge. Der arabische Übersetzer, der mehrere östliche Sprachen einschließlich Chinesisch fließend beherrschte, konnte mit der lokalen Sprache rein gar nichts anfangen.

In den nächsten Monaten, als Kolumbus von Insel zu Insel segelte, auf der Suche nach den Reichtümern, die er seinen spanischen Gönnern mitbringen sollte, wurde diese Sorge zu Besorgnis. An erster Stelle stand für Kolumbus das Wissen, dass seine Entdeckungsreise hauptsächlich ein kommerzielles Unterfangen war. Als er auf Hispaniola anlegte, musste er erkennen, dass es in diesen Gewässern kein großes Handelszentrum gab. Die sagenumwobenen Löwen, Tiger, Elefanten und Kamele, die den indischen Subkontinent bevölkerten, und die mächtigen Reiche, reich an Gewürzen, Seide und Edelmetallen, mit denen er handeln wollte, waren nicht da. Sie stießen jedoch auf einige neue Völker, darunter die wilden Caribs, nach denen die Karibik benannt wurde.

Der kommerzielle Auftrag der Kolumbus-Mission wurde nicht erfüllt. Am Weihnachtstag 1492 verschlechterte sich die Lage. Die *Santa María* driftete in ein Korallenriff und wurde zerstört. Das Holz des zerstörten Schiffes wurde an Land transportiert und für den Bau der ersten europäischen Siedlung in Mittelamerika verwendet: La Navidad. Die Siedlung wurde von Mitgliedern der Mannschaft der *Santa María* bewohnt, zusammen mit den freundlichen Einheimischen, während der Rest der Expedition nach Hause segelte.

Dieses glückliche Zusammenleben der Kulturen währte nicht lange. Als die verkleinerte Flottille im März 1493 ihre Rückreise antrat, bewiesen die vierzig Besatzungsmitglieder, die in La Navidad zurückblieben, ihre Fähigkeit zur Brutalität. Frauen wurden missbraucht, Gold gestohlen; zum Erstaunen der Tainos aß jeder Spanier an einem Tag so viel wie die Einheimischen in einer Woche, obwohl sie sich weigerten, die kleinen Hunde zu essen, die von den Tainos als Nahrung aufgezogen wurden.

Im November 1493 kehrte Kolumbus auf die Inseln zurück, nicht mehr, um zu erkunden, sondern um zu erobern. Siebzehn Schiffe und 1 300 Männer, darunter Soldaten und Siedler, fanden La Navidad niedergebrannt vor. Hunderte der lokalen Stammesange-

UNTEN **Als die Europäer Hispaniola entdeckten, waren sie von dem einfachen Leben der Einheimischen verzaubert. Es war wie ein neuer Garten Eden.**

hörigen wurden von den zurückkehrenden Spaniern versklavt und gezwungen, die Siedlung, die in Isabella umbenannt wurde, unter dem wachsamen Auge von Kolumbus' Brüdern Bartolomeo und Diego wieder aufzubauen. Mit Kriegshunden und berittenen Lanzenträgern fegten die Spanier durch die Insel und nahmen weitere Tausende gefangen. Da er seinen königlichen Auftraggebern kein Gold schicken konnte, sandte der Admiral 550 Gefangene als Sklaven nach Spanien. Die Hälfte starb auf dem Weg und der Rest wurde von einer entsetzten Isabella zurückgeschickt. Auch diese kamen fast alle dabei ums Leben.

Im Mai 1498 segelte Kolumbus von Spanien aus zu seiner dritten Reise und ging als Entdecker neue Wege. Trinidad und das südamerikanische Festland wurden kartiert. Aber als er nach Isabella zurückkehrte, fand er Kolonisten und Eingeborene in Kämpfen gegeneinander verwickelt. Eine vierte Expedition führte Kolumbus zur Landenge von Panama. Die indigenen Bewohner ahnten, was die Spanier vorhatten, sie griffen die Flottille an: Zwei der vier Schiffe wurden erobert und zerstört. Gebrochen kehrte Kolumbus nach Spanien zurück, wo er die letzten Jahre bis zu seinem Tod im Jahr 1506 in einem kleinen Haus in Valladolid verbrachte.

Wenn man an große Entdecker denkt, denkt man an Christoph Kolumbus. Leider muss man aber auch daran denken, dass er einen blutigen Präzedenzfall für spätere Entdecker geschaffen hat: Ausbeutung, Sklaverei und Mord. Mit Kolumbus begann der Prozess der nahezu völligen Auslöschung der indigenen Völker der Karibik.

Den Brief an den Kaiser von China konnte er nie überbringen.

UNTEN **Die Caribs, deren Name im karibischen Ozean weiterlebt, waren relativ neu in der Region. Sie waren wild und kriegerisch.**

Faszinierende Tatsache – die Totenfracht

Entdecker aus den katholischen Ländern Spanien und Portugal hatten furchtbare Angst, in ungeweihter Erde begraben zu werden. Sie fürchteten, dass sie in die Hölle kommen würden, wenn sie in heidnischen Ländern beerdigt wurden. Viele Seeleute, die unterwegs starben, wurden daher im Laderaum des Schiffes gelagert, bis sie nach Europa zurückkehrten, wo ihre Leichen auf einem Kirchhof bestattet wurden. Protestantische Länder hatten eine praktischere Lösung. Ihre Toten wurden in altes Segeltuch gewickelt und mit einer Kanonenkugel an den Füßen ins Wasser geworfen.

Hernán Cortés

Der aztekische Kaiser Montezuma II. (1466–1520) war angstgetrieben und bei seinem Volk unbeliebt. Als der tyrannischste aller aztekischen Herrscher ließ er, als er er an die Macht kam, den gesamten kaiserlichen Hofstaat seines Vorgängers hinrichten.

1509 wurden seine Krieger in mehreren Kämpfen gegen das benachbarte Tlaxcalan geschlagen. Die Vorzeichen des bevorstehenden Untergangs mehrten sich. Einer seiner vertrauenswürdigsten Berater warnte den Kaiser vor einer katastrophalen Vision, die er gehabt hatte. Er prophezeite die Verwüstung der mexikanischen Städte, den Tod ihrer Frauen und Kinder und den Aufstand von Vasallenstaaten. Bald darauf blickte ein junger Priester in den Nachthimmel und sah einen großen Kometen, der sich der aztekischen Hauptstadt Tenochtitlán näherte, in der etwa 200 000 Menschen lebten. Am nächsten Abend tauchte er wie eine Wunde am östlichen Himmel auf. Wahrsager wurden gerufen, um die Bedeutung des Kometen zu erklären, und wurden hingerichtet, weil ihre Antworten den Kaisers nicht befriedigten. Tempel gingen in Flammen auf, Blitze trafen einige der heiligsten Anlagen der Azteken und der Texcoco-See, auf dem Tenochtitlán errichtet war, trat aus seinen Ufern und zerstörte viele Vororte der Stadt.

UNTEN **Der aztekische Kaiser Montezuma II. galt als unentschlossen. Seine düstere Stimmung und seine fatalistische Einstellung halfen Cortés, sein mächtiges Reich zu zerstören.**

»Es verging kaum ein Tag, an dem diese Menschen nicht drei bis vier und sogar fünf Indianer opferten, die Herzen aus ihren Körpern rissen, um sie den Götzen zu präsentieren und das Blut an die Wände des Tempels zu schmieren. Dann wurden die Arme und Beine dieser unglücklichen Wesen abgeschnitten und verzehrt, genauso wie wir Fleisch aus einer Metzgerei holen und essen würden.«

—Cortés

Als das Jahr 1519 nahte, wuchs Montezumas Angst weiter. Der Mythologie zufolge hatte der Gott Quetzalcoatl 500 Jahre vor diesem Datum geschworen, dass er in genau diesem ersten Jahr der Epoche des Schilfrohrs des aztekischen Kalenders zurückkehren und seinen rechtmäßigen Platz als Herrscher Mittelamerikas einnehmen würde. Er würde aus dem Meer auftauchen, gekleidet in silberne Rüstung mit göttlichen Waffen, um jeden Usurpator zu vernichten. Die Mexikaner hatten diese Mythologie von ihren toltekischen Vorfahren übernommen und Montezuma war überzeugt, dass seine Zeit bald zu Ende gehen würde.

Er sollte recht behalten.

Am 4. März 1519 landete Hernán Cortés an der mittelamerikanischen Küste bei Veracruz. Willensstark, rücksichtslos und voller Goldgier versenkte der Konquistador sicherheitshalber seine Schiffe, damit seine Männer nicht meuterten und versuchten, nach Hause zurückzukehren, und begann seine Eroberungen im Landesinneren. Bei ihrem Vordringen waren die Spanier beeindruckt vom Reichtum des Landes und den gut gebauten Städten, auf die sie trafen. Maisfelder wechselten mit Plantagen auf denen alle Arten von tropischen Früchten und Gewürzen wuchsen. Die Bevölkerung schien gut ernährt und zufrieden zu sein. Im Zentrum jeder Stadt stand eine Stufenpyramide oder ein Altar. Als die Spanier diese näher untersuchten, erkannten sie bald, dass die aztekische Herrschaft auf Menschenopfern aufgebaut war.

Cortés schrieb: »Sie haben einen entsetzlichen und abscheulichen Brauch, der wirklich bestraft werden sollte und den wir bis jetzt in keinem anderen Teil gesehen haben. Wann immer sie etwas von ihren Göttern erbitten wollen, nehmen sie viele Mädchen und Jungen und sogar Erwachsene und öffnen in Gegenwart dieser Götter deren Brust, während sie noch am Leben sind, und nehmen ihre Herzen und Eingeweide heraus und verbrennen sie vor den Götterbildern, um Gehör für ihre Bitten zu finden, indem sie den Rauch als Opfer darbringen. Einige von uns haben das gesehen, und sie sagen, es ist die schrecklichste und abscheulichste Sache, die sie je erlebt haben.«

Der erfahrene Konquistador Bernal Díaz del Castillo (ca. 1495–1584) hinterließ einen detaillierten Bericht darüber in seinem zweibändigen Buch *Die Eroberung von Mexico*. Sobald sie landeten, so Díaz, stießen sie auf einen Tezcatlipoca gewidmeten Tempel, der noch immer nach dem Blut zweier Jungen roch, denen am selben Tag das Herz herausgeschnitten worden war.

Tezcatlipoca

RECHTS Die Azteken hatten viele Götter und fast alle benötigten regelmäßige Blutopfer, die das ganze Jahr über stattfanden. Männer, Frauen, Kinder, Meerschweinchen, niemand war sicher.

Die Beschaffung von Menschenfleisch erreichte ein fast industrielles Ausmaß, wie Díaz von den Geschehnissen in Cholula, Mexikos zweitgrößter Stadt, berichtete: »Ich ... muss ein oder zwei Worte über die Holzkäfige hinzufügen, die wir in dieser Stadt sahen. Diese waren aus festem Holz gebaut und mit erwachsenen Männern und kleinen Jungen gefüllt, die dort für die Opfer und Feste gemästet wurden. Cortés befahl, diese teuflischen Käfige herunterzulassen und schickte die Gefangenen nach Hause.«

Im Großen Tempel, der sich im Herzen der aztekischen Hauptstadt Tenochtitlán befand, wurde Menschenopfer in kolossalem Ausmaß durchgeführt. Als der Tempel den Göttern geweiht wurde, wurden in einen Zeitraum von drei Tagen 80 000 Personen geopfert.

Als die Beziehungen zwischen den Azteken und Cortés zerbrachen, wurden fünfundsiebzig spanische Soldaten gefangen genommen und in diesem Tempel geopfert.

UNTEN **Jede Stadt in Mittelamerika hatte ihre eigenen Tempel für Menschenopfer. Die Überreste des Opfers wurden gegessen oder verrotteten.**

Díaz wurde Zeuge ihres Todes-sicherlich das schlimmste Schicksal jedes Eroberers: »Wir konnten deutlich die Plattform sehen, mit dem Tempel, in dem diese verfluchten Götzenbilder standen; die Mexikaner zwangen ihre Opfer ..., um den Gott Huitzilopochtli zu tanzen; wir sahen, wie sie sie in voller Länge auf einen großen Stein legten, ihre Brüste mit Feuersteinmessern aufrissen, das klopfende Herz

herausrissen und es den Göttern darboten. Ach! Wir wurden gezwungen, all dies zu beobachten, und wie sie dann die Leichen an den Beinen nahmen und sie kopfüber die Stufen des Tempels hinabwarfen, an deren Unterseite andere Henker standen, um sie zu empfangen, die die Arme, Beine und Köpfe von den Körpern trennten. Sie zogen die Haut von den Gesichtern, an der noch die Bärte klebten, und zeigten sie als Schauspiel von Spott und Hohn; die Beine, Arme und andere Teile des Körpers wurden zerschnitten und verschlungen!«

OBEN **Auf Montezuma folgten kriegerischere Kaiser. Doch die Verbündeten der Spanier und europäische Krankheiten zerstörten schließlich das Aztekenreich.**

Aber all dies geschah erst später. 1519 marschierten die Konquistadoren zunächst in das Herz des Aztekenreiches ein. Viele Stämme, einschließlich der wilden Tlaxcalan, die nie von den Azteken unterworfen worden waren, versuchten, den Marsch zu stoppen, und Cortés' Armee von etwa 600 Männern kämpfte mehrere offene Schlachten. Cortés hatte auf früheren Expeditionen auf der Halbinsel Yucatán Übersetzerinnen gefangen genommen und diese benutzt, um zu erklären, dass er gekommen war, die Stämme von blutrünstigen Tyrannen, den Azteken, zu befreien. Diese Strategie zahlte sich aus und bald schlossen sich viele erfahrene Krieger der spanischen Expeditionstruppe an.

Im November 1519 näherte sich Cortés, dessen Armee um Tausende von Tlaxcalan-Hilfstruppen verstärkt war, Tenochtitlán. Die Konquistadoren waren erstaunt über die Schönheit der Stadt, die es leicht mit jeder europäischen Hauptstadt aufnehmen konnte. Die 200 000 Einwohner lebten zwischen Kanälen auf Inseln, die reiche Ernten hervorbrachten. Auf den größeren Inseln standen prächtige Paläste neben beeindruckenden Tempeln, die alle weiß getüncht waren und in der tropischen Sonne glänzten. Nur Neapel und Paris hatten zu dieser Zeit eine ähnlich große Einwohnerzahl.

In der Meinung, dass die Spanier göttlich waren, sandte Montezuma seine Armee nicht gegen die Invasoren, sondern beschloss, sie mit Geschenken und Opfergaben zu begrüßen, als sie am 8. November eintrafen. Aber er hatte einer Schlange Einlass gewährt, und eine Woche später verhaftete Cortés den Kaiser. Montezuma weigerte sich, seinen Kommandeuren zu befehlen, die Spanier anzugreifen, und erst nach mehreren Massakern und Gräueltaten der Spanier erhob sich die aztekische Bevölkerung und vertrieb die Invasoren aus ihrer Hauptstadt.

In der sogenannten »Traurigen Nacht« vom 30. Juni auf den 1. Juli 1520 wurden die Spanier aus Tenochtitlán vertrieben. Etwa 450 Spanier und ihre Verbündeten wurden getötet und ihre Kanonen und Schätze von den triumphierenden Azteken erobert. Im Chaos wurde Montezuma getötet und ein neuer aztekischer Kaiser installiert, der einen spanischen Gegenangriff abwehren sollte. Dieser ließ nicht lange auf sich warten und im April und Mai 1521 griffen spanische Truppen erneut die Stadt an. Sie hatten dabei einen großen Verbündeten, die Pocken (siehe Kasten, Seite 98), die ihre Gegner dezimierten. Schließlich wurde im August 1521 der letzte Widerstand gebrochen. Die einst schöne Stadt Tenochtitlán wurde zu einer lodernden, blutgetränkten Ruine, mit Zehntausenden von Leichen, die in den Straßen und Kanälen verrotteten. Cortés nannte die blutige Ruine Mexiko-Stadt und regierte sie mehrere Jahre als Gouverneur. Eine seiner ersten Handlungen war die Zerstörung des Großen Tempels, in dem so viele Menschen auf den Altären geopfert worden waren. Die Materialien wurden zum Bau einer Kathedrale verwendet.

Kaum ein Jahrzehnt später führten die Spanier selbst Menschenopfer in Mexiko-Stadt durch, als die Inquisition ihre ersten Auto-da-fés inszenierte, die Verbrennung von Ketzern auf dem Scheiterhaufen.

Cortés' Karriere der Erforschung war noch nicht vorbei. Er erkundete auch Mittelamerika, reiste durch Honduras und kam nach Norden zum Golf von Kalifornien.

UNTEN **Eine der ersten Handlungen der Spanier war die Zerstörung des Großen Tempels und der Bau einer christlichen Kathedrale.**

Erschliessung und Benennung des Amazonas

Erzählungen über die geheimnisvolle südamerikanische Stadt El Dorado zogen die europäischen Eroberer in ihren Bann. Der spanische Abenteurer Francisco de Orellana (1511–46), der überzeugt war, dass die Stadt irgendwo in den weiten Weiten des Amazonas-Dschungels lag, war der erste Europäer, der den mächtigen Amazonas überquerte. De Orellana brach im Februar 1541 von Quito unter dem Kommando von Francisco Pizarro (um 1471–1541) auf. Die beeindruckende Expedition umfasste etwa 300 Spanier und 4 000 einheimische Träger.

OBEN Der Amazonas und sein riesiges Einzugsgebiet sind voller Gefahren und Geheimnisse. Viele Entdecker verloren dort auf der Suche nach Gold und Reichtum ihr Leben.

Die Überquerung der Anden erwies sich als immens schwierig und innerhalb weniger Monate war die Expedition durch Desertion und Krankheit um mehr als 50 Prozent reduziert worden. Nachdem sie die Berge hinter sich gelassen und den Oberlauf des Napo erreicht hatten, ließ Pizarro eine Brigantine bauen und befahl De Orellana, flussabwärts zu fahren, um das Gelände zu erkunden und innerhalb der Woche zurückzukehren.

Da sich eine Rückkehr aufgrund der starken Strömung als unmöglich erwies, fuhren De Orellana und seine fünfzig Männer bis zum Zusammenfluss mit dem Amazonas und erreichten im Juni 1542 die mächtige Wasserstraße. Zu diesem Zeitpunkt hatte Pizarro das Warten aufgegeben und kehrte mit nur 80 Überlebenden nach Quito zurück.

Die Flussexpedition sah sich vielen Gefahren durch riesige Anakondas und menschenfressende Fische ausgesetzt. Auch die indigenen Stämme auf dem Weg stellten die Spanier vor eine ziemliche Herausforderung: Die vielleicht größte Bedrohung kam von einem Volk namens Pira-Tapuya, das im Juni einen heftigen Angriff auf die Spanier startete. An der Spitze der Angreifer standen die Frauen des Stammes, die traditionell an der Seite der Männer kämpften. De Orellana nannte sie »Amazonen«, nach den mythischen Kriegerinnen, die der griechische Historiker Herodot (484–425 v. Chr.) in seinen Historien beschrieben hatte. Dieser Vorfall führte zur Benennung des gesamten Flussbeckens als Amazonas. Er hatte es ursprünglich Rio de Orellana genannt, aber der andere Name blieb bestehen.
Nach vielen Prüfungen und Schwierigkeiten erreichte die Expedition schließlich im August 1542 die offene See.

Francisco de Orellana

Königin Isabella und das Zeitalter der Entdeckungen

So wie Heinrich der Entdecker ein goldenes Zeitalter der portugiesischen Erforschung einläutete, förderte auch Isabella von Kastilien (1451–1504) neue Erkundungsreisen.

Isabella übernahm 1474 den Thron von Kastilien und als sie Ferdinand II. von Aragon heiratete, erbte das Paar ein darniederliegendes Königreich. Spanien war von Bürgerkrieg und Ketzerei zerrissen. Das muslimische Emirat von Granada weigerte sich, die Autorität des Königs und der Königin anzuerkennen, und es bedurfte vieler Jahre und erbitterter Kämpfe, um die beiden Königreiche zu vereinen. Als die Reconquista abgeschlossen war, erkannte Isabella, dass es eine Gruppe arbeitsloser Konquistadoren gab, die dem neuen Königreich Schwierigkeiten bereiten konnten.

Noch während der letzten Schlacht von Santa Fe, die die Niederlage der Muslime besiegelte, unterbreitete Christoph Kolumbus Isabella seinen Plan, Indien auf dem Westweg zu erreichen. Die Königin überwand viele Widerstände, unterstützte den Entdecker und versprach angeblich sogar, ihren königlichen Schmuck zu verkaufen, um die Expedition zu finanzieren. Das ist wahrscheinlich eine später erfundene Geschichte. Jedenfalls veranlasste Isabella, dass die Expedition des Kolumbus die notwendigen Mittel erhielt. Isabella und ihr Mann waren gläubige Katholiken und es besteht kein Zweifel, dass die Chance, den christlichen Glauben in neuen Welten zu verbreiten, Teil der Attraktivität von Kolumbus' Plan war. Das Königspaar gab der spanischen Inquisition freie Hand in seinen Domänen, den jüdischen und muslimischen Glauben auszurotten.

Isabella konnte auch großes Mitgefühl zeigen. Als Kolumbus Sklaven aus der Karibik als Geschenk an seine königlichen Herrschaften sandte, war die Königin schockiert und befahl, sie sofort freizulassen und nach Hause zu schicken.

Nur wenige überlebten, aber sie machte sich weiterhin Sorgen um die Rechte der indigenen Bevölkerung.

Als Isabella 1504 starb, hatten sie und ihr Mann Spanien unter einer mächtigen Zentralregierung geeint, und im Vertrag von Tordesillas war die Hälfte der Welt ihrem Reich zugestanden worden.

Königin Isabella von Kastilien mit Ferdinand II. von Aragon

Lope de Aguirre

OBEN Indigene Krieger waren nicht die einzige Bedrohung für die spanischen Oberherren. In der blutigen Schlacht von Chuquinga kämpften spanische Fraktionen um die Kontrolle über Perus Reichtum.

Ein weiterer Spanier suchte El Dorado. Lope de Aguirre »der Wahsinnige« (1510–61) war überzeugt, dass er die geheimnisvolle Stadt finden würde und plante, ihren Reichtum zu nutzen, um ein Reich zu errichten, das mit dem des spanischen Königs konkurrieren sollte. »Going troppo« ist der australische Slangbegriff für einen Zustand, der durch die dauernden Aufenthalt in heißem tropischen Klima entsteht und zu Wahnsinn und wahnhaften Fantasien führt. Es scheint, dass Aguirre an der Krankheit litt.

Aguirre, ein kleiner baskischer Adliger, der um 1534 in die Neue Welt kam, schloss sich verschiedenen Gruppen kriegführender Konquistadoren an und erlangte den Ruf besonderer Brutalität. In der Schlacht von Chuquinga 1554 war er maßgeblich an der Niederschlagung des Aufstands des Francisco Hernández Girón (gestorben 1554) beteiligt. Aguirre wurde in dieser Schlacht verwundet und verbrachte den Rest seines Lebens mit einem verkrüppelten rechten Bein. Girón erlitt ein weit schlimmeres Schicksal. Er wurde enthauptet und sein Kopf auf einer Stange aufgespießt, nachdem sein Bart und seine Augenbrauen abrasiert und als Trophäe auf den Hut des Siegers gesteckt wurden.

1559 schloss sich der streitsüchtige Krieger der Expedition des spanischen Konquistadors Pedro de Ursúa (1526–61) an, um El Dorado zu finden. Der Vizekönig von Peru entsandte Aguirre, um Ursúa zu unterstützen, aber die Ernennung war eine Katastrophe, und die 370 spanischen Soldaten hatten bald genug von der monatelangen fruchtlosen Suche im Amazonasgebiet, während sie von Eingeborenen und wilden Insekten angegriffen wurden. Aguirre nutzte diese Enttäuschung, ermordete wahrscheinlich Ursúa und führte seine dezimierte Kriegerschar den Amazonas hinunter. Dort gründete er das neue Königreich »Peru, Tierra Firme und Chile« und erklärte sich, nachdem er alle spanischen Adeligen getötet hatte, zum Kaiser. Weiter den Orinoco hinunter erreichte Aguirre das Meer, plünderte die spanische Siedlung auf der Isla Margarita und massakrierte ihre Bürger. Aguirre landete dann auf dem Festland in Panama, wo seinen Anhängern Begnadigung versprochen wurde, wenn sie ihren zunehmend paranoiden Führer verließen. Sie desertierten. Allein und umstellt tötete Aguirre seine geliebte Tochter Elivira, damit sie nicht in die Hände seiner Feinde fiel, bevor er selbst hingerichtet und seine Leiche gevierteilt wurde.

Afrikanische Konquistadoren

Mansa Abubakari

Dass Afrikaner bei vielen Expeditionen der Konquistadoren eine wichtige Rolle spielten, ist kaum bekannt.

Einige Forscher denken, dass Afrikaner Amerika einige Jahrhunderte vor Kolumbus entdeckt hatten. Es gibt Hinweise darauf, dass der Herrscher des Mali-Reiches in Westafrika, Mansa Abubakari (1230–1670), überzeugt war, dass der Atlantische Ozean nur ein mächtiger Fluss war. 1311 machte er sich an der Spitze einer riesigen Flotte auf die Suche nach dem neuen Land. Die Flotte wurde vermutlich zerstreut, der Kaiser landete in Brasilien, während andere seiner Schiffe in Mexiko und sogar Colorado landeten. Einige Aspekte der afrikanischen Kultur dürften noch existiert haben, als die Spanier zwei Jahrhunderte später ankamen.

Pedro Alonso Niño (um 1455–1505) war ein erfahrener Seemann und Steuermann der Santa María auf der ersten Reise des Kolumbus. Angeblich Sohn eines afrikanischen Sklaven, wurde er »el Negro« genannt. Sein Bruder Juan war Kapitän der *Niña* und wurde auf diesem Schiff von ihrem jüngsten Bruder Francisco begleitet.

Die Brüder nahmen auch an späteren Expeditionen teil und erwarben solchen Respekt, dass Pedro mit seiner eigenen Expedition betraut wurde. 1499 besuchten sie viele Inseln in der Karibik, wo sie ein Vermögen an Perlen und anderen wertvollen Handelsgütern ansammelten. Nach seiner Rückkehr nach Spanien ließ König Ferdinand II. Pedro unter der Anschuldigung einsperren, dass der Entdecker nicht die richtige Menge der Beute abgegeben hatte. Pedro starb im Gefängnis, bevor sein Prozess stattfinden konnte.

RECHTS **Als Kolumbus aufbrach, um eine neue Route nach Indien zu finden, tat er das mit dem Segen des spanischen Königshauses und der katholischen Kirche. Auch einige Afrikaner gehörten seiner Mannschaft an.**

PFERDE, STAHL UND SCHIESSPULVER

Eine große Kluft trennte die militärische Technologie der Konquistadoren von der der Völker, die sie zu erobern suchten. Niemand nutzte diese Überlegenheit besser als Francisco Pizarro.

Pizarro verkörperte den Typ der hartgesottenen Konquistadoren, die die Neue Welt eroberten. Um 1471 in Spanien geboren, war er der Bastardsohn eines Infanterie-Obersts. 1502 schloss sich Pizarro dem Strom ehrgeiziger Söldner an, die in die Neue Welt aufbrachen, und verbrachte die nächsten zwei Jahrzehnte damit, sein Glück zu suchen. Er war Balboas Stellvertreter, als die Spanier zum ersten Mal den Pazifik erreichten. Auf späteren Fahren kamen sie in das Inkareich mit seinen Goldschätzen.

Pizarro beschloss, das Reich für sich einzunehmen. Im Januar 1531 setzte er die Segel von Panama City nach Süden entlang der Pazifikküste. Mit einer winzigen Truppe von 180 Mann landete er an einem Ort, den er San Miguel nannte.

Die nur 180 Männer waren mit der in Europa und Amerika erfolgreichsten Rüstung und Bewaffnung ausgestattet. Die Fußsoldaten trugen praktische Morion-Helme, Brustpanzer, Arm- und Beinschienen und einen Kettenmantel. Der aus feinstem Stahl gefertigte Panzer schützte sie vor den meisten Stein- und Holzwaffen der Indigenen. Die Spanier waren auch schwer bewaffnet. Jeder Mann hatte ein Schwert aus feinstem Toledo-Stahl und Dolche für den Nahkampf. Viele indigene Völker hatten Angst vor Pferden und die dutzenden mit Lanzen bewaffneten Berittenen schnitten durch feindliche Formationen wie ein heißes Messer durch Butter. Schließlich hatte Pizarro eine Gruppe von Arkebusieren und vier leichte Kanonen. Kugeln aus den Gewehren und Kartätschenschüsse aus der Kanone erschreckten und dezimierten die indigenen Krieger.

Pizarro drang ins Herz des Reiches vor und verlangte eine Audienz bei Atahuallpa, dem Inkakaiser (1532–33). Der Herrscher eines Reiches, das sich über 1 500 Kilometer erstreckte und mindestens 12 Millionen Untertanen hatte, traf die Abenteurer in der Stadt Cajamarca.

LINKS **Bekleidung aus Stoff, Federn oder Fellen konnte den Kanonen der Spanier nicht standhalten. Traubenhagel und Kugeln machten die einheimischen Pfeile obsolet.**

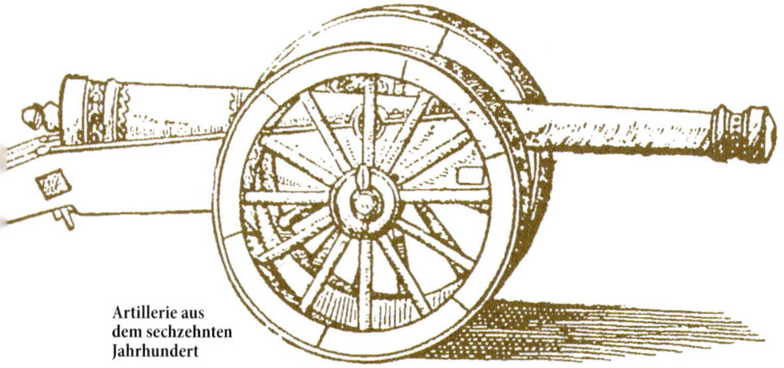

Artillerie aus dem sechzehnten Jahrhundert

Am 15. November 1532 drangen die Inkas mit 7 000 Gefolgsleuten auf den Stadtplatz ein. Auf ein Zeichen griffen Pizarros Männer das Gefolge an. Bleikugeln trafen viele der Inka-Adeligen, und die mit Kartätschen geladene Kanone schnitt blutige Schneisen durch die dicht gedrängten Krieger. Reiter drangen auf den Platz ein und jagten Hunderte in eine tödliche Panik. Diejenigen, die es schafften, sich zu wehren, fanden heraus, dass ihre steinernen Keulen und hölzernen Speere die Konquistadoren verletzen, ihnen aber keine tödliche Wunde zufügen konnten. Die Inka-Kampfweise war hochritualisiert und wurde oft auf große Distanz geführt, während die Spanier schnelle, tödliche Stöße mit spanischem Stahl austeilten.

OBEN **Die Anden waren kein Hindernis für Pizarros Ambitionen. Pferde waren die Geheimwaffen der Spanier, die ganze Armeen in die Flucht schlagen konnten.**

Als die Schwertkämpfer Atahuallpas Sänfte erreichten, versuchten sie, die Träger zu töten und den Kaiser gefangen zu nehmen. Die königlichen Diener widersetzten sich auf die einzige Weise, wie sie konnten: Selbst als ihre Hände abgehackt wurden, versuchten sie verzweifelt, die Trage mit blutigen Stümpfen zu halten. Schließlich stürzte Atahuallpa zu Boden und wurde gefangen genommen. Die meisten Offiziere der Inkaarmee waren bei dem Massaker getötet worden, und die Armee brach zusammen und floh in die Berge.

Pizarro hielt Atahuallpa als Geisel und verlangte als Lösegeld einen mit Gold gefüllten Raum. Acht Monate lang flossen die Reichtümer des riesigen Reiches in die Hände der Spanier. Als die Abmachung am 26. Juli 1533 erfüllt war, brach Pizarro sein Wort und exekutierte seinen hilflosen Gefangenen.

Der rücksichtslose Konquistador nutzte seinen Anteil des Goldes, um weitere Truppen anzuwerben, und zog im folgenden Jahr in die Inka-Hauptstadt Cuzco. Der verheerende Einsatz einer sehr kleinen Streitmacht in der Schlacht von Cajamarca hatte ihm das größte Imperium Südamerikas eingebracht.

UNTEN **In der Schlacht von Cajamarca hatten die Inkas keine Chance gegen die Waffen der erfahrenen spanischen Eroberer. Tausende unschuldige Menschen wurden massakriert.**

Menschenopfer der Inkas

Als die Konquistadoren in das Inkareich eindrangen, bemerkten sie wahrscheinlich nicht die kleinen Steinhaufen an den Straßen oder auf den Berggipfeln, die die Hauptrouten nach Cusco säumten. Das waren kleine Schreine, mit denen die Inkas die Grenzen ihres Reiches markierten und in denen die Körper von kleinen Kindern, die als Menschenopfer getötet wurden, aufbewahrt waren. Die Kinder wurden wegen ihrer Schönheit ausgewählt und ein Jahr lang wie Könige behandelt. Danach wurden sie von ihren Betreuern geopfert, die sie erwürgten oder sie zwangen, eine tödliche Dosis Drogen zu nehmen. Die toten Kinder wurden dann als Wächter an den Grenzen der Inkas platziert, um das Imperium vor feindlichen Angriffen zu schützen.

OBEN **Die letzten Teile des Inkareiches konnten sich mehrere Jahrzehnte in versteckten Gegenden hoch in den Anden gegen die Spanier behaupten.**

RECHTS **In allen Ecken des Inkareiches wurden die schönsten und begabtesten Kinder den Göttern geopfert und in Steinhaufen platziert, um die Grenzen des Reiches zu markieren.**

Magellan – der erfolglose Konquistador

Ferdinand Magellan (um 1480–1521) mag ein großer Entdecker gewesen sein, aber er war ein unfähiger Konquistador. Er bezahlte dafür mit seinem Leben. Magellans Leben war voller Abenteuer, obwohl er im Kampf verwundet wurde und hinkte. 1517 ersuchte er um Unterstützung von Portugals König Manuel I., um eine Route zu den Gewürzinseln zu finden, indem er westlich an den amerikanischen Kontinenten vorbeisegeln wollte, anstatt wie üblich nach Osten um Afrika zu reisen. Manuel weigerte sich, aber der spanische König Karl I. (reg. 1516–58) stimmte zu und hoffte, dass er von der neuen Route profitieren würde.

Die Spanier wussten dank der Bemühungen von Vasco Núñez de Balboa (1475–1519), dass auf der anderen Seite Amerikas ein völlig neuer Ozean existierte. Dieser Entdecker machte den größten Landerwerb der Geschichte, indem er den gesamten Pazifischen Ozean für seinen Kaiser »in Besitz nahm«!

UNTEN Ferdinand Magellans Expedition war die erste, die die Welt umrundete. Bei seiner Ankunft auf den Philippinen dachte er, das Christentum und spanische Schwerter würden den Sieg garantieren.

Balboa hatte eine wechselhafte Karriere. Er schlich sich als blinder Passagier auf ein Schiff, um in die Neue Welt zu gelangen, um seinen Schulden zu entkommen. Er bewies bald seinen Mut und schuf eine neue spanische Kolonie an der Atlantikküste des heutigen Panama. Der Spanier gründete 1510 die erste dauerhafte europäische Siedlung auf dem südamerikanischen Festland, Santa Maria la Antigua del Darién.

OBEN **Die Spanier schreckten beim Angriff auf die »Heiden« vor keiner Barbarei zurück. Hier hetzt Balboa ein Rudel Kampfhunde auf Indigene in Mittelamerika.**

1513 machte sich Balboa mit 190 Konquistadoren mit einem Rudel Kampfhunden auf die Suche nach einem verlorenen Königreich und »Flüssen aus Gold« durch die Sümpfe und Dschungel, die den Isthmus von Panama bedecken. Die Spanier freundeten sich mit Einheimischen an und drängten sie in den Kampf gegen andere Stämme, wobei sie auch wilde spanische Kampfhunde entfesselten. Diese Tiere waren bei vielen Konquistadoren-Expeditionen üblich. Nur wenige Einheimische konnten den Hunden standhalten und wurden buchstäblich zerfleischt, wenn die spanischen Hundeführer sie auf ihre Opfer hetzten.

Balboa kletterte am 25. September 1513 auf einen Berggipfel und sah schließlich den Anblick, der bisher allen europäischen Entdeckern verwehrt war: die riesige Wasserfläche, die wir heute als Pazifischer Ozean kennen. Er stieg zum Ufer hinunter und stürzte sich ins Wasser, immer noch in voller Rüstung. Er hob sein Schwert und nahm davon Besitz im Namen von König Ferdinand von Aragon und seiner Tochter Königin Johanna (1479–1555) von Kastilien.

Nun, da die spanischen Monarchen vom Ozean wussten, waren sie daran interessiert, einen Seeweg nach Indien zu finden. Magellans Expedition wurde wegen seines Versprechens finanziert, dass er eine Südwestpassage zwischen den Ozeanen finden würde.

Am 20. September 1519 brachen fünf Schiffe und 270 Besatzungsmitglieder auf. Sie landeten in Rio de Janeiro und segelten dann südwärts entlang der Küste Südamerikas. Im Kampf gegen schlechtes Wetter und Meuterei (Magellan ließ einen der meuternden Kapitäne bei lebendigem Leibe häuten), lief die Flotte in eine Bucht im heutigen Patagonien ein. Hier erfanden die Spanier die Geschichte von einer Rasse von Riesen, die doppelt so groß seien wie die Europäer. Ein Jahrhundert später stellte Francis Drake zu diesem Mythos, fest dass »sie nicht so monströs und gigantisch sind, wie sie dargestellt wurden, es gibt einige Engländer, die auch so groß sind, wie der Größte von ihnen, den wir zu Gesicht bekamen«.

Die nahe subarktische Umgebung an dieser unteren Spitze des Kontinents hielt noch andere Überraschungen bereit. Man fand zwei Inseln, die von »Gänsen« bevölkert waren. Diese seltsamen Vögel waren überall mit kurzen schwarzen Federn bedeckt, hatten Flügel, konnten aber nicht fliegen und lebten von Fischen. Diese Pinguine gab es in solcher Fülle, dass die Entdecker genug fingen, um die Vorräte aller fünf Schiffe in weniger als einer Stunde auffüllen zu können.

Im Oktober 1520 brach die Flotte wieder auf und fand etwas, das zunächst wie eine Bucht aussah, tatsächlich aber eine Meerenge zwischen Atlantik und Pazifik war. Sie wurde die Magellanstraße genannt. Ein Schiff ging auf See verloren, während ein anderes desertierte, sodass Magellan mit drei verbleibenden Schiffen zu einer Reise zu den Gewürzinseln aufbrach. Tatsächlich war die Fahrt durch die Meerenge keine leichte Aufgabe. 600 Kilometer lang kreuzte die Flottille zwischen gefährlichen Klippen und engen Passagen.

Nach einem Monat in der Meerenge erreichten sie schließlich den Pazifischen Ozean. Magellan hatte oft Probleme mit seiner spanischen Mannschaft-schließlich war er Portugiese; mehrmals drohten sie mit Meuterei und wollten in den Atlantik zurückkehren. Der Kapitän hielt aber daran fest, dass die Karten, die er hatte, garantierten, dass sie ihr Ziel erreichen würden. Das ist eines der Geheimnisse seiner Reise. Es heißt, er habe Kopien alter Karten des chinesischen Seefahrers Admiral Zheng (1371–ca. 1433) anfertigen lassen!

Der Ozean war ruhig, Magellan nannte ihn daher »Pazifik« , aber die Reise war viel länger als erwartet und Skorbut dezimierte die Besatzungen. Nach mehr als hundert Tagen auf See landete die Flotte am 6. März 1521 bei Guam auf den Philippinen. Dieses neue Land wurde von Magellan *Lazarus-Inseln* genannt, da das dort gefundene frische Gemüse die hungernde Mannschaft wieder zum Leben erweckte. Später wurde es zu Ehren von König Philipp II. (1527–98) in Philippinen umbenannt.

Die freundlichen Stämme erzählten Magellan von der Nachbarinsel Matan, die von einem wilden Krieger namens Lapu-Lapu regiert wurde, der eine große Armee besaß. Die Europäer schickten Gesandte und forderten Lapu-Lapu auf, der spanischen Krone die Treue zu schwören und das Christentum anzunehmen. Als Magellan sich aufmachte, Lapu-Lapu seinen Willen aufzuzwingen, drängten seine Untergebenen ihren Kapitän, zurückzubleiben, um die Expedition nicht zu gefährden, aber Magellan wollte nicht hören. Am 27. April 1521 brachen die Konquistadoren in drei Landungsbooten mit sechzig Soldaten auf. Lokale Verbündete boten 1 000 Krieger als Unterstützung an, aber Magellan lehnte ab. Als die Angreifer drei Stunden vor Sonnenaufgang ankamen, mussten sie feststellten, dass unterseeische Felsen die Boote 650 Fuß vom Ufer fernhielten. Im Morgengrauen startete Magellan seinen Angriff.

LINKS **Lapu-Lapu war nicht bereit, vor den christlichen Invasoren das Knie zu beugen. Er versetzte Magellans Männern einen vernichtenden Schlag und wurde zum Helden der einheimischen Filipinos.**

Magellan fürchtete, dass die Rüstungen seiner Männer im Salzwasser rosten würden, und befahl ihnen, die Beinschienen zu abzulegen. Eine kleine Gruppe von neunundvierzig Männern erreichte das Ufer, als plötzlich 1 500 Krieger aus dem Dschungel auftauchten und auf die Spanier losgingen. Zuerst prallten ihre Waffen von der spanischen Rüstung ab, aber als ein Indigener das Bein eines Konquistadors aufspießte und ihn zu Fall brachte, griffen bald alle diese Schwachstellen an und die Konquistadoren begannen, ins Wasser zu flüchten. Magellan befahl seinen Schützen, auf die Stammesangehörigen zu schießen, aber auf große Distanz verursachten die Kugeln und Bolzen keinen Schaden. Anstatt von den Schüssen überwältigt zu werden, wurden die indigenen Krieger wütend und verstärkten ihre Angriffe auf die Europäer.

Magellan wurde durch einen Speer im Gesicht verwundet und durch eine Verletzung am Arm daran gehindert, sein Schwert zu ziehen. Schließlich wurde er inmitten einer wütenden Gruppe von Kriegern zu Fall gebracht und in Stücke gehackt. Lapu-Lapu hatte fünfzehn Krieger verloren; zwanzig Spanier wurden getötet.

Da Magellan tot war, machten sich die Überlebenden in zwei Richtungen auf den Weg. Ein Schiff, die *Trinidada*, versuchte, so zurückzusegeln, wie sie gekommen waren. Das andere, die *Vittoria*, segelte weiter zu den Molukken und kehrte mit Gewürzen beladen auf der herkömmlichen Route über den Indischen Ozean und um Afrika herum nach Spanien zurück. Am 8. September 1522 erreichte die *Vittoria* schließlich Sevilla. Ihre achtzehn überlebenden Besatzungsmitglieder waren die ersten Menschen, die den Globus umrundet hatten.

UNTEN **Magellan machte viele Fehler in seiner letzten Schlacht. Viele seiner Männer bezahlten für die Hybris ihres Kommandanten.**

DER FLUCH DER ALTEN WELT

EINE SACHE HALF den Konquistadoren mehr als alles andere bei ihren Expeditionen in die Neue Welt: westliche Krankheiten wie Pocken und Masern.

Mittelamerikas Bevölkerung wurde in den Jahren vor der Eroberung auf etwa 20 bis 30 Millionen geschätzt. Im nächsten Jahrhundert wurden mindestens 90 Prozent durch verschiedene Faktoren ausgelöscht, insbesondere durch Sklaverei und Epidemien. Beweise für diese Katastrophe wurden in Eiskernen gefunden, die dem arktischen Eis entnommen wurden. Menschliche Kohlenstoffemissionen auf diesem Kontinent sanken im 16. Jahrhundert erheblich. Ein ähnlicher Rückgang wurde festgestellt, als der Schwarze Tod Eurasien und Afrika im vierzehnten Jahrhundert heimsuchte.

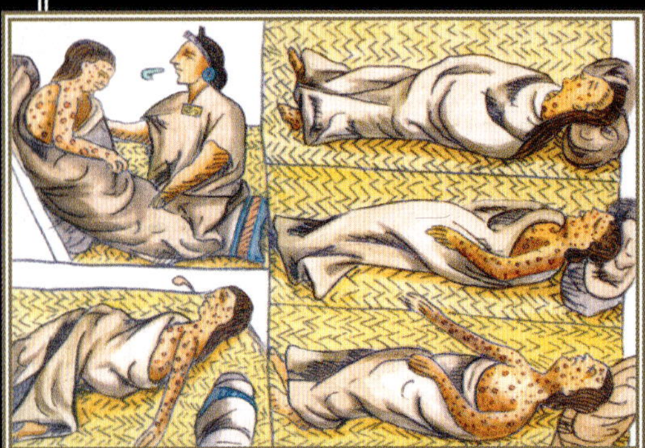

Die Symptome von Masern und Pocken sind ähnlich, sodass es unmöglich ist, genau zu sagen, welcher Erreger am zerstörerischsten war, als sie in ganz Amerika wüteten. Ein afrikanischer Sklave namens Francisco de Eguia im Gefolge von Cortés litt an Pocken. Er starb zwei Wochen, nachdem er die Krankheit auf die indigenen Bewohner übertragen hatte. Die ersten Symptome waren Hautausschlag, gefolgt von Kopfschmerzen und Fieber. Bald brachen Pusteln auf der ganzen Haut aus und breiteten sich aus, bis sie sich zu großen eiternden Wunden verbanden, die die Gliedmaßen, das Gesicht und den Rumpf bedeckten. Einige der Pusteln brachen in Mund und Rachen aus und machten es fast unmöglich, zu atmen oder zu essen.

Der spanische Franziskanermönch Motolinia hinterließ folgenden Bericht:

»Da die Indianer kein Heilmittel gegen die Krankheit kannten, starb mehr als die Hälfte der Bevölkerung. Sie starben in Massen, wie die Fliegen. Viele starben an Hunger, weil sie alle auf einmal krank wurden und sie sich

LINKS Die Pocken dezimierten die indigene Bevölkerung in weiten Teilen Amerikas. Die ansteckenden »Pocken« bedeckten die Haut, die sich in großen tödlichen Platten ablöste.

OBEN UND LINKS Die stolzen indigenen Bewohner von Sydney Harbour wurden Opfer einer mysteriösen Krankheit. Wahrscheinlich kam die Ansteckung mit der erste Flotte.

nicht umeinander kümmern konnten, auch gab es niemanden, der ihnen Brot oder etwas anderes geben konnte. An vielen Orten kam es vor, dass jeder in einem Haus starb, und da es unmöglich war, die große Anzahl von Toten zu begraben, rissen sie die Häuser über ihnen nieder, um den Gestank zu unterdrücken, der von den Toten aufstieg, so wurden ihre Häuser zu ihren Gräbern.«

Die Pocken verbreiteten sich wie ein Lauffeuer durch die Bevölkerung. Die Inkubationszeit beträgt sieben bis siebzehn Tage, sodass die Menschen, die vor der Gefahr flohen, sie in neue Siedlungen trugen. Die Mayas nannten es *nokakil*, »das große Feuer«. Es verbreitete sich schnell entlang des gut ausgebauten Straßennetzes der Inkas.

Die Krankheiten breiteten sich nach Nordamerika aus. Als der Konquistador Hernando de Soto (1486–1542) in das Innere des Kontinents zog, fand er große Städte und Dörfer verlassen und leer, während weite Felder schon wieder von der Natur zurückerobert wurden.

Als Masern und Pocken zusammen auftraten, wurde die indigene Bevölkerung weiter dezimiert. Solch eine Entwicklung folgte den meisten europäischen Entdeckungen. In den 1870er Jahren fielen ihr fast 30 Prozent der Fidschianer zum Opfer, und die Inselbewohner von Samoa, Hawaii und Neuseeland waren alle ähnlich betroffen. Kurz nach der Landung in Sydney Cove im Jahr 1788 bemerkten die englischen Siedler, dass die Einheimischen in einem beispiellosen Ausmaß starben. In jeder Bucht, jedem Meeresarm und jeder Höhle lagen unbestattete Leichen der Ureinwohner, weil ihre Familien vor Angst geflohen waren.

Hernando de Soto

VOM MISSISSIPPI WIEDER ZURÜCK

Noch ein Konquistador muss erwähnt werden. Hernando de Soto war einer der ersten Europäer, der tief nach Nordamerika vordrang.

De Soto hatte sich einen Ruf als tapferer Kämpfer erworben. 1532 stellte er eine Expedition zusammen, um die Halbinsel Florida zu erkunden. Krankheit und Grausamkeit hatten die indigenen Sklaven in den Goldminen von Mexiko und Peru dezimiert und de Soto hoffte, dass zum Ausgleich das nordamerikanische Festland ausgebeutet werden könnte. Das spanische Reich brauchte dringend Gold, da die italienischen Kriege die königlichen Kassen leerten.

1539 segelte de Soto von Kuba nach Tampa. Er erkundete dann das heutige Alabama und drang tief in die Appalachen vor. Während der Reise durch diese fruchtbaren Regionen stellten die spanischen Entdecker fest, dass große Städte und Hunderte von Dörfern verlassen worden waren und riesige Felder brachlagen. Die europäischen Krankheiten hatten bereits ihre Spuren hinterlassen. Als die Expedition den Mississippi erreichte, fanden die Spanier intakte Zivilisationen, die aus Völkern bestanden, die man später Moundbuilders nannte.

De Soto versuchte den alten Konquistadoren-Trick, und forderte die Häuptlinge auf, sich den Spaniern als neu auf die Erde gekommenen Göttern zu unterwerfen. Ein kluger indigener Führer erklärte sich dazu bereit, wenn die Spanier ihre Göttlichkeit beweisen könnten, indem sie den Fluss des kilometerbreiten Mississippi aufhielten. Die Indigenen erkannten den spanischen Bluff und trieben die Eindringlinge unter einem Hagel von Tausenden von Speeren und Pfeilen den Fluss hinunter.

De Soto starb kurz darauf und die erschöpfte Expedition gelangte zurück nach Tampa. Doch das Gerücht über riesige neue Länder verbreitete sich bald in Europa.

UNTEN **Im Mai 1541 »entdeckte« de Soto den Mississippi. Die Einheimischen waren von ihren Besuchern nicht begeistert und die Expedition musste oft vor feindlichen Kriegern fliehen.**

Der Vertrag von Saragossa

Nach ihren spektakulären Erfolgen in Amerika und anderswo beschlossen die Spanier und Portugiesen, die Vereinbarungen des Vertrags von Tordesillas (1494) zu erweitern. 1529 genehmigte der Papst den Vertrag von Saragossa. Er übertrug ganz Indien und Asien an die beiden Mächte, was aber nie durchgesetzt werden konnte. Damals suchten bereits andere europäische Mächte nach neuen Ländern und forderten sie für sich.

Der erste Globus

Die erste Drehglobus wurde vom Deutschen Martin Behaim (1460–1507) produziert. In Nürnberg geboren, studierte er Mathematik und Astronomie, bevor er 1481 nach Portugal auswanderte.

Hier schloss sich Behaim mit einigen der größten Köpfe der Zeit zusammen und machte sich 1484 als Steuermann auf eine Reise, die zum Golf von Guinea führte und auf der man die Insel Annobon entdeckte. Sie fuhren an die Mündung des Kongo, bevor sie nach Lissabon zurückkehrten.

Der deutsche Abenteurer ließ sich dann auf den Azoren nieder, bevor er sich auf den Weg zurück nach Nürnberg machte, wo er den ersten sich drehenden Globus erzeugte. Er zeigte die portugiesischen Besitzungen der Westafrikanischen Küste.

Der Globus, der heute noch im Germanischen Nationalmuseum in Nürnberg existiert, ist der früheste bekannte Beweis für das europäische Vordringen zum Kap der Guten Hoffnung und gibt ein hervorragendes Bild des geografischen Verständnisses, das von den besten Kartografen im späten fünfzehnten Jahrhundert entwickelt wurde.

Martin Behaim

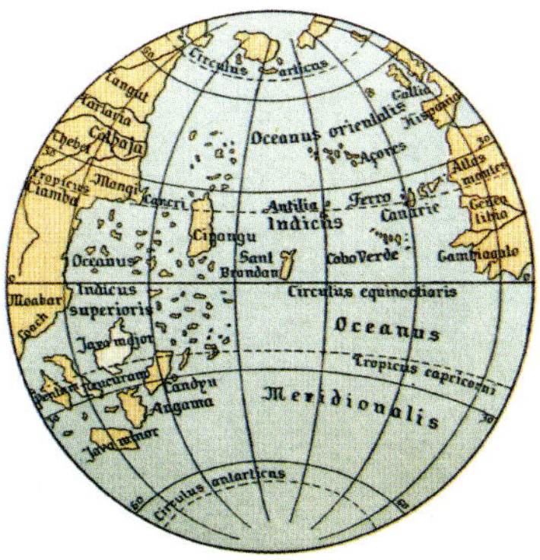

OBEN Behaims Globus ist ein bemerkenswertes Objekt. Er zeigt nicht nur das europäische Wissen über die Welt, sondern auch, welche riesigen Regionen noch unerforscht waren.

KAPITEL 4

WELTREICHE ENTSTEHEN

PORTUGIESEN UND SPANIER hatten die Welt mit ihrem rücksichtslosen Programm der Entdeckungen, Eroberung und Kolonisierung verändert. Andere europäische Mächte sahen neidisch zu. Das wurde zu einem besonders dringenden Problem, als die portugiesischen und spanischen Kronen 1580 unter der Herrschaft von Philipp II. (1527–98) vorübergehend verbunden waren. Doch schon vorher hatten andere Nationen gewagte Expansionspläne gestartet. Mächte wie die Niederlande, Frankreich und England hatten Marineexpeditionen an ferne Küsten geschickt, die von Europäern noch unerforscht und ungenutzt waren. Während diese Seefahrernationen die Ozeane erkundeten, brachen russische Expeditionen über die weiten Steppen nach Osten auf.

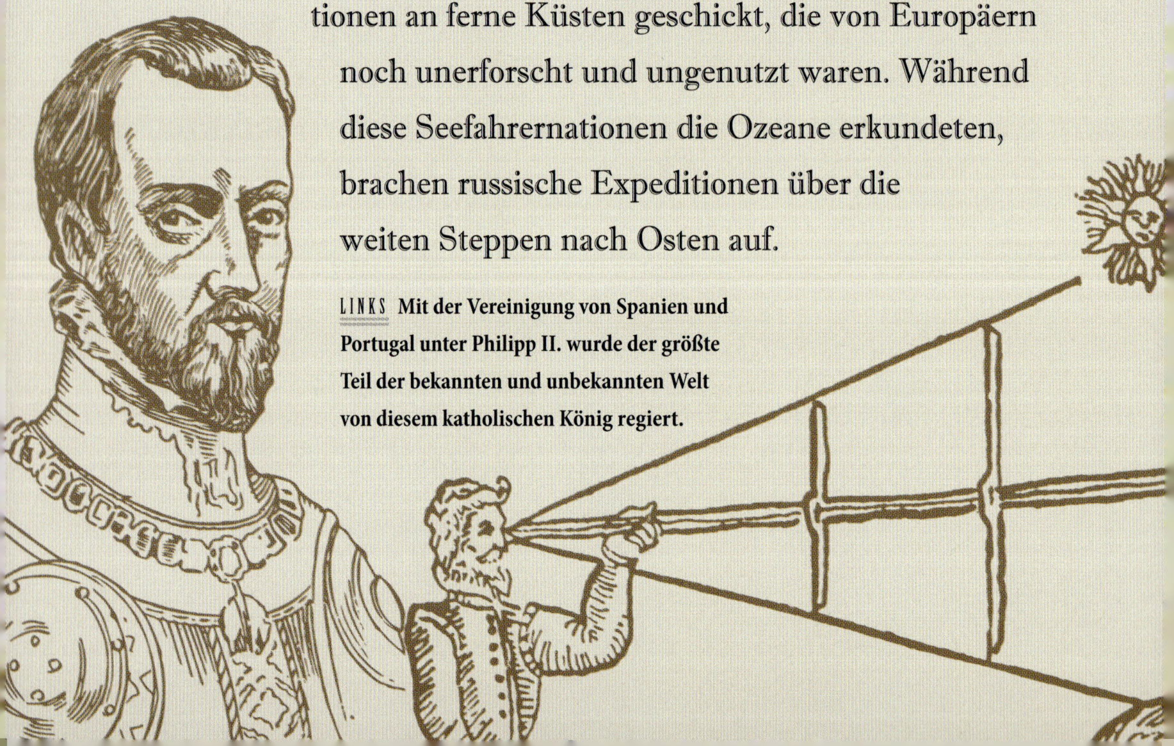

LINKS Mit der Vereinigung von Spanien und Portugal unter Philipp II. wurde der größte Teil der bekannten und unbekannten Welt von diesem katholischen König regiert.

Niederländer, Engländer und Russen

John Cabot

Die Entdeckungen dieser Zeit waren fest mit Handel verbunden. Kaufleute gründeten Unternehmen, die »Charters« beantragten, schriftliche Genehmigungen ihrer Monarchen, Entdeckungsexpeditionen zu finanzieren, um neues Land zu finden und neue Handelsgüter nach Europa zu bringen. Die Monarchen gewährten diesen Unternehmen ein Monopol in den entdeckten Gebieten. Im Gegenzug gaben die Unternehmen dem König oder der Königin einen Prozentsatz der Gewinne, während die Länder Teil des Reiches des Monarchen wurden. In europäischen Augen hatten die Entdecker also ein gesetzliches Recht, das Land und seine Ressourcen in Besitz zu nehmen. Die indigenen Einwohner wurden natürlich nicht gefragt.

Gefördert von König Heinrich VII. von England machte sich John Cabot (1450–99). auf den Weg durch die Arktis vom Atlantik zum Pazifischen Ozean. Cabots Expedition fand zwar keine Nordwestpassage, erreichte aber 1497 die Küste Nordamerikas auf einem ähnlichen Breitengrad wie die Wikinger 500 Jahre zuvor. Dadurch wurde der nordamerikanischen Kontinent für die Besiedlung durch die Engländer erschlossen und dank der ertragreichen Dorschfischerei konnten die neuen Kolonien gedeihen.

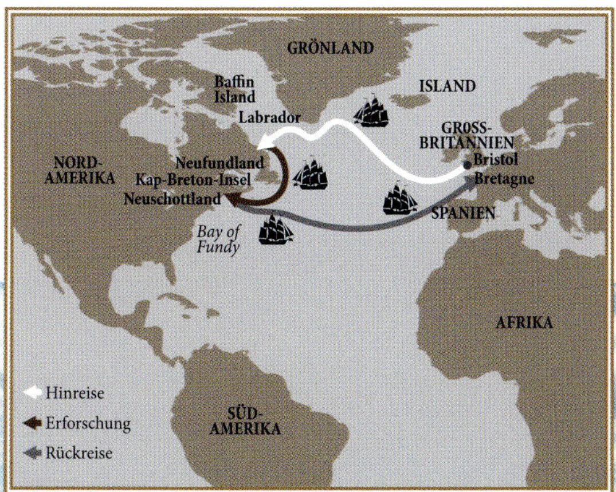

LINKS UND UNTEN Die Reise Cabots 1497 war die erste bekannte Expedition nach Nordamerika seit den Wikingern. Eine Statue an der Bonavista Bay erinnert an seine erste Sichtung von Land an diesem Ort.

Zucker, Gewürze und andere nette Dinge

Europas unersättliche Gier nach Zucker und Gewürzen trieb die Erforschung und Kolonisierung voran. Zucker war ein wertvolles Gut und die riesigen Zuckerplantagen in der Karibik und Mittelamerika erforderten einen endlosen Strom von Sklaven aus Afrika.

Eine Reihe von wertvollen Gewürzen wurden in Südostasien gefunden. Pfeffer wurde als Konservierungsmittel verwendet und um den Geschmack von verdorbenem Fleisch zu verschleiern. Nelken waren sowohl als Konservierungs- und Aromastoff als auch als leichtes Betäubungsmittel sehr beliebt. Nelken kauen half auch gegen Mundgeruch! Muskat, Ingwer, Kurkuma, Zimt und Kardamom waren wertvolle Ladungen, die aus Indien und den Gewürzinseln der Molukken-See (den Maluku-Inseln im heutigen Indonesien) stammten.

Im frühen siebzehnten Jahrhundert dominierten die Niederlande diesen Handel nach der Gründung der VOC-Verenigde Oost-Indische Compàgnie (Vereinigte Ostindien-Kompanie). Diese Einrichtung wurde so groß, dass es zu einem Rivalen der Nationalstaaten wurde. 1669 besaß sie 150 Handelsschiffe, die von vierzig Kriegsschiffen geschützt wurden. Sie hatte 50 000 Angestellte und ein stehendes Heer von 10 000 Berufssoldaten. Zu diesem Zeitpunkt hatte die VOC viele portugiesische Handelsstationen übernommen und beherrschte vom Hafen Batavia (Jakarta) aus den europäischen Gewürzhandel.

Die Engländer gründeten die East India Company, und im folgenden Jahrhundert erkundeten und eroberten Armeen, die von dieser Firma finanziert wurden, einen Großteil Indiens.

LINKS **Die Niederländische Westindien-Kompanie wurde gegründet, um wertvolle Gewürze in der Karibik und in Amerika zu finden. Temporäre Handelsstationen wurden bald zu dauerhaften Kolonien.**

Jacques Cartier

König Franz I. von Frankreich (1515–47) erbte einen viele Jahrzehnte andauernden Konflikt mit Spanien. Als Jacques Cartier (1491–1557) dem König den Plan vortrug, Kolonien an der Küste Amerikas zu gründen, die mit den spanischen Kolonien im Süden konkurrieren und eine neue Handelsroute durch die Nordwestpassage eröffnen konnten, ergriff dieser die Gelegenheit. Cartier leitete drei Expeditionen und legte den Grundstein für die Besiedlung Kanadas durch die Franzosen.

Cartier brach am 20. April 1534 auf. Er hatte wahrscheinlich einige Erfahrung in den Gewässern des Polarkreises: Der Franzose wurde in Saint-Malo geboren, einem Fischerdorf im Herzen der neuen Kabeljau-Fischereiindustrie, die die riesigen Vorkommen an Meeresfrüchten ausnutzte, die von Cabot gefunden wurden. Es war nur eine kurze Reise von diesen reichen mittelatlantischen Gewässern zu den Küsten Nordamerikas. Cartier hatte Kartografie, Mathematik und Astronomie an der französischen Schule für Navigation in Dieppe studiert und war daher gut auf die Mission vorbereitet.

OBEN **Jacques Cartier leitete mehrere Forschungsreisen, die den Grundstein für die französische Kolonialisierung Kanadas legten. Trotz seines großen Mutes fand er kein Gold.**

Mit zwei Schiffen überquerte Cartier den Nordatlantik, fuhr erfolgreich durch die Belle Isle Strait und stellte fest, dass Neufundland eine riesige Insel war. Er fuhr dann mehrere Meilen den Sankt-Lorenz-Strom hinauf, bevor er auf der Gaspésie-Halbinsel landete. Hier errichtete er ein riesiges, fast zehn Meter hohes Kreuz als Symbol des Anspruchs auf das neu entdeckte Land. Im September 1534 kehrte er nach Saint-Malo zurück.

Am 19. Mai 1535 machte sich Cartier wieder auf den Weg in die Wildnis des heutigen Kanada. Diese Mission bestand nicht nur darin, das Land zu erkunden, sondern auch die Grundlagen für seine Besiedelung zu legen. Der Plan war, neue Gemeinden zu gründen, und die Entdecker hofften auch, große Goldvorkommen zu finden. Drei Schiffe brachen auf und landeten im September in der Nähe des Sankt-Lorenz-Stroms. Die Expedition gründete ein Dorf, das später Québec genannt wurde. 25 von Cartiers Männern starben unter den dort herrschenden harten Bedingungen an Skorbut. Im Frühjahr zog die Expedition in ein anderes Dorf, das Hochelaga hieß, bevor es seinen heutigen Namen Montreal erhielt. Hier stießen die Entdecker auf den Ottawa River. Cartiers einheimische Führer behaupteten, dass es flussaufwärts Goldvorkommen gäbe, die von den lokalen Stämmen abgebaut würden. Die Franzosen fanden jedoch keine und kehrten im Juli 1536 enttäuscht nach Frankreich zurück. Sie brachten dem König wertvolle Pelze als Tribut, aber kein Gold.

OBEN **Die weiten Länder und Reichtümer der Neuen Welt verblüfften die europäischen Entdecker. Hier entdeckt Cartier den Sankt-Laurent-Strom in Kanada.**

Auf der Rückreise brachte Cartier einen lokalen Häuptling mit, der dem französischen König erzählte, dass das Land seiner Völker voller Edelmetalle und Gewürze sei. Die französischen Forscher berichteten jedoch eher weniger Positives, und so dauerte es fünf Jahre, bis Franz I. eine weitere Expedition ausstattete. Diese dritte Expedition wusste, wohin es ging. In der Sprache der Huron und Irokesen bedeutet »Kanata« Dorf und daraus wurde »Kanada« als Name des neuen Landes. Am 23. Mai 1541 startete eine neue Expedition von den Küsten Frankreichs aus. Sie bestand aus fünf Schiffen auf denen die verschiedensten Menschen waren: Bauern, Soldaten, Händler und sogar ein Vizekönig der Kolonie Nouvelle France, »Neu Frankreich«.

Cartiers Errungenschaften legten den Grundstein für die französische Kolonialexpansion. 1542 kehrte er mit Gold und Diamanten nach Frankreich zurück. Leider erwies sich seine kostbare Fracht bei genauerer Untersuchung nur als Kupfer und Lehm.

Die Irokesen-Konföderation

In vielen Teilen Nordamerikas trafen europäische Entdecker auf indigene Völker, die in kleinen Stämmen organisiert und oft mit ihren Nachbarn im Krieg waren.

Das erleichterte die rasche Eroberung dieser Stammesgebiete. Nur die Irokesen-Konföderation (benannt nach den lokalen Langhäusern) stellte die Entdecker in Nordostamerika vor eine größere Herausforderung.

Die bedeutendsten Stämme der östlichen Küstenregion bildeten fast 200 Jahre lang eine mächtige Konföderation, die sich erst zu Beginn des Amerikanischen Unabhängigkeitskrieges auflöste. Die fünfzig obersten Häuptlinge trafen sich in einem Langhaus, wo sie die militärischen Aktionen ihrer Kriegsparteien koordinierten und Streitigkeiten zwischen den Stämmen beilegten. Zu den Stämmen gehörten die Mohawk, die Oneida, die Onondaga, die Cayuga, die Seneca und die Tuscarora.

Entdecker und Siedler wussten, dass sie es sich mit den Irokesen gut stellen mussten, um in der Neuen Welt zu überleben. Ihre Krieger waren Meister der kleinräumigen Kriegsführung und nutzten das dichte Gelände, um die Kunst des Hinterhalts und des Überfalls auf unvorsichtige Feinde zu perfektionieren. Die Irokesen-Konföderation spielte eine große Rolle in den Kriegen zwischen englischen und französischen Kolonialmächten im siebzehnten und achtzehnten Jahrhundert und verteidigte lange Zeit ihr Land gegen die vorrückenden Europäer.

RECHTS **Mit der Gründung der Irokesen-Konföderation konnten Tausende erfahrener Krieger, die in der Waldkriegsführung bewandert waren, gegen einheimische oder ausländische Feinde eingesetzt werden.**

Niederländische Siedlung in New York

Besucher von New York tun sich schwer, Spuren der ursprünglichen niederländischen Siedlung an der Spitze von Manhattan zu finden. Neu-Amsterdam wurde 1625 gegründet: Die Fundamente des ursprünglichen Rathauses sind unter Glasplatten im Boden zu sehen, während einige Gebäude nach dem ursprünglichen Stadtplan angelegt sind. Die Wall Street folgt dem Verlauf einer Mauer, die errichtet wurde, um feindliche Einfälle von indigenen Nachbarn zu verhindern. Auch sie haben ihre Spuren in der Stadt hinterlassen. Der Broadway folgt einer alten Lenape-Straße und wurde von den Niederländern als Hauptverkehrsstraße verwendet. Das spätere Straßennetz überlagerte diese ursprüngliche Straße. Mehrere Entdecker waren an der niederländischen Besiedlung der Region beteiligt. Die Holländer waren entschlossen, Siedlungen im Westen als Ersatz für ihre Besitzungen im Osten einzunehmen.

LINKS UND UNTEN **Die Niederländer gründeten die reiche Siedlung Neu-Amsterdam, die heute als New York bekannt ist. Die Wall Street folgt der landseitig verlaufenden Befestigungsmauer.**

Henry Hudson

OBEN **Henry Hudson wurde von seiner meuternden Mannschaft in der eisigen Einöde des Polarkreises ausgesetzt. Sein letztes Schicksal bleibt bis heute ein Rätsel.**

Sowohl die Geburt als auch der Tod des englischen Entdeckers Henry Hudson (1565–1611) sind geheimnisumwoben. Es gibt keinen Hinweis auf ihn bis 1607, als er von der *Muscovy Company* beauftragt wird, die Nordwestpassage und eine direkte Route nach Indien zu finden. Diese Mission startete im selben Jahr von Europa aus, wurde aber vom Polareis vereitelt. Dasselbe geschah 1608 und noch einmal bei einer Expedition 1609. Bei der dritten Expedition gab es einen großen Erfolg. Diese erfolgte im Auftrag der Niederländischen Ostindien-Kompanie und nachdem er von den Eisbarrieren im Norden umgekehrt war, segelte Hudson an der Südspitze Grönlands vorbei und erreichte die Küste Nordamerikas bei Nova Scotia. Während dieser Reise kamen die Entdecker über eine breite Bucht. Das war die Mündung des Hudson River, der zukünftige Standort der Stadt New York.

Die Pioniertat Henry Hudsons wurde vom niederländischen Händler Captain Adriaen Block (1567–1627) fortgeführt. In vier Expeditionen (1611–14) erforschte und kartierte er die Küste zwischen New Jersey und Massachusetts. Er war der erste Europäer, der den Long Island Sound und den Connecticut River befuhr und bewies, dass Manhattan eine Insel und Long Island eine Halbinsel war, die beide zur Besiedlung geeignet waren. Block begründete auch den Handel mit den indigenen Einwohnern von Long Island. Das erleichterte sowohl den Kauf von Land für die neue Siedlung auf Manhattan als auch die Kolonisierung von Connecticut.

Henry Hudsons Schicksal sollte nicht so glücklich sein. Auf seiner vierten und letzten Expedition, diesmal finanziert durch ein englisches Konsortium, machte sich der Entdecker im April 1610 erneut auf den Weg zur Nordwestpassage. Einige Erfolge wurden während dieser Reise erzielt, einschließlich der Entdeckung und Benennung der Hudsonstraße in der Nähe von Resolution Island. Im Juni 1611 geriet Hudson jedoch in die permanente Gefahr vieler früher Entdecker, als seine Mannschaft gegen ihn meuterte. Hudson, sein Sohn und sieben treue Seeleute wurden in eine Schaluppe gesetzt, sie sollten allein den Weg nach Hause zu finden.

Sie kamen nie an. Keiner von ihnen wurde jemals wieder gesehen und nur wenige der ursprünglichen Mannschaft kehrten nach England zurück, wo sie wegen Meuterei bestraft wurden. Sie brachten jedoch Hudsons Karten mit, die für spätere Expeditionen enorm hilfreich waren.

NAVIGATION IM ZEITALTER DER ENTDECKUNGEN

IN DER RENAISSANCE vom vierzehnten bis siebzehnten Jahrhundert wurde das Verständnis von Längen- und Breitengrad systematisiert, und die Kartenerstellung genauer.

Breite und Länge

Um den Breitengrad eines Schiffes zu bestimmen, maßen Navigatoren den Stand der Sterne oder der Sonne am Himmel. Wenn sie näher dem Äquator waren, stand der Nordstern näher am Horizont. Das Astrolabium war ein lebenswichtiges Ausrüstungsteil. Dieses runde Messinstrument verwendete zwei Platten an einem beweglichen Arm, um den Winkel zwischen einem Himmelskörper wie der Sonne und dem »Zenit«, dem Punkt direkt über dem Schiff, zu messen. Das Astrolabium wurde vorzugsweise an Land oder bei ruhiger See verwendet, da die Messwerte unter rauen Bedingungen verfälscht werden konnten.

Der Quadrant ist ein winkelförmiges Gerät mit einem Senklot, das von der oberen Ecke hängt. Es wurde an der Sonne ausgerichtet, und der Punkt, an dem das Senklot den Viertelkreis am unteren Ende des Geräts schnitt, gab die Breite in Grad an.

Die Bestimmung des Längengrads eines Schiffes war viel schwieriger und stützte sich auf näherungsweise Koppelnavigation, wie in der Wikingerzeit. Dabei wurde geschätzt, wie weit das Schiff von Ost nach West oder umgekehrt gefahren war. Ein erfahrener Navigator konnte die Geschwindigkeit mit einigen Hilfsmitteln genau bestimmen. Sanduhren wurden zur Zeitmessung verwendet, und die Zeit mit der Länge eines Seils verglichen, das vom Heck eines fahrenden Schiffes abgelassen wurde. Entlang des Seils waren Knoten in Abständen von etwa 50 Fuß (15 Metern). Die Seeleute zählten die Anzahl der Knoten, verglichen diese mit der gemessenen Zeit und schätzten so die »Knoten«, mit denen das Schiff fuhr.

Das Rätsel der Längengradbestimmung konnte erst gelöst werden, als John Harrison (1693–1776) 1735 den Chronometer erfand und dafür einen Preis von 20 000 £ des *Board of Longitude* der britischen Regierung gewann.

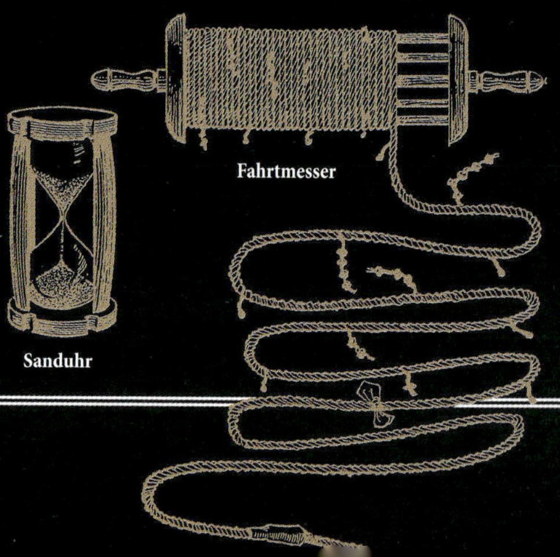

Chronometer

Kartografen und Spione

Damals gewannen die Kartografen an Bedeutung. Mithilfe von Daten und Tabellen, die Seeleuten nach Hause gebracht hatten, konnten sie genaue »Portolankarten« erstellen. Diese Karten waren ausgeklügelte Navigationshilfen, die die Entfernung zwischen Häfen (latein. *portus*) detailliert darstellten, daher der Name. Gefahren und Hindernisse sowie Details zu den besten Segelzeiten wurden in die Karten aufgenommen. Horizontale Linien, die die Breite, und vertikale Linien, die die Länge zeigen, wurden ein Merkmal der Karten im sechzehnten Jahrhundert.

Eine weitere Navigationshilfe waren *roteiros*, Routenbeschreibungen. Sie enthielten detaillierte Informationen über Strömungen und Landmarken, die dafür sorgten, dass die Seeleute in die richtige Richtung fuhren. Solche Tabellen wurden von den verschiedenen Imperien, die sie produzierten, eifersüchtig bewacht. Viel Blut, Schweiß und Tränen wurden für die Entdeckung dieser lukrativen Handelsrouten aufgewendet, und sie zögerten natürlich, die wertvollen Informationen mit rivalisierenden Handelsmächten zu teilen.

Einer der ersten großen Fälle von Wirtschaftsspionage wurde von dem abenteuerlustigen Niederländer Jan Huyghen van Linshoten (1563–1611) begangen. Er reiste nach Spanien und Portugal, erhielt eine Stelle beim Erzbischof von Goa und fuhr bald zu diesem blühenden Hafen an der indischen Küste. Goa war das Juwel in der Krone der portugiesischen Besitztümer und das Zentrum ihrer umfangreichen Handelsnetze auf den Gewürzinseln des Ostens. Fünf Jahre lang lebte der Niederländer in dieser Kolonie und sammelte Daten und Informationen über Handelsnetze in ganz Asien.

Als van Linshoten nach Hause zurückkehrte, schrieb er den *Itinerario*, der Karten enthielt, die den Weg dorthin zeigten. Das 1596 veröffentlichte Buch wurde ein Bestseller und die neu gegründete Niederländische Ostindien-Handelsgesellschaft (VOC) nutzte die darin enthaltenen Informationen, um den geschwächten Portugiesen die Kontrolle über viele Kolonien zu entreißen.

RECHTS ***Reisebericht des Seemanns Jan Huyghen van Linschoten in das portugiesische Ostindien.***

Sir Francis Drake

Der verwegene Francis Drake (1540–96) war Englands führender Entdecker. Er spielte nicht nur den spanischen Schiffen im Golf von Mexiko und der Karibik übel mit und besiegte die spanische Armada (1588), er war auch der zweite Seemann, der die Erde umrundete (1577–80).

1573 unternahm Drake eine Expedition, die man eigentlich nicht als Entdeckungsreise bezeichnen würde. Mit 100 Mann ging er in den dicht bewaldeten spanischen Besitzungen Mittelamerikas an Land. Im März 1573 tat sich der zukünftige Admiral mit einigen berüchtigten französischen Piraten zusammen und befreite afrikanische Sklaven, um im Bereich des heutigen Panama einen der größten Raubzüge des Jahrzehnts durchzuführen. Aus einem Hinterhalt heraus überfiel er einen Maultiertransport der schwer beladen war mit Beute Gold und Silber aus den Minen von Peru und sich auf dem Weg zum Hafen für den Seetransport nach Madrid befand.

Drake und seine Männer entwaffneten die fünfzig spanischen Wachen und wurden zu stolzen Besitzern von etwa fünfzehn Tonnen Gold und Silber. Sein Vermögen war gemacht. Aber das war nicht alles. Auf dieser Expedition erblickte Drake als erster Engländer den Pazifik.

Drake setzte seine Plünderungen fort. Mit seinen zwei schnellen »Kaperschiffen« wurde er zur Geißel der spanischen Schifffahrt an der Atlantikküste. Mit einem »Kaperbrief« von Königin Elisabeth I. (regierte 1558–1603) schuf er ein solches Chaos, dass die Spanier ihn *El*

RECHTS UND UNTEN Francis Drake gelang es bald, mit seiner Weltumsegelung die spanische Vorherrschaft auf dem Meer herauszufordern. Er war der erste Engländer, der den Pazifik sah.

Draque (»Der Drache«) nannten. Der Engländer wurde als Pirat verurteilt, und der spanische Kaiser Philipp II. setzte ein Kopfgeld von 20 000 Dukaten auf ihn aus. Die Spanier waren bald überzeugt, dass Drake übernatürliche Kräfte hatte. El Draque, sagten sie, habe einen Pakt mit dem Teufel geschlossen und seine krummen Hände auf einen magischen Spiegel gelegt, der den Standort jedes spanischen Schiffes enthüllte und zeigte, welche Ladung es trug.

Sir Francis Drake

Drakes wahres Talent war hervorragende Seemannskunst. Das zeigte sich deutlich bei seinem größten Coup, der Kaperung des spanischen Schatzschiffes *Nuestra Señora de la Concepción* (»Unsere Liebe Frau von der Unbefleckten Empfängnis«). Drake hatte von den enormen Reichtümern gehört, die das Schiff nach Spanien bringen sollte, segelte mit seinem Schiff, *Golden Hind*, durch die Magellanstraße in den Pazifik und machten sich auf den Weg nach Norden, wo seine Beute lag. Drakes Schiff fuhr unter vollen Segeln, als er die *Concepción* sah. Um die Spanier nicht zu warnen, durfte er sich ihnen nicht zu schnell nähern, sie wären aber auch misstrauisch geworden, wenn er seine Segel gerefft hätte. Drake ließ dahermehrere beladene Fässer über Heck ins Wasser werfen. Ihr Widerstand verlangsamte sein Schiff, ohne die Spanier auf seine Geschwindigkeit aufmerksam zu machen.

Drake tarnte die *Golden Hind* als Handelsschiff und näherte sich bei Einbruch der Nacht den ahnungslosen Spaniern. Mit einer Breitseite aus seiner Kanone führte Drake eine Entergruppe an und bald gehörten ihm unzählige Münztruhen, 26 Tonnen Silber und ein Schatz an Goldbarren. Die Beute war so groß, dass Drakes Mannschaft sechs Tage brauchte, um sie auf ihr Schiff zu bringen.

Drakes Geschichte war eine Geschichte, wie man von Nichts zu Reichtum gelangt. Geboren in einer armen Familie in Devon, wurde er mit zwölf Jahren weggeschickt, um auf einem Küstenfrachter zu dienen. 1565 schloss er sich seinem Cousin auf einem Sklavenschiffkonvoi an, der nach Mexiko fuhr. Im Hafen von Rio de la Hacha wurden sie von Spaniern angegriffen, die zwei ihrer drei Schiffe versenkten. Weitere Zusammenstöße mit Spaniern festigten Drakes Hass auf dieses Land und seine Menschen.

Am 15. November 1577 machte sich Drake als Kapitän zu seiner ehrgeizigsten Reise auf. Der mutige Freibeuter stand an der Spitze von fünf Schiffen: der *Golden Hind*, der *Elizabeth*, der *Swan*, der *Marygold* und der *Christoph*. Er machte sich im Auftrag von Königin Elisabeth I. auf den Weg in die »Südlichen Meere«, um mit den Spaniern um neue Kolonien zu konkurrieren. Die erste Station waren die Kapverdischen Inseln, wo sie Vorräte aufnahmen. Von hier aus segelte die Flotte durch den Südatlantik und entlang der Küsten Brasiliens und Argentiniens. Nachdem er die Magellanstraße durchquert hatte, machte er mehrere wichtige Entdeckungen, während er die eisigen Gewässer des Südens erkundete. Er bewies, dass Feuerland kein Teil eines großen südlichen Kontinents war, und entdeckte die Drake-Passage, die die Südspitze Südamerikas von der Antarktis trennt.

OBEN **Im April 1581 besuchte Königin Elisabeth Drake auf seinem legendären Schiff *Golden Hind*. Sie verlieh dem wagemutigen Seemann viele Ehrungen, darunter den Ritterschlag.**

Er segelte von dort entlang der peruanischen Küste plündernd nach Norden. Dabei brachte die *Golden Hind* die *Nuestra Señora de la Concepción* auf. Piraterie war eine Sache, aber um seinen Auftrag zu erfüllen, musste Drake auch Land für seine Königin beschlagnahmen. Er fuhr weiter nach Norden, um eine Nordwestpassage zu finden, kehrte dann um und beanspruchte Land um das heutige San Francisco als »Nova Albion«.

Im Juli 1579 brach Drake durch den Pazifik auf. Er erreichte Timor, bewies, dass Java eine Insel war, bevor er das Kap der Guten Hoffnung umrundete und am 26. September 1580 nach Plymouth zurückkehrte. Er wurde als Nationalheld begrüßt: Die Beute, die er den Spaniern abgenommen hatte, überstieg die jährlichen Einnahmen der englischen Krone.

Drake wurde von Elisabeth I. zum Ritter geschlagen und zum Kommandeur der jungen britischen Marine ernannt. Die spanische Krone konnten die Demütigungen nicht hinnehmen, und König Philipp II. von Spanien begann 1586 eine Armada zusammenzustellen, um England zu überfallen. Drake zeigte, dass er auch die europäischen Gewässer beherrschte und störte die spanischen Vorbereitungen mit anhaltenden Angriffen auf Cadiz und Lissabon. Er unterhielt auch ein ausgedehntes Spionagenetzwerk in spanischen Häfen und konnte jedem Schritt der Spanier folgen, als sie 1588 losfuhren. Die Armada wurde dank Drakes überlegener Seemannskunst besiegt.

Schließlich starb Drake vor Puerto Bello (heute Panama) an der Ruhr. Wie es sich für einen edlen Freibeuter gehört, wurde sein Körper in voller Rüstung, in einem versiegelten Bleisarg den Tiefen des Meeres überlassen.

LINKS **Sir Walter Raleigh hatte nicht so viel Glück. Er fand nicht nur El Dorado nicht, ein Abkommen mit den Spaniern kostete ihn sogar den Kopf.**

Sir Walter Raleigh

Sir Walter Raleigh

Ein weiterer Entdecker, der die Gunst von Königin Elisabeth I. genoss, war Sir Walter Raleigh (1554–1618), der 1584 beauftragt wurde, alle unerforschten und nicht kolonisierten Regionen Amerikas zu erkunden. Er sollte einen Teil des dort geförderten Goldes erhalten und auch als Freibeuter gegen die spanische Schifffahrt tätig werden. Raleigh leitete mehrere erfolgreiche Expeditionen. 1585 gründete er die erste englische Kolonie in Amerika auf Roanoke Island. 1587 erkundete Raleigh die Region von North Carolina bis Florida und benannte die neu gefundenen Gebiete Virginia zu Ehren der »Jungfräulichen Königin«, einem der Beinamen der unverheirateten Elisabeth I. Er unternahm zwei Expeditionen, um El Dorado zu finden, und entdeckte 1595 das heutige Französisch-Guayana. Zu seinem Unglück verlor Raleigh mit dem Tod Elisabeths die königliche Gunst und wurde wegen Verschwörung gegen ihren Nachfolger Jakob I. (regierte 1603–25) angeklagt. Am 29. Oktober 1618 wurde er in Westminster hingerichtet.

Roanoke blieb keine dauerhafte Siedlung und wurde schon nach fünf Jahren wieder aufgegeben, doch was Drake aus der Neuen Welt mitbrachte, beeinflusste das Leben in England dauerhaft: Er machte Kartoffeln und Tabakkonsum populär. In seiner Zelle hinterließ er einen Tabakbeutel, auf dem stand: *Comes meus fuit in illo miserrimo tempore.* (»Er war mein Begleiter in den schlimmsten Zeiten.«)

Die Kopfjäger von Borneo

Europäische Forscher mussten bald erkennen, dass es Orte gab, die wenig Profit brachten, aber voller schrecklicher Gefahren waren. Einer der am meisten gefürchteten Orte war Borneo. Die Gewässer um die Insel waren das Revier wilder Piraten. Chinesische Flüchtlinge, wilde Malaien und die Iban attackierten von gut geschützten Buchten aus jedes vorbeiziehende Schiff. Nur wenige überlebten diese Begegnungen und jedem Europäer, der in die Hände dieser Desperados fiel, war ein schmerzhafter und langsamer Tod garantiert.

OBEN Viele Europäer erlitten bei der Erkundung der Wildnis Borneos ein grauenhaftes Schicksal. Hier wird der glückloser Entdecker von Dayaken gefangen genommen.

Die Küste dieser riesigen Insel war gefährlich genug, aber das dschungelbedeckte Innere hielt noch größere Schrecken bereit. Bevor ein Iban-Mann heiraten durfte, musste er einen Nachbarstamm überfallen und einen Kopf mitbringen. Der Krieger war dann mit dem Geist seines Opfers erfüllt. Wenn er bei diesem tödlichen Initiationsritus erfolgreich war, wurden verschnörkelte Linien auf seinen Handrücken tätowiert.

OBEN **Ida Pfeiffer, die erste Europäerin, die sich mit bei den kannibalistischen Bytak aufhielt, sagte, sie sei »zu alt und zu zäh, um ein gutes Essen abzugeben«.**

Der Murut-Stamm war besonders gefürchtet. Jeder konnte ein Opfer werden – Kinder, Frauen, und Alte –, alle waren Freiwild. Jeder junge Mann, der scheiterte, wurde von seiner Familie und seinem Stamm geächtet und verstoßen. Die Kadazan-Dusun beschränkten sich auf die Köpfe benachbarter Krieger, aber es gab einen Bedingung: Das Opfer musste lebend enthauptet werden. Sonst floh sein Geist, bevor ihn der siegreiche Krieger aufnehmen konnte.

Den Iban in die Hände zu fallen, die in ihren riesigen Kriegskanus zur See fuhren, war ein schreckliches Schicksal. Sie hackten einen Kopf ab und extrahierten mit verschiedenen von Geräten das Gehirn durch die Nasenhöhle oder mit einem Löffel aus der Schädelbasis. Der Kopf wurde dann über Feuer geräuchert und die Krieger schnitten sich ein Stück davon als Snack ab!

Nur wenige Europäer erkundeten das Zentrum von Borneo. Es wurde 1842 eine halbautonome Kolonie unter dem britischen Abenteurer James Brooke als »weißer Raja«. Er machte einige Fortschritte bei der Beseitigung der Kopfjagd, obwohl die Praxis unter der japanischen Herrschaft im Zweiten Weltkrieg wieder auflebte.

Österreich gründete nie Überseekolonien, aber es gab eine berühmte Entdeckerin, die einen Großteil der bekannten und unbekannten Welt besuchte. Ida Pfeiffer (1797–1858) unternahm mehrere Reisen um die Welt und verbrachte Monate in Madagaskar und mehr als ein Jahr unter den wilden Stämmen Borneos, einschließlich der Kannibalen des Dyak-Stammes. Wie viele andere Forscher erlag sie einer Krankheit, die sie sich auf ihren Reisen zugezogen hatte.

Die Erschliessung Sibiriens

Die Reisen der drei russischen Forscher Jermak Timofejewitsch (1532–85), Jerofei Pawlowitsch Chabarow (1603–71) und Vitus Bering (1681–1741) waren entscheidend für die europäische Erforschung Sibiriens.

Jermak Timofejewitsch

Im 16. Jahrhundert war Sibirien eine der letzten großen Herausforderungen für europäische Entdecker. Es war ein Ort der Geheimnisse und Gefahren. Selbst im 21. Jahrhundert birgt diese wilde und feindliche Umgebung noch lang gehegte Geheimnisse.

Vor Hunderttausenden von Jahren zog eine geheimnisvolle Rasse von Protomenschen in die karge Wüste Sibiriens. Die heute als Denisowa-Menschen (nach einer Höhle benannt, in der man Artefakte dieser Menschen fand) bekannten Frühmenschen, erlebten eine Blütezeit, bis moderne Menschen durch ihr Gebiet zogen. So wie sich diese frühen menschlichen Entdecker und Siedler mit den Neandertalern vermischten, so kreuzte sich der moderne *Homo sapiens* mit den Denisowa-Menschen und nahm dabei einen Großteil ihrer DNA auf. Einige asiatische Völker haben etwas denisovanische DNA und man nimmt an, dass die heutigen Bewohner Tibets und Nepals, zu denen auch die Sherpa gehören, dank dieses Erbguts in den sauerstoffarmen großen Höhen leben können.

UNTEN **Oft wurden Wasserwege genutzt, um in die Wildnis Sibiriens einzudringen. Kosaken nutzten ihre überlegenen Waffen, um die indigenen Bewohner zu unterwerfen.**

Yermak Timofeyevich

Jahrhundertelang hatten die russischen Staaten unter der Herrschaft der mongolischen Khane gelitten. Aber als Iwan der Schreckliche 1547 den Thron Russlands bestieg, waren die »Tataren«, wie sie genannt wurden, eher ein Ärgernis als eine echte Bedrohung. Ivan schuf einen der ersten zentralisierten europäischen Staaten und beschloss, nach dem Sieg über die nomadischen Reiter, nach Osten zu expandieren. Bis dahin hatte sich das russische Reich nicht über den Ural hinaus ausgebreitet. An dieser gefährlichen Grenze waren viele Expeditionen gescheitert, aber als 1579 eine Gruppe von 700 Kosaken aufbrach, um die Barriere zu überqueren, begann eine Osterweiterung, die Hunderte von Jahren dauern sollte.

Kosaken waren wilde, kräftiger Reiterverbände, die um Don und Wolga lebten. Viele waren entflohene Leibeigene, die jede Autorität ablehnten. Einer ihrer Anführer war Jermak Timofejewitsch, der sich als Pirat einen Namen gemacht hatte. Er wurde beauftragt, eine Expedition über den Ural zu führen, um die dort lebenden Völker zu unterwerfen.

Nachdem sie den Ural überquert hatten, bauten sie Boote und zogen entlang des Flusses Tobol. Die Tataren versuchten, die Kosaken zu stoppen, aber moderne Schusswaffen verliehen den Entdeckern die Überhand und bald drangen sie bis nach Sibir vor, der Hauptstadt der nomadischen Reiter. Hier ließen sie sich über den Winter nieder und versorgten sich mit Nahrung bei den Einheimischen, die die Entdecker zunächst begrüßten. Im Frühjahr 1580 reiste die Expedition entlang des Flusses Ob, einer wichtigen Wasserstraße, die in den Arktischen Ozean mündet.

Bis 1581 wollten Jermaks Männer nicht mehr weiterziehen. Viele waren in erbitterten Kämpfen mit den lokalen Stämmen oder unter den eiskalten sibirischen Bedingungen gestorben, wo es an einigen Orten kälter war als am Nordpol. Jermak schickte einen vertrauenswürdigen Gefolgsmann mit 5 000 wertvollen Pelzen von exotischen arktischen Tieren wie Bibern, Füchsen und Bären an den Hof Iwans des Schrecklichen, um mehr Geld und Männer vom Zaren zu erbitten. Die Fracht erreichte Moskau 1582 und bewog den Kaiser dazu, in eine weitere Expansion zu investieren. Zwei weitere Jahre lang setzte Jermak seinen Marsch nach Sibirien fort und kartierte dabei Flüsse und Bodenschätze. Im August 1584 wurde sein Trupp während einer Fahrt am Irtysh-Fluss überfallen. Jermak sprang aus dem Boot und ertrank. Er hatte ein Kettenhemd, ein Geschenk des Zaren, angehabt.

Jerofei Pawlowitsch Chabarow

Mehrere Jahrzehnte nach Jermaks Tod gab es keine organisierten Expeditionen nach Sibirien. Freibeuter, Trapper und Jäger strömten weiterhin in die Region, aber von der Zentralregierung in Moskau wurden keine Ansprüche erhoben.

Jerofei Pawlowitsch Chabarow brachte große Teile Sibiriens unter die Kontrolle der Zaren. Durch die Erkundung und Eroberung der Amur-Region im südöstlichen Sibirien machte er Russland zum größten Reich der Welt. Der Amur-Fluss wurde die Grenze zwischen zwei großen Staaten dem Mandschu China und Romanow Russland. Chabarow wurde 450 Meilen nördlich von Moskau geboren und leitete mehrere erfolgreiche Handelsmissionen in die eisige Wildnis rund um Finnland und den Polarkreis. Dann wandte er sich Sibirien zu und ließ sich 1636 in Jakutsk nieder, der östlichsten europäischen Siedlung am sibirischen Fluss Lena. Dieser wilde und raue Außenposten wurde von Pelzjägern für ihre Waren und Vorräte genutzt, bevor sie zurück in die Wildnis gingen. Mitte der 1640er Jahre kehrte eine Gruppe dieser Trapper aus der Wildnis zurück und erzählte von einem reichen Gebiet voller Wild und Gold. Sie nannten die Region Daurien und der Fluss, an dem sie lag, wurde Amur genannt.

UNTEN **Auch russischen Entdecker n wurden Denkmäler errichtet. Hier blickt Jerofei Pawlowitsch Chabarow über die nach im benannte Stadt.**

Chabarow hatte bereits ein Vermögen mit einem Salzbergwerk in Jakutsk gemacht und wollte die neue Region erkunden. Er bat den Gouverneur des Zaren, den Woiwoden, um Erlaubnis, eine Expedition zu leiten. Um die kaiserliche Zustimmung zu erhalten, hätte es Monate gedauert, also gab der Woiwode Chabarow Waffen aus und beauftragte ihn, eine Expedition zum Amur-Fluss im Namen des Zaren durchzuführen. Die Beute sollte er mit dem Woiwoden teilen, der nach Beginn der Expedition eine Nachricht nach Moskau schickte. In den nächsten zwei Jahren kartierten Chabarow und seine Männer die reiche Region. Sie errichteten eine Schreckensherrschaft über die lokalen Völker, plünderten Lebensmittelvorräte, brannten Dörfer nieder und schlachteten wahllos Frauen und Kinder ab.

Wie andere Forscher hatte auch er Verbündete: Pocken und Grippe. Vor der europäischen Eroberung waren die indigenen Bewohner über weite Gebiete verstreut. Man schätzt, dass etwa eine Viertelmillion Menschen in einer Region lebten, die sich über 13 Millionen Quadratkilometer erstreckt. Weite Entfernungen und kaltes Wetter machten die Übertragung von Bakterien und Mikroben fast unmöglich. Aber gegen die Krankheiten, die die Europäer brachten, besaßen die Einheimischen keine Widerstandskraft. An die 80 Prozent der indigenen Bevölkerung starben an diesen Krankheiten.

1652 schien Chabarows Glück zu Ende. Als die Mandschu von der Gewalt an der Grenze hörten, entsandten sie eine Armee, um die Kosaken zu stoppen, und zwangen die Russen, sich von der Grenze zurückzuziehen. 1653 tauchte eine Abteilung der russischen Armee auf. Chabarow wurde verhaftet und nach Moskau gebracht. Er wurde vor Gericht gestellt, sein Vermögen beschlagnahmt und ihm drohte die Hinrichtung. Trotz der Grausamkeit, die Chabarow seinen Männern und den indigenen Stämmen gezeigt hatte, rehabilitierten ihn seine Geschichten über Reichtum und Ruhm in den Augen des Zaren. Er erhielt sein Vermögen und seine Reputation zurück und wurde zum Gouverneur von Südsibirien ernannt. Ihm zu Ehren wurde die Stadt Chabarowsk am Amur gegründet.

Vitus Bering

OBEN **Bering erforschte eine der feindlichsten Umgebungen der Erde. Seine Schiffe wurden 1741 auf den Aleuten zerstört.**

Der dritte große, in Russland aktive Forscher war Vitus Bering. Als Peter I. »der Große« (1672–1725) 1682 den Thron bestieg, prosperierte das russische Reich durch die riesigen Reichtümer Sibiriens. Die meisten feindlichen Stämme waren in der ersten Hälfte des Jahrhunderts unterdrückt worden, aber es gab noch viele Geheimnisse zu lüften. War Asien durch eine Landbrücke mit Nordamerika verbunden? Wie lange war die Küste des Arktischen Ozeans?

1725 brach Berings Expedition von St. Petersburg auf und reiste durch Sibirien bis zum Pazifischen Ozean. Hier bauten die Abenteurer eine kleine Flotte und segelten zur Kamtschatka-Halbinsel. Im Nordwesten überquerte Bering die heutige Beringstraße, die Alaska von Sibirien trennt. Die Expedition kehrte zurück und kartierte die Küste des Arktischen Ozeans bis Archangelsk im Jahr 1730.

Eine weitere Expedition folgte um 1740. Die *Große Nordische Expedition* erreichte Alaska, das als russischer Besitz beansprucht (und 1867 an die Vereinigten Staaten verkauft) wurde. Die Expedition kartierte auch die Aleuten.

Obwohl es ein überwältigender Erfolg war, endete dieses Abenteuer schlecht. Skorbut und schlechtes Wetter forderten ihren tödlichen Tribut, und viele starben. Bering und seine Gruppe waren auf den Commander Islands gestrandet, wo sie schwere Erfrierungen erlitten. Sie mussten oft die Polarfüchse abwehren, die auf der Insel umherstreiften und keine Angst vor Menschen hatten. Er starb, aber eine kleine Gruppe seiner Männer überlebte und baute ein Floß, mit dem sie nach Kamtschatka zurückkehren und von Berings Schicksal erzählen konnten.

Seltsame Kreaturen

Entdecker stießen oft auf seltsame und geheimnisvolle Tiere. Selbst als Imperien gegründet wurden, die den Globus bedeckten, blieben noch einige Geheimnisse.

Colonel Percy Fawcett (1867–1925) war einer der letzten großen englischen Exzentriker. Nach einer Karriere beim Militär entwickelte er einen obsessiven Glauben, dass die Überreste einer großen verlorenen Stadt, die er »Z« nannte, im Herzen des Amazonas-Dschungels zu finden seien, trotz der Tatsache, dass im sechzehnten und siebzehnten Jahrhundert unzählige Expeditionen tief in den Amazonas vorgedrungen waren, um dem nachzugehen. Er glaubte, er würde die Überreste einer mächtigen Zivilisation finden, die dort in der Vorgeschichte gediehen und ihre eigene Hieroglyphenschrift entwickelt hatte. Zwischen 1906 und 1925 unternahm Fawcett viele Expeditionen auf der Suche nach den Ruinen. Er freundete sich mit den Autoren H. Rider Haggard und Arthur Conan Doyle an, die viele der Geschichten des Entdeckers in ihren eigenen Büchern verwendeten.

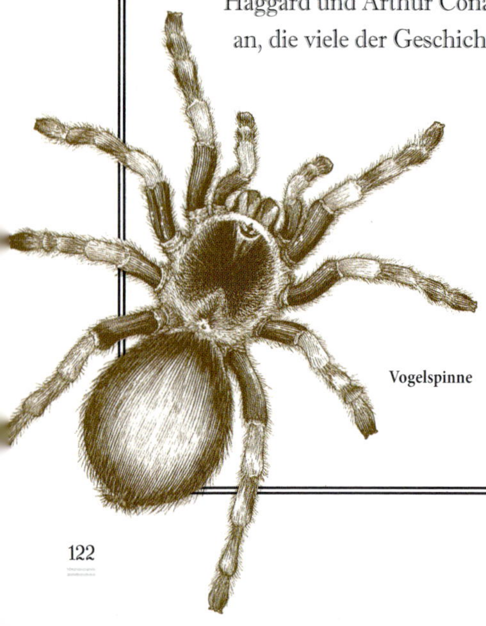

Vogelspinne

Fawcett verschwand während seiner letzten Expedition 1925. Wie er starb, ist noch immer rätselhaft. Vielleicht landete er in den Bäuchen eines der vielen Amazonas-Stämme. Bevor er verschwand, beschrieb der Colonel viele seltsame Tiere. Dazu gehörten eine 19 Meter lange riesige Anakonda und eine riesige menschenfressende Spinne. Zweifellos waren die erstaunlichsten Kreaturen, denen er und seine Gefährten begegneten, die Maricoxi – legendäre Menschen, die im Herzen des Amazonas-Dschungels lebten. Obwohl seine Berichte oft sagenhaft klingen, wurden sie von vielen seiner Forscherkollegen bestätigt.

1914 war er mit seiner Expedition tief in die unbekannte Region Matto Grosso vorgedrungen. Lokale Stämme im heutigen Bolivien erzählten von haarigen aufrecht gehenden Kreaturen, die wunderbare Fähigkeiten bei der Jagd hatten und nichts lieber taten, als das Fleisch von Menschen zu essen. Während der Reise durch den Dschungel traf die Gruppe auf einen neuen Stamm von Menschen, die sich die Maxubis nannten. Obwohl sie als primitive Jäger und Sammler erschienen, besaßen die Maxubis bemerkenswertes Wissen über die Bewegung von Planeten und der Sonne.

Tiefer im Dschungel fanden die Forscher einen Pfad, der von bemerkenswert behaarten Individuen mit sehr langen

Armen, schrägen Stirnen und starr hervorstehenden Augenbrauen benutzt wurde. Diese seltsamen Kreaturen trugen primitive Bögen und Pfeile und verschwanden im Dschungel, als sie die Europäer sahen. In den kommenden Nächte hallten überirdische Töne wie aus Hörnern um die Gruppe und Fawcett und seine Männer hatten keinen Zweifel daran, dass die seltsamen Wesen jede ihrer Bewegungen verfolgten. Die Männer stolperten über ein primitives Lager voller einfacher Unterkünfte, die in den Boden gegraben waren, und waren plötzlich von den feindlichen Hominiden umgeben. Die Dorfbewohner zogen ihre primitiven, aber scharfen Pfeile und umringten Fawcett und seine Männer. Der Oberst zog eine alte Mauser-Pistole und feuerte sie ab. Im Handumdrehen flohen die Maricoxi, wie die Einheimischen diese Hominiden nannten, in den Dschungel, aber nicht ohne zuvor noch Pfeile auf die Eindringlinge zu schießen. Die Europäer entschieden sich, nicht weiterzuziehen, und verließen in den nächsten Tagen das Gebiet der seltsamen haarigen Affenmenschen.

Forscher berichteten oft über seltsame Kreaturen. Die viktorianischen Forscher Henry Morton Stanley (1841–1904) und David Livingstone (1813–73) berichteten, dass sie in den späten 1880er Jahren im Kongo seltsame gestreifte eselartige Tiere sahen. Ihre Beschreibung des mysteriösen Tieres als »afrikanisches Einhorn« wurde

Anakonda

skeptisch aufgenommen, aber 1901 wurde ein Exemplar gefunden. Das Okapi genannte Tier ist ein entfernter Verwandter der Giraffe.

1776 hörte ein französischer Forscher von einem riesigen Langhalstier, das in den feuchtesten Gebieten des Kongo lebte. Die seltsame Kreatur, die man Mokele-Mbembe nannte, ist die afrikanische Version des Monsters von Loch Ness. Noch immer dringen europäische Forscher tief in die Kongo-Feuchtgebiete ein, um das schwer fassbare Tier aufzuspüren.

KAPITEL 5

DER PAZIFIK

DER PAZIFIK BEDECKT mehr als 30 Prozent der Erdoberfläche, 165 Millionen Quadratkilometer. Während es im Nordpazifik eigentlich nur eine Inselgruppe gibt, die Aleuten, befinden sich die meisten Inselformationen im Südpazifik. Sie sind auf drei Regionen verteilt: Melanesien, von Papua-Neuguinea bis nach Fidschi; nördlich davon liegt Mikronesien, verstreute Inseln, zu denen die Marianen- und Marshall-Inseln gehören; schließlich Polynesien, eine der letzten Regionen, die von Menschen besiedelt wurden, ein Dreieck mit den Eckpunkten Hawaii, Neuseeland und Osterinsel.

LINKS Zwei sehr unterschiedliche Welten trafen aufeinander, als Entdecker wie Captain Cook den verschiedenen Kulturen des Pazifiks wie diesem stark tätowierten Maori-Häuptling begegneten.

Erschliessung und Besiedlung des asiatisch-pazifischen Raums

Peking Man

Als sich die Europäer endlich in den Pazifik wagten, »entdeckten« sie ein Wunderland einzigartiger Kulturen, die gänzlich an ein Leben von der Fülle des Ozeans angepasst waren. Auf Inselparadiesen und im Einklang mit der Umwelt verzauberten die Völker des großen Ozeans die Entdecker, die den weiten Entfernungen des Pazifiks trotzten.

Es waren keine isolierten Völker, die von anderen Kultur getrennt, vom Wasser abgeschnitten lebten. Sie wussten von Völkern, die Tausende von Meilen entfernt waren und sie regelmäßig besuchten. So wie die alten Griechen das Mittelmeer den Teich der Griechen nannten, so sahen die indigenen Bewohner des Pazifiks diesen als ihr eigenes Meer, das sie von Generation zu Generation durchzogen.

Die Geschichte der menschlichen Erforschung und Besiedlung der asiatisch-pazifischen Region galt einst als einfach. Noch im Jahr 2000 nahm die Forschung eine lineare Abfolge von Ereignissen an. Vor etwa 1 Million Jahren tauchte *Homo erectus* aus Afrika auf, zog durch den eurasischen Kontinent und erkundete und besiedelte ihn über Hunderttausende von Jahren, bevor er Java erreichte. Fossilien wie Peking-Mensch und Java-Mensch unterstützen diese Hypothese. *Homo erectus* war dem modernen Menschen körperlich sehr ähnlich, was ihm noch fehlte, war ein großes Gehirn oder eine hoch entwickelte Sprachkommunikation.

Nach diesem Szenario zog vor etwa 80 000 oder 70 000 Jahren der moderne Mensch aus seiner afrikanischen Heimat aus und vernichtete alle Hominiden auf seinem Weg. Die Neandertaler Europas wurden schnell ersetzt und innerhalb von 20 000 Jahren wurden alle anderen Hominiden, einschließlich *Homo erectus*, von *Homo sapiens* ausgelöscht. Um etwa 50 000 v. Chr. machten diese Menschen einen letzten Sprung über die Hochsee und besiedelten Papua-Neuguinea und Australien. Zu dieser Zeit waren die Landmassen zu einem Superkontinent verbunden, der heute als Sahul bekannt ist. Diese Erzählung wurde, bis auf wenige Abweichungen, durch den Fossilienbestand bestätigt.

Alles sehr ordentlich und einfach. Aber alles sehr falsch.

UNTEN Die konventionelle Sicht besagt, dass die Evolution der Hominiden einer linearen Entwicklung folgte. Erst kürzlich entstand ein viel komplexeres Bild.

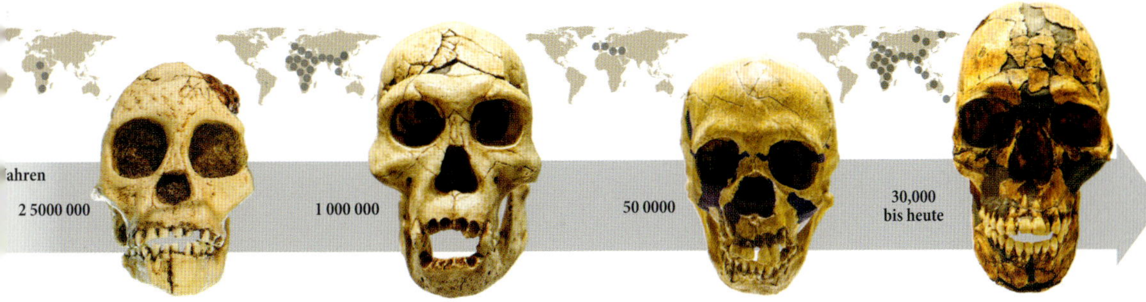

Australopithecus africanus *Homo erectus* *Homo neanderthalensis* *Homo sapiens*

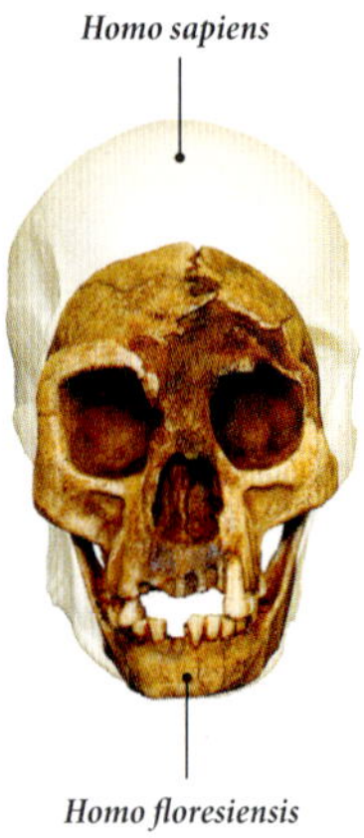

Diese Theorie bekam erste Risse, als 2004 auf der indonesischen Insel Flores eine bemerkenswerte archäologische Entdeckung gemacht wurde. Der *Homo floresiensis* (»der Hobbit« nach der von dem britischen Schriftsteller J. R. R. Tolkein, 1892–1973, erdachten kleinwüchsigen Rasse) war ein winziger primitiver Mensch, der etwa 90 Zentimeter groß war. Er verwendete Feuer und Steinwerkzeuge und lebte vielleicht noch vor 16 000 Jahren zusammen mit modernen menschlichen Siedlern. Viele Wissenschaftler weigerten sich anzuerkennen, dass es sich um eine neue Spezies handelte und bestanden darauf, dass das eigentlich deformierte oder kranke Menschen waren. *Homo floresiensis* passte nicht in die herkömmliche Zeitachse. Doch eine genaue Untersuchung ihrer Handgelenkknochen zeigte, dass sie von *Homo erectus* abstammten.

Jüngste DNA-Studien zeigen auch, dass die Menschen, die durch Eurasien zogen, die Neandertaler nicht eliminierten, sondern sich mit ihnen vermischten. Moderne Europäer und Asiaten haben etwa 2 Prozent Neandertaler-DNA. Eine atemberaubende Entdeckung in einer Höhle in Sibirien ergab einen neuen Vorfahren. Ein weiblicher Fingerknochen wurde 2010 in der Denisova-Höhle im sibirischen Altai-Gebirge gefunden. DNA-Tests ergaben, dass sich diese neue Linie von Völkern, die Denisova-Menschen, genetisch von modernen Menschen und Neandertalern unterschieden. Sie waren von Sibirien über Südostasien bis zum Pazifik verbreitet. Melanesier, Papuaner und Australische Aborigines haben bedeutende Anteile an Denisova-DNA. Es scheint, dass sich Neandertaler mit Denisova-Menschen und die Mischlinge mit modernen Menschen paarten. Darüber hinaus zeigen Studien, dass sich Papuaner

RECHTS UND UNTEN Über Hunderttausende von Jahren entwickelten sich unzählige verschiedene Hominidenarten in vielen verschiedenen Umgebungen. Alle Daten sind nur annähernd.

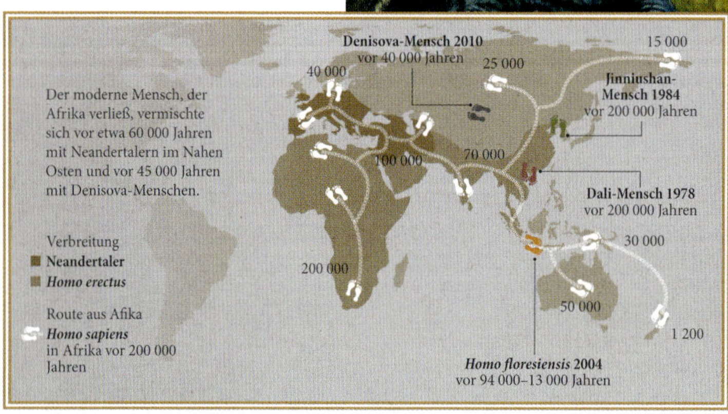

und Australier mit zwei weiteren Rassen archaischer Menschen verbanden, die in der Sahul-Region lebten, bevor die modernen Menschen ankamen. Diese Rassen sind nur durch die DNA-Überreste bekannt, die bei heutigen Völkern gefunden wurden. Woher sie kamen und wann sie im Pazifik ankamen, bleibt ein Rätsel.

Nach etwa 50 000 v. Chr. drangen die Bewohner von Sahul weiter nach Osten vor. Sie besetzten den Bismarck-Archipel und erreichten die Salomonen, die heute als Ozeanien oder Melanesien bezeichnet werden. Ein weiteres Vordringen über dieser Punkte hinaus zu den fernen Inseln Polynesiens ist nicht bekannt. Vielleicht machte der Anstieg des Meeresspiegels die Fahrt in das Herz des Pazifiks zu gefährlich. Der einzige andere menschliche Einfluss auf den Pazifik zu dieser Zeit war die Besiedlung der amerikanischen Pazifikküste durch Native Americans, die die Küste entlang zogen, nachdem sie vor etwa 13 000 Jahren die Beringstraße von Asien aus überquert hatten.

Vor rund 4 000 Jahren kam der letzte große Impuls der Prähistorie. Im westlichen Pazifik entstand eine neue Seefahrerkultur, die sich aus der Sicherheit der Inselketten heraus wagte. Polynesische Wanderungen brachen etwa 2000 v. Chr. von Südostasien aus auf und erreichten in dieser Anfangsphase die Salomonen und Fidschi-Inseln. Die meisten Polynesier tragen eine DNA-Sequenz, die als »polynesisches Motiv« bekannt ist, was darauf hindeutet, dass sie aus Indonesien und den Philippinen stammen. Samoa wurde um 1000 v. Chr. erreicht und die letzten Erkundungs- und Siedlungsfahrten erreichten die Hawaii-Inseln um 400 n. Chr., die Cook-Inseln um 600 n. Chr. und Neuseeland wurde um 1200 n. Chr. von den Maori besiedelt.

OBEN **Die Maoris stellten die letzte Phase der menschlichen Migration dar, als sie um 1200 n. Chr. Neuseeland besiedelten. Die Inseln waren ein letzter Garten Eden.**

Die Vorfahren der heutigen Einwohner Polynesiens unternahmen diese gewaltigen Reisen in doppelwandigen Kanus. Sie führten eine lebende Speisekammer wie Schweine, Hühner und Wurzelgemüse mit sich. Auch weniger willkommene Gäste begleiteten sie: Die Pazifikratte verwüstete viele Ökosysteme. Entdecker wie Captain James Cook (1728–79) fanden Völker, deren gesamte Lebensweise darauf ausgerichtet war, sich über den riesigen Pazifik zu bewegen und seine Ressourcen zu nutzen. Sie hatten eine Sprache mit einer gemeinsamen Wurzel und teilten Geschichten über eine gemeinsame Heimat.

Die Ausbreitung der Polynesier ist Gegenstand zahlreicher wissenschaftlicher Debatten. Jüngste Erkenntnisse widerlegen eine frühere Theorie, dass einige in Chile gefundene Hühnerknochen aus dem vierzehnten Jahrhundert ein Beweis dafür seien, dass die Polynesier diese Küsten erreicht hätten. Das scheint nicht zuletzt deshalb unwahrscheinlich, weil es in Südamerika keine Pazifikratten gibt.

Álvaro de Mendaña

Die Europäer kommen nach Polynesien

Viele Jahre lang hielten sich die Europäer am Rande des Pazifiks auf. Die amerikanischen Küsten wurden nach und nach von den neuen imperialen Mächten erkundet und kolonisiert, ebenso Südostasien. Abgesehen von ein paar schnellen Fahrten durch den Ozean während der Umrundung der Welt fand bis zum 17. Jahrhundert keine wirkliche Erkundung der Polynesischen Inseln statt.

Die Marquesas

Der spanische Entdecker Álvaro de Mendaña (1542–95) war der erste Europäer, der eine pazifische Inselkultur auf den Marquesas im Zentralpazifik entdeckte. Diese Kontaktaufnahme zwischen den Kulturen sollte sich noch öfter wiederholen.

1567–69 war Mendaña mit zwei Schiffen von Lima in Peru abgereist, um das »Große Südliche Land« zu finden. Jahrhundertelang inspirierten Gerüchte über eine riesige Landmasse in der südlichen Hemisphäre, die die Landmassen der nördlichen Hemisphäre ausgleichen sollte, die Forscher.

Unterstützt von König Philipp II., der davon überzeugt war, dass der fehlende Kontinent die legendären Goldminen des biblischen Königs Salomo beherbergen würde, brach die Expedition über den Pazifik auf. Nachdem sie mehr als 6 000 Meilen gesegelt waren, stießen sie am 7. Februar 1568 auf eine große Landmasse. Zunächst war Mendaña davon überzeugt, dass dies das Ziel seiner Reise war, aber bei weiterer Erkundung wurde klar, dass es sich um eine große Insel handelte, die Teil eines ausgedehnten Archipels war, das heute Salomonen genannt wird. Sechs Monate lang erkundeten die Spanier die Region.

Anfangs waren die Beziehungen zwischen den Indigenen und ihren Besuchern herzlich, aber als Mendaña der abgetrennte Arm und die Schulter eines Kindes als Mahlzeit angeboten wurde, beschloss er, weiterzuziehen. Die Expedition, die nach Mikronesien vordrang, entdeckte die Marshallinseln und Wake Island, bevor sie an die kalifornische Küste und von dort nach Lima zurückkehrte.

1595, auf einer Fahrt zur Gründung einer Kolonie auf den Salomonen, stieß Mendaña fünf Wochen nach seiner Abreise aus Peru auf die Marquesas. Als er sich der südlichsten Insel näherte, die heute Fatu Hiva heißt, zogen siebzig Kanus aus, um die Besucher zu begrüßen. Die spanischen Entdecker schienen ein Paradies betreten zu haben. Die Kanus waren mit Lebensmitteln wie Kokosnüssen und Kochbananen beladen. Ihre Insassen boten ihnen versiegelte Bambusbehälter an, die mit frischem Wasser gefüllt waren. Obwohl sie schwer beladen waren, glitten die Kanus über die Gewässer der Bucht und waren sehr stabil. Sie hatten Ausleger vom Hauptrumpf, eine Erfindung, die es frühen Pionieren ermöglichte, Ozeanien zu erkunden. Hunderte andere Menschen schwammen um die spanischen Schiffe herum und kletterten nach belieben aus den Kanus oder wieder hinein.

Die Bewohner waren ohne Angst, ein gemeinsames Merkmal der ersten Begegnungen. Anstatt die fremden Besucher als Aliens oder Götter zu betrachten, sahen sie sie nur als Reisende mit größeren Booten als üblich. Die Marquesans stiegen an Bord der Schiffe, wo sie die Waffen und Ausstattungen der Soldaten ohne die geringste Angst berührten.

Die Besucher waren beeindruckt von der Schönheit der indigenen Völker. Die Männer und Frauen waren perfekt proportioniert mit wohlgeformten Gliedmaßen, langen Fingern, schönen Augen und perfekten Zähnen. Die meisten waren nackt und trugen ihre Haare lang »wie Frauen« – ihr einziges Kleid schien blaue Farbe zu sein. Das war eine umfangreiche Tätowierung, eine gängige Praxis im gesamten Pazifik, und tatsächlich leitet sich der Name vom polynesischen Wort *tatau* ab. Die Bewohner der Marquesas perfektionierten diese Kunst und jeder Zentimeter des Körpers konnte verziert werden, einschließlich der Augenlider, der Handflächen und sogar der Zungen. Zwei Wochen lang erkundete Mendañas Expedition den Archipel. Sie fanden ein Land des Überflusses, in dem die Bewohner eine riesige Auswahl an Meeresfrüchten sowie Schweine, Hühner, Kochbananen, Kokosnüsse und Brotfrüchte aßen. Die Fülle war so groß, dass große Mengen an Nahrung hölzernen Götterbildern angeboten wurden, die in kreisförmigen Anlagen aufgestellt waren.

Was die Entdecker am meisten beeindruckte, waren die Kanus. Einige waren für den Transport von ein oder zwei Personen gebaut, andere schwerer gebaute Schiffe konnten bis zu vierzig Personen über lange Strecken transportieren. Die Entfernungen können nur geschätzt werden, aber die *Te Enata* (»das Volk«), wie sie sich selbst nannten, erzählten den Spaniern von unzähligen Inseln, die jenseits des Horizont zu finden wären. In einem bemerkenswerten Vorfall deutete ein *Te Enata* auf einen dunkelhäutiges Besatzungsmitglied eines der spanischen Schiffe, zeigte zum Horizont und erzählte von einem anderen Volk, das dem Matrosen ähnelte und Bogen und Pfeile verwendete. Diese Waffe wurde in Polynesien nicht eingesetzt – auf welchen Kontinent könnten sie sich beziehen?

Nachdem Mendaña die Inseln auf seinem zum Scheitern verurteilten Versuch, die Salomonen zu besiedeln, verlassen hatte, blieben die *Te Enata* fast 200 Jahre lang in ihren eigenen Händen. Sie wären froh gewesen, ihn gehen zu sehen – die Spanier hatten während ihres kurzen Aufenthalts mehrere hundert Einwohner getötet.

RECHTS **Europäische Forscher bemerkten, dass die Einwohner Polynesiens viele kulturelle Gemeinsamkeiten hatten. Lebensart, Werkzeuge und Sprachen waren deutliche Zeichen dafür, dass sie verwandt waren.**

Polynesier – eins mit dem Ozean

Während der 4 000 Jahre, in denen die Polynesier den südlichen Pazifik besiedelten, erwarben sie genaue Kenntnisse über den Ozean und die Seewege. Sie entwickelten auch beeindruckende Instrumente, die es ihnen ermöglichten, seine Ressourcen zu nutzen und über großen Entfernungen zu navigieren.

Ihre Technologie drehte sich um den Fischfang. Die Riffe und Atolle des Pazifiks zählen zu den artenreichsten Lebensräumen der Erde. Fische, Muscheln, Schildkröten, Tintenfische und Krustentiere gab es in den flachen Gewässern im Überfluss, während Tiefseefische wie Thunfische und Delfine ebenfalls ihre Beute waren. Für jede Tierart schufen sie perfekt gestaltete Netze und Haken sowie Reusen, die sich die Gezeitenströmungen zunutze machten: Haken aus Schildkrötenpanzern oder Austern wirkten wie Köder und lockten mit ihrer blitzenden Oberfläche die Fische schon von Weitem an. Ihre Speere waren mit Haifischzähnen oder gezackten Muschelteilen versehen. Trotz dieser beeindruckenden Fischereiausrüstung achteten die Polynesier darauf, die Fischbestände nicht zu erschöpfen, und fingen nur ein oder zwei Wochen im Jahr Fische.

Die Polynesier entwickelten ein umfangreiches Vokabular, das an ihre Umwelt angepasst war, und ihre genaue Kenntnis der Gezeiten und des Meerwassers spiegelte sich in ihrem Wortschatz wider. Sie verfügten über Wörter zur Unterscheidung zwischen verschiedenen Arten von Becken, Passagen, Stränden und Landengen. Unterschiedliche Wörter für Brecher, Schaum, Dünung und Wellen boten dem Zuhörer präzise und wertvolle Informationen. »Lebendiges« Wasser war offen, während »totes« Wasser durch Buchten oder Atolle begrenzt war. Die Kenntnis der Eigenschaften von Riffen und

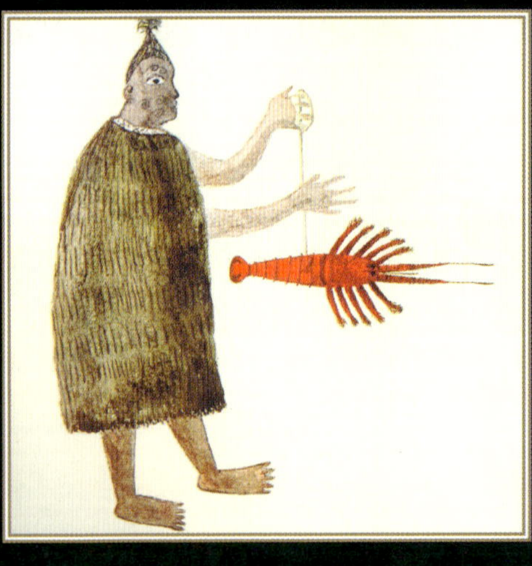

LINKS Die Polynesier beuteten die reichen Meere aus und verwendeten Materialien, die auf den von ihnen bewohnten Inseln zu finden waren. Kleidung wurde aus Naturfasern und manchmal aus Pelzen hergestellt.

Korallen konnte oft den Unterschied zwischen Leben und Tod bedeuten.

Ein von den Polynesiern verwendeter Begriff ist *katae*, die Seite des Kanus ohne stützenden Ausleger – die freie Seite. Der englische Entdecker Captain James Cook bemerkte die große Auswahl an Kanus während seiner Reisen in Polynesien. Kleine Fischerboote hatten einen einfachen Ausleger aus Bambusrohr, während königliche Schiffe, die großen Häuptlingen gehörten, so lang wie europäische Schiffe waren und einen wunderschön geschnitzten und verzierten Ausleger hatten. Tiefgängige Schiffe konnten Fracht transportieren, und einige hatten Decks zwischen dem Kanu und dem Ausleger. Sie wurden für Fernhandels- oder Erkundungsmissionen verwendet. Cook stellte fest, dass tahitische Könige große katamaranähnliche Schiffe mit zwei Rümpfen hatten. Die Polynesier bauten Kanus in fast industriellem Maßstab mit einfachsten Werkzeugen. Wenn sie nicht in Gebrauch waren, wurden diese wertvollen Schiffe an Land gezogen und von riesigen geflochtenen Schilfdächern geschützt.

Die beeindruckendsten Seefahrer waren die Bewohner des Tuamotu-Archipels. Es erstreckt sich über 1 300 Kilometer im Pazifik und ist die größte Kette von Atollen auf der Erde. Atolle, »niedrige Inseln«, sind Korallenformationen, die selten über sechs Meter ansteigen. Sie sind reich an Meerestieren, es fehlt ihnen aber an Süßwasser oder großen Bäumen. Entdecker des Archipels stellten fest, dass die indigenen Völker wie Nomaden über die Inseln zogen, die Ressourcen

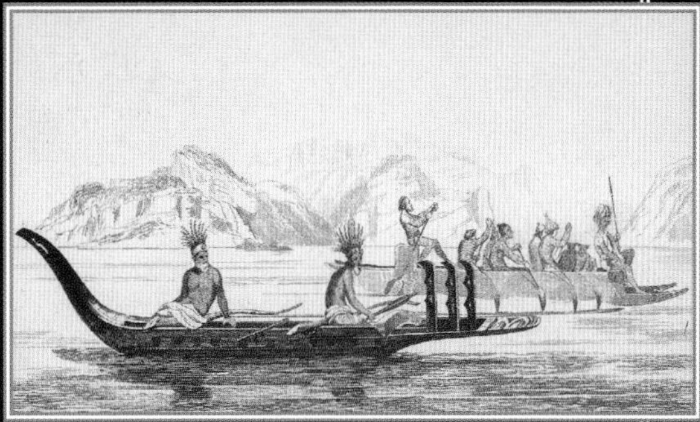

OBEN Auslegerkanus wurden für kurze Angelausflüge oder für längere Ozeanfahrten verwendet. Die Polynesier verloren später diese Fertigkeit.

verbrauchten und weiterwanderten, wenn neue Lebensmittel benötigt wurden. Die Bewohner hatten keine großen Bäume, also nutzten sie jedes Stück Holz oder Treibholz. Sie verbanden die Teile mit Bindfäden und Seilen, bevor sie sie mit kunstvollen Kombinationen aus geschnitzten Schildkrötenschalen abdichteten.

Die Polynesier hatten keine Begriffe, um die großen Entfernungen zu benennen, stattdessen gaben sie weit entfernte Orte durch die Anzahl der Tage an, die es dauerte, um dorthin zu segeln. Tupaia aus Tahiti, der James Cook auf einem Großteil seiner ersten Reise in den Jahren 1768–71 begleitete, konnte genau vorhersagen, wann eine Insel gesichtet werden würde. Selbst die Tiefen der Buchten waren kein Geheimnis für Tupaia. Dieser bemerkenswerte Tahitianer zeichnete eine Karte, die die Lage von bis zu siebzig Inseln zeigte, die sich über 2 000 Meilen im Pazifischen Ozean erstreckten.

Tasmanien, Neuseeland, Tonga, und Fidschi

Abel Tasman

Als der niederländische Forscher Abel Tasman (1603-59) zum ersten Mal in Kontakt mit den Maori von Neuseeland kam, erkannte er, dass sie nicht wie die Te Enata auf das Tätowieren oder wie die Tuamotu auf das Bauen von Kanus spezialisiert waren. Die Maoris waren Kampfexperten. Ausnahmsweise waren es nicht die Europäer, sondern die indigenen Einwohner Neuseelands, die das erste Gefecht gewannen und die Entdecker zurückschlugen.

Tasman war von der wundersamen Natur des Landes beeindruckt, als er am 13. Dezember 1642 zum ersten Mal die Südinsel Neuseelands sah. Sie war dunkel und schroff, mit hohen Bergketten, die sich bis zum Horizont erstreckten. Anstatt einladender Strände gab es nur Steilküste, die von mächtigen Brechern gepeitscht wurde, die die niederländischen Schiffe zu Streichhölzer machen konnten. Vier Tage lang folgten die Seefahrer der Küste, um nach einer Bucht zu suchen, wo sie angesichts der hohen See und der starken Winde nicht gegen das Ufer getrieben würden. Schließlich kamen sie zu einer großen Bucht, wo sie Rauch sahen, der in den Himmel stieg.

Als Tasman Anker werfen ließ, kamen mehrere Kanus vom Ufer auf sie zu. Im Lärm vieler Schreie und Töne aus Muscheln und Trompeten versuchten die Holländer, mit den Bewohnern der Insel zu verhandeln, aber ohne Erfolg. Die Maori, wie sie heute genannt werden, waren vorsichtig und hielten Abstand. Sie machten keine kriegerischen Gebärden, also ließ Tasman am nächsten Tag die Schiffe näher zum Ufer fahren. Gleichzeitig machten sich mehrere Maori-Kanus auf den Weg zu den Europäern, teilten sich in zwei Gruppen und positionierten sich zu beiden Seiten der Flottille. Plötzlich ruderten die Maori wie der Blitz auf ein zu Boot und griffen

UNTEN **Abel Tasman fand auf seiner Reise durch Polynesien und Melanesien viele wundersame Orte. Die meisten Einwohner waren freundlich.**

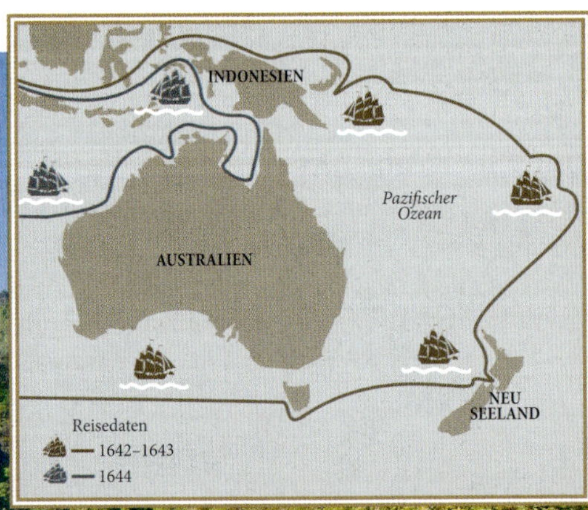

OBEN Die Ureinwohner Neuseelands waren den Entdeckern feindlich gesinnt und schlugen in der Mörderbucht die Holländer zurück.

seine Besatzung an. Drei holländische Matrosen wurden sofort erschlagen, einer schwer verwundet, die restlichen drei sprangen ins Wasser und brachten sich schwimmend in Sicherheit, unter dem Schutz von Schüssen der niederländischen Schiffe.

Bald füllte sich das Wasser mit feindlichen Kanus. Tasman befahl den Rückzug aus der von ihm Mörderbucht genannten heutigen *Golden Bay,* entkam gerade noch seinen Verfolgern und hielt auf die See. Hätten die Holländer die Gegend in Ruhe erkunden können, hätten sie erkannt, dass die Bucht am Ende einer großen Meerenge lag, die die Nord- und Südinseln trennt.

Abgesehen von dieser Niederlage war Tasmans Reise spektakulär erfolgreich. 1642 entsandte der Gouverneur von Batavia, Anthony van Dieman (1593–1645), eine Expedition, um nach dem »Großen Südland« und nach neuen Handelsmöglichkeiten im Pazifik zu suchen. Er wollte auch neue Passatwinde finden, die den Handel zwischen Südostasien und Amerika beschleunigen könnten. Der Gouverneur gab Tasman das Kommando über zwei Schiffe, die *Heemskerck* und die *Zeehaen* mit insgesamt 110 Mann. Die Schiffe waren mit vielen Tand und Glasperlen beladen, mit denen die niederländischen Forscher exotische Gewürze und nach Möglichkeit Edelmetalle eintauschen sollten.

Tasman, unterstützt vom bekannten Navigator und Vermesser Franchoys Visscher (aktiv 1623–45), segelte von Batavia aus westwärts zum Indischen Ozean. Nachdem sie Mauritius erreicht hatten, wendeten die Schiffe nach Süden. Als die Mannschaft anfing, unruhig zu werden, wendete er nach Osten und gelangte in den Bereich der starken Passatwinde die heute als »Roaring Forties« bekannt sind. Diese starken Winde brachten die Schiffe mit fantastischer Geschwindigkeit zurück in den Pazifik. Tasman war zu weit gesegelt, um auf das australische Festland zu treffen, aber nach vielen Monaten Fahrt stieß er im November 1642 auf die Spitze einer großen Insel unterhalb des Kontinents. Tasman landete zuerst in der Nähe des heutigen Hafens Macquarie. Das ist einer der schrecklichsten Orte auf der Erde, wo starke Winde aus der Antarktis aufsteigen und eiskaltes Wasser gegen felsige Ufer schleudern. Während der Kolonialzeit schickte Australien die schlimmsten Verbrecher in Strafsiedlungen in diese Region, um ihren Geist und ihren Körper zu brechen. Tasman konnte keinen Landeplatz finden und sandte einen kräftigen Schwimmer aus seiner Mannschaft aus, die Wellen zu überwinden und das neue Land für Holland zu beanspruchen.

Weiter die Küste hinauf wurden die beiden Schiffe von starken Winden erschüttert. Er konnte nur eine kleine Menge an Vorräten aufnehmen und nützte die Roaring Forties, um wieder nach Osten zu fahren. Nach einer Woche unter den härtesten Bedingungen, die die Mannschaft je erlebt hatte, kamen sie nach Neuseeland. Tasman und Franchoys Visscher waren begeistert. So groß schien das Land und so hoch waren die Berge, dass sie überzeugt waren, dass die Mission erfüllt war. Sie nannten das neue Land *Staten Landt* zu Ehren des niederländischen Parlaments, der Generalstaaten. Die Holländer waren überzeugt, dass sich das Land über den Pazifik bis Südamerika und Kap Horn erstreckte.

Verängstigt von den feindlichen Maori (die vermutlich nur ihre reiche Ernte schützen wollten), entschied Tasman, dass er genug getan hatte. Seine Erkundungsreise hatte einen schnellen Weg zum Pazifik gefunden und er hatte das »Große Südland« entdeckt. Auf ihrer Rückreise nach Norden erreichten die Entdecker am 20. Januar 1643 als erste Europäer die Tonga Inseln. Die Mannschaft war sehr froh, dass die Tonganer auf Tongatapu, in der südlichsten Inselgruppe des Archipels, sich völlig von den kriegerischen Maori unterschieden. Zehn Tage lang genossen die erschöpften Europäer die großzügige Gastfreundschaft der Einheimischen, während sie sich mit frischem Obst, Fleisch und Wasser eindeckten. Von hier aus segelten die Schiffe weiter und landeten schließlich auf den Fidschi-Inseln. Nachdem Tasman annähernd den Breitengrad von Batavia erreicht hatte, wandte er sich nach Westen und machte sich auf den Weg nach Hause. Unterwegs entdeckte er Teile Melanesiens, darunter New Britain und New Ireland, und landete auch auf Papua-Neuguinea.

Es war eine bemerkenswerte Reise gewesen. Als er am 15. Juni 1643 in Batavia ankam, hatte die Expedition Australien in weniger als zehn Monaten umrundet, neue Länder und die Roaring Forties entdeckt. Trotzdem war Tasman enttäuscht: Es wurden keine neuen reichen Märkte erschlossen und keine neuen Ressourcen gefunden. Dennoch war die Nachwelt freundlich zu diesem unerschrockenen Forscher, und van Diemens Land wurde ihm zu Ehren in Tasmanien umbenannt.

UNTEN **Tasmans Zimmermann musste durch die wilde Brandung schwimmen, bevor er eine Flagge setzen und Van Diemens Land für die Holländer beanspruchen konnte. Später wurde es Tasmanien genannt.**

Artensterben

Auf beiden Seiten des Pazifiks führte die Ankunft der Menschen zu einer Katastrophe des Artensterbens. Große Tiere, die »Megafauna«, waren besonders gefährdet. In Australien verschwanden Beuteltiere wie Diprotodonte, Riesenkängurus, Wombats und sogar ein riesiger Verwandter des Komodowarans (*Megalania Prisca*) kurz nach der Ankunft der Menschen.

Ähnliches ereignete sich auf den Pazifikinseln. Nirgendwo waren das Aussterben so dramatisch wie nach der Landung der Maori auf den Inseln von Aotearoa (Neuseeland). Sie tilgten eine ganze Reihe großer flugunfähiger Vögel aus, die als Moa bekannt sind. Es gab neun Unterarten auf den Inseln, als die Menschen 1200 n. Chr. an ihren Küsten landeten, und um 1400 n. Chr. waren sie alle ausgestorben, mit Ausnahme einer Restpopulation, die in einigen, durch unwirtliches bergiges Gelände geschützten Regionen noch weitere fünfzig Jahre lang ums Überleben kämpfte. Selbst der größte Moa, der drei Meter groß und 250 Kilogramm schwer war, überlebte die menschliche Invasion nicht.

Man schätzt, dass 1 500 polynesische Siedler dafür verantwortlich waren. DNA-Beweise zeigen, dass die Vögel vor der Ankunft des Menschen einen vielfältigen genetischen Genpool hatten, was auf eine gesunde und robuste Population hindeutet.

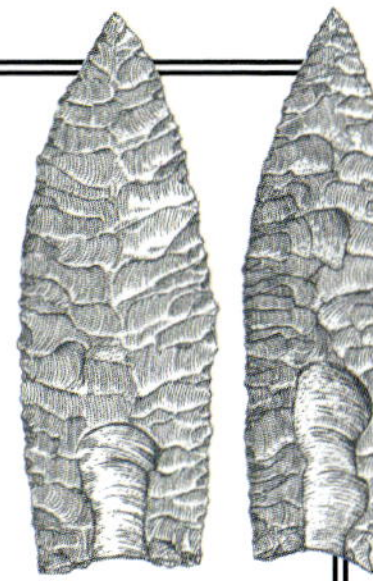

Speerspitze der Clovis-Kultur

Ein weiteres unglückliches Opfer dieses Artensterbens war der Haastadler. Er war einer der größten Greifvögel, die es gab und der größte Fleischfresser in Neuseeland. Maori-Legenden erzählen von einem riesigen Adler, der vom Himmel stürzen und seinen Opfern das Genick brechen konnte. Das Gewicht des Vogels betrug 15 Kilogramm und bei einer Anfluggeschwindigkeit von 80 Stundenkilometern hätte er die gleiche tödliche Wirkung wie ein großer Betonbrocken, der aus einem achtstöckigen Gebäude fällt. Da die Hauptbeute des Adlers ein zweibeiniger Vogel war, könnte er nach dessen Ankunft seine Aufmerksamkeit auf den zweibeinigen Menschen übertragen haben, weshalb ihn die Maori jagten.

Moa

Jacob Roggeveen

Das Geheimnis der Osterinsel

Die Osterinsel wurde nicht zufällig von Europäern entdeckt. 1721 umrundete der niederländische Entdecker Jacob Roggeveen (1659–1729) Kap Horn an der Spitze Südamerikas und begab sich auf die Suche nach einer Insel namens Davisland in den Südpazifik. Ein englischer Freibeuter dieses Namens hatte vor Jahrzehnten diese Insel aus der Ferne gesehen und Roggeveen wollte das bestätigen. Der Holländer war ein ungewöhnlicher Forscher, er war ausgebildeter Anwalt und bei seiner ersten Expedition sechzig Jahre alt.

Es war eine ehrgeizige Aufgabe. Die Osterinsel ist eine der isoliertesten Inseln der Welt und von Millionen von Quadratkilometern freiem Ozean umgeben, die nächsten Nachbarn mindestens 1 500 Kilometer entfernt. Diese Isolation bestimmte das Schicksal der Bewohner von Rapa Nui, wie sie ihre Heimat nannten.

Schließlich sah der Holländer am Ostersonntag 1722, nach 2 700 Kilometern Fahrt über den Ozean, die Insel am Horizont auftauchen. Er nannte sie *Paasch-Eyland* (»Osterinsel«). Was er fand, war völlig einzigartig. Steile, klippenartige Ufer wurden von massiven Statuen mit dicken Brauen überragt. Groß wie Götterstatuen blickten die *Moai* zum Meer. Die riesigen Artefakte, die zwischen vier und 21 Meter hoch waren und im Durchschnitt 14 Tonnen wogen, zeugten von einer mächtigen Zivilisation, die in der Lage war, gewaltige Ingenieursarbeiten zu leisten.

Doch hier lag das Geheimnis, das den Holländer und viele nachfolgende Forscher verwirrte. Die Insel hatte nur wenige schiffbare Strände und es gab kein Riff, das eine Fülle von Nahrung geboten hätte. Die Ureinwohner trugen Kleidung aus Rinde und Erde, während ihr scheinbarer Silberschmuck in Wirklichkeit aus einer einheimischen Pastinake bestand! Sie bauten Süßkartoffeln, Taro und Bananen an, aber es gab überhaupt keine Bäume. Große Lasttiere waren nicht vorhanden und Roggeveen fragte sich, wie die massiven Steinfiguren an ihre Plätze gebracht und aufgestellt worden sein konnten. Die Einwohner hatten keine Kenntnis von der Herkunft oder dem Zweck der *Moai*.

UNTEN Dieser Druck aus dem Jahr 1822 zeigt, dass die Bewohner der Osterinsel die Kunst des Tätowierens ebenso praktizierten wie andere polynesische Kulturen. Bananenblätter werden als Verzierung verwendet.

Neuere Forschungen ermöglichen uns, eine wahrscheinliche Geschichte dieser Insel zu rekonstruieren und die Skulpturen zu erklären. Die Einwohner von Rapa Nui sprechen eine ähnliche Sprache wie die Tahitianer; die Theorie ist, dass sie von dort aus den östlichsten Punkt Polynesiens kolonisierten. Auf 1200 n. Chr. datierte Bohrkerne, die Asche enthalten, deuten auf ein mögliches Ankunftsdatum der neuen Bewohner und weisen auf eine frühe Brandrodungskultur hin. In den alten Bodenproben sind auch Pollen und Holzkohle von mindestens zweiundzwanzig Baumarten enthalten, darunter ein Verwandter der chilenischen Weinpalme, die bis zu

20 Meter hoch werden kann. Andere Arten trugen reichlich Früchte oder waren langsam wachsende Laubhölzer.

Zweifellos hatten die ersten Bewohner diese Materialien verwendet, um die Steinfiguren aus dem vulkanischen Tuff herauszuschneiden und zu ihren Standorten zu transportieren. Aber dann trat wohleine Umweltkatastrophe ein. Neunhundert *Moai* wurden gefunden. Etwa 300 wurden an ihrem heutigen Standort errichtet, während die restlichen auf dem Weg zu einem unbekannten Ziel verlassen lagen. Was verursachte diesen Zusammenbruch? Es könnte eine Übernutzung des einst unberührten Waldes gewesen sein, bis seine Ressourcen erschöpft waren. Ein weiterer Faktor könnten Nagetiere gewesen sein, die zusammen mit den Siedlern gekommen waren. Wilde Ratten, denen es an Raubtieren mangelt, ernährten sich vielleicht von den Früchten und Nüssen der langsam wachsenden Bäume, eine Kombination von Faktoren, die die Umwelt zerstörten. Ohne Holz für die Herstellung von Kanus und durch Tausende von Meilen offenes Meer getrennt, waren die Bewohner von Rapa Nui zu einem isolierten Leben mit mageren Ressourcen verurteilt. Die Osterinsel hat keine natürlichen Quellen und ist häufigen Dürren ausgesetzt. Es gibt Hinweise darauf, dass es mehrere Bevölkerungsrückgänge gab.

In vielen Höhlen entlang der Küste finden sich Überreste von Menschen, die wegen ihres Fleisches geschlachtet wurden. Da die Holländer nicht in der Lage waren, genügend Vorräte zu beschaffen, und unter Skorbut litten, ließen sie bald die Einwohner von Rapa Nui in ihrer *Splendid Isolation* und segelten nach Java.

OBEN **Erdbeben und andere Ereignisse trugen dazu bei, dass Moai umstürzten. Viele wurden wieder aufgestellt, nachdem Europäer die Insel entdeckt hatten.**

Der echte Robinson Crusoe

Daniel Defoes Buch *Robinson Crusoe* (veröffentlicht 1719) gilt als der erste Roman der englischen Literatur. Die Inspiration für diese faszinierende Geschichte, die zu dieser Zeit viel öffentliches Interesse an der Erforschung der Pazifikinseln auslöste, war der schottische Seemann Alexander Selkirk (1676–1721). Aus Angst, dass er an Bord der *Cinque Ports* untergehen würde, ließ sich der Freibeuter Selkirk auf einer abgelegenen Insel vor der Küste Perus namens *Mas a Tierra* an Land setzen. (1966 wurde sie in Robinson Crusoe Island umbenannt.)

Er strandete mit seiner Seekiste, einer Bibel, einem Kochtopf, etwas Rum, einer Muskete und einer Tagesration Käse und Marmelade. Das war wirklich eine magere Ration für die vier Jahre, die Selkirk auf seiner Insel isoliert war. Zu seinem Glück hatten frühere europäische Besucher die Insel mit Ziegen bevölkert und auch einiges an Gemüse gepflanzt. Sie hatten auch Katzen und Ratten eingeführt: Als letztere seine Hütte befielen, domestizierte Selkirk einige der wilden Katzen, indem er ihnen Ziegenfleisch anbot. Selkirk kleidete sich in Ziegenfelle und schoss gelegentlich Robben als zusätzliches Essen. Als er schließlich 1709 von einem vorbeifahrenden englischen Schiff, der *Duke*, gerettet wurde, hatte er beinahe sein Sprachvermögen verloren. Und *Freitag*, der menschliche Helfer, den der fiktive Crusoe auf seiner Insel entdeckt hatte? Bloß eine literarische Erfindung Defoes.

LINKS ***Robinson Crusoe* war der erste Bestseller. Basierend auf wahren Ereignissen, löste Daniel Defoes 1719 erschienener Roman großes Interesse am Pazifik aus.**

Engländer – und Franzosen – entdecken Tahiti

Die Küste von Tahiti stellte im 18. Jahrhundert eine spezielle Gefahr für Seeleute dar. Kapitäne und Zimmerleute mussten auf Diebstähle achten, die das Überleben ihrer Schiffe bedrohten, denn die Nägel, die das Schiffsholz zusammenhielten, dienten dort auch als Währung.

Die Entdeckung Tahitis am 19. Juni 1767 durch Captain Samuel Wallis (1728–95) von der HMS *Dolphin* war sicherlich eine der dramatischsten Episoden in der Geschichte der Erkundungen. Die Besatzung der HMS *Dolphin* sah zuerst einen großen, wolkenbedeckten Berg, der mehr als 2 100 Meter hoch aus dem Pazifik aufragte. Seine steilen Hänge waren mit grüner Dschungelfauna bedeckt, viele schäumende Bäche flossen an schönen tropischen Stränden ins Meer. Aber als die *Dolphin* auf die Insel zusteuerte, wurde sie plötzlich von Nebel verschlungen, der die Sicht auf fast Null beschränkte und das Geräusch der Wellen zu verstärken schien, die an gefährlichen Felsen und Riffen brachen. Als sich der Nebel hob, sahen die Briten Hunderte von Kanus mit Hunderten von Kriegern zwischen ihnen und dem Ufer.

Dass die *Dolphin* das erste europäische Schiff war, das Tahiti und die später so genannten Gesellschaftsinseln entdeckte, grenzt an ein Wunder. Sie bestehen aus hohen Formationen, die durch vulkanische Aktivität entstanden sind, und bilden die größte Landform im Herzen Polynesiens. Viele Entdecker wie Magellan und Mendaña waren direkt daran vorbei gesegelt, manchmal in weniger als 160 Kilometern Entfernung. Das waren keine schlichten Korallenatolle: Man schätzt, dass zum Zeitpunkt der europäischen

UNTEN **Königin Oberea von Tahiti beschloss, ein Bündnis mit den Briten einzugehen, und sorgte dafür, dass ihr Volk Captain Wallis und seine Besatzungsmitglieder respektierte.**

OBEN **Im Vordergrund dieses Bildes befiehlt ein Häuptling in einem doppelwandigen Kanu seinem Stamm, die Eindringlinge anzugreifen. Sie wurden bald mit Kanonenfeuer vertrieben.**

Entdeckung etwa 70 000 Menschen auf den beiden Inselgruppen lebten. Die Berge, die fruchtbare Küste, sanfte Strände, Riffe und Lagunen lieferten reiche Ressourcen. Das Wetter war vergleichsweise mild, wobei die Meeresbrise die Hitze der Mittagssonne linderte, obwohl das Klima selten die drückende Hitze anderer polynesischer Inseln erreichte. Hurrikane und Taifune bedrohten die Inseln selten, was ihre Buchten zu einem perfekten Aufenthaltsort für müde Seefahrer machte.

Zunächst waren sich die indigenen Völker nicht ganz sicher, was sie von den Besuchern von fernen Ufern halten sollten. Alle polynesischen Völker hatten ähnliche Schöpfungsmythen: Vielleicht dachten sie, die Besucher kämen aus der mythischen Heimat Hawaiki. Vielleicht waren sie eine Inkarnation des Kriegsgottes Oro? Die roten Mäntel, Flaggen und Wimpel der Briten deuteten auf die Kräfte dieses Gottes hin, ebenso wie der grollende Donner, der von ihren Schusswaffen erzeugt wurde. Oder vielleicht waren die Briten in den Augen vieler Inselbewohner auch nur Menschen, die eben ein größeres Boot besaßen als üblich.

Mehrere Tage lang, als Wallis um die 65 Kilometer lange Insel segelte, verfolgten die indigenen Völker seine Bewegungen. Die Tahitianer waren manchmal leicht feindselig und ganz versessen darauf, ihnen frische Lebensmittel zu verkaufen. Sie waren sich offensichtlich nicht sicher, wie sie die Engländer einschätzen sollten. Als die Schiffe in die Matavai-Bucht fuhren, spitzten sich die Dinge zu. Hunderte von Kanus füllten die Bucht, während tausende Menschen am nahen Strand standen. Alles schien recht heiter, und im Bug jedes Kanus stand eine junge Frau. Die Tahitianerinnen entblößten ihre Genitalien vor den Matrosen: Während die Matrosen dies für eine sexuelle Einladung hielten, war es in Wirklichkeit Teil eines Rituals, durch das die Frauen übernatürliche Kräfte beschwören konnten, um Feinde in Schach zu halten. Scharfsichtige Matrosen bemerkten, dass die Kanus mit großen und kleinen Felsbrocken gefüllt waren, und versuchten, Abstand zu halten.

Mit gutem Grund. Ein großes, doppelwandiges Kanu zog in die Bucht. Ein Anführer in fließenden roten Gewändern warf einen Stab in die Luft. Auf dieses Signal hin wurden Hunderte und Tausende von Steinen in solcher Zahl auf die Briten geschleudert, dass sie wie Hagel auf den Decks landeten. Nach dem ersten Angriff rückten weitere Kanus in Reichweite, bevor Wallis entschlossene Gegenmaßnahmen ergriff. Kanonen, Drehbassen und Musketen feuerten ihre donnernden Antworten ab und versenkten mehrere Kanus. Die Tahitianer versuchten, sich in Sicherheit zu bringen, aber mit einer Reichweite von vielen hundert Metern konnten die schweren Schiffskanonen alle sich zurückziehenden Kanus erreichen. Unter lautem Geschrei, dass die Götter gekommen seien und Feuer und Donner über sie brachten, flüchteten die Tahitianer und innerhalb von dreißig Minuten waren die Briten im Besitz der Matavai-Bucht.

Angesichts dieser Demonstration wussten die Tahitianer, wo sie standen. Freundschaftliche Beziehungen wurden aufgebaut und mächtige tahitianische Königinnen und Häuptlinge trafen eine Übereinkunft mit Wallis, sodass Lieferungen für einen vereinbarten Preis durchgeführt werden konnten. Die Beziehungen wurden bald zu freundschaftlich. Während man für ein oder zwei Nägel eine ziemlich große Menge an Nahrung kaufen konnten, entwickelte sich beim Handel für sexuelle Gefälligkeiten eine inflationäre Spirale. Die Matrosen mussten auf den Schiffsdecks schlafen, weil sie die Nägel herausgezogen hatten, mit denen sie ihre Hängematten aufgehängt hatten, und der Schiffszimmermann berichtete dem Kapitän, dass er befürchtete, dass das Schiff auseinanderbrechen würde, da so viele Nägel vom Rumpf entfernt worden waren.

Wallis beanspruchte die Insel für die Krone und nannte sie King George's Island. Nicht zu früh. In einer bemerkenswerten Wendung der Ereignisse tauchte eine weitere europäische Nation auf der jahrhundertelang unentdeckt gebliebenen Inselkette auf. Eine französische Expedition unter der Führung von Louis Bougainville (1729–1811) erblickte am 22. März 1768 den Archipel.

Bougainville war der erste französische Entdecker, der die Erde umrundete. Seine bahnbrechende Expedition (1766–69) war die erste, an der professionelle Wissenschaftler teilnahmen, deren Ziel es war, Flora und Fauna der Pazifikinseln zu studieren. Naturforscher, Astronomen und Kartografen leisteten einen wertvollen Beitrag zu der Reise. Da Bougainville nicht wusste, dass die Briten die Inseln vor Kurzem beansprucht hatten, benannte er sie nach dem Ort, an dem die Göttin Aphrodite in der antiken griechischen Mythologie aus dem Meer gestiegen war, *Nouvelle Cythère*. Auch er war beeindruckt von der Schönheit der Frauen und dem sorglosen Lebensstil der Menschen auf Tahiti. Bougainville berichtete faszinierende Geschichten über das tahitianische Wunderland nach Frankreich und erklärte, dass die Einwohner die glücklichsten Menschen der Erde wären.

Louis Bougainville

Auf ihrer Rückfahrt nach Frankreich kam die Expedition an die Ostküste Australiens. Heftige Brecher und gefährliche Riffe zwangen sie, abzudrehen, was die Franzosen um die Chance brachte, Australien zu erobern. Diese Ehre gebührt dem letzten großen Entdecker des Pazifiks – Kapitän James Cook.

Die drei Reisen des James Cook

Captain James Cook

Mehrere hundert Jahre unkoordinierter Erforschung des Pazifiks sorgten dafür, dass das europäische Wissen über den Ozean bestenfalls lückenhaft war. Die drei Expeditionen des Engländers James Cook veränderten das alles. 1728 in Yorkshire geboren, war er ein hervorragender Seefahrer, ein brillanter Kartograf und ein erfahrener Seemann. Cook revolutionierte das Verständnis des Pazifiks.

Seine erste Reise war auch die bedeutendste. Diese Expedition, die am 5. August 1768 in dem umgebauten Kohlefrachter HMS *Endeavour* startete, wurde beauftragt, den Venustransit von Tahiti aus zu beobachten und unter der Leitung von Sir Joseph Banks biologische Proben zu sammeln. Die Venusbeobachtungen fanden im Juni 1769 auf Tahiti statt.

Cook machte sich dann auf den Weg nach Neuseeland. Glücklicherweise nahm er einen Übersetzer namens Tupaia aus Tahiti mit und da er so mit den Maoris kommunizieren konnte, wurde er von den wilden Stammesangehörigen begrüßt. Cooks interessante Karten der neuseeländischen Küste existieren noch. Er konnte beweisen, dass Neuseeland ein Archipel war, nicht Teil des »Großen Südlandes«, und dass die Cookstraße die beiden Hauptinseln trennte.

Cook war der erste Europäer, der die fruchtbare Ostküste Australiens erreichte. Hier bewies er die Existenz der Bass-Straße, die das Festland Australiens von Tasmanien trennt, entdeckte die Botany Bay, beanspruchte die gesamte Ostküste für die britische Krone und nannte sie New South Wales. Joseph Banks sammelte Tausende von Exemplaren auf diesem Teil der Reise und erklärte, dass die Bucht ein idealer Ort für eine Kolonie sein. Die einzigartige australische Pflanze Banksia ist nach dieser bemerkenswerten Person benannt. Die HMS *Endeavour* war das erste Schiff, das das Great Barrier Reef erreichte.

Cook umrundete die nördlichste Spitze Australiens, die er Cape York nannte, durchquerte die Torres-Straße und bewies damit, dass Papua-Neuguinea und Australien getrennt waren. Mit der Fahrt durch Niederländisch-Indien, um das Kap der Guten Hoffnung und nach Hause endete die erste Expedition im Juli 1771.

Die Rationen unter Cooks Kommando waren reichlich. Jeder Seemann erhielt eine Tagesration von etwa 1 Pfund Zwieback, einen Anteil an Alkohol als Bier, Wein oder Grog und 1 Pfund gesalzenes Schweinefleisch oder Rindfleisch. Ein Teil der Wochenration waren ein halbes Kilogramm getrocknete Erbsen, eine Tüte Haferflocken und 1 halbes Kilogramm Milchprodukte, Käse oder Butter. Obwohl Vitamine noch nicht entdeckt waren, gab es bei erfahrenen Kapitänen wie Cook so viel frisches Obst und Gemüse wie möglich, Zitrusfrüchte und Kohl als Vorbeugung gegen Skorbut.

Als Cook in Madeira landete, bekam jeder Mann der HMS *Endeavour* zehn Kilogramm rohe Zwiebeln!

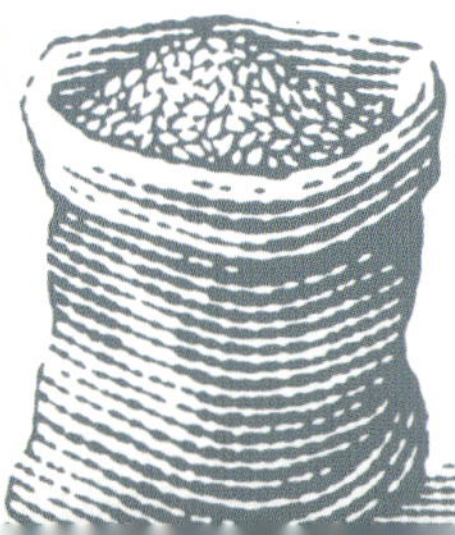

Verpflegung

In der zweiten Hälfte des 18. Jahrhunderts waren die Todesfälle durch Skorbut viel seltener. Als Commodore Arthur Phillip (1738–1814) mit seiner Flotte 1787–88 über einen Zeitraum von elf Monaten von Portsmouth nach Botany Bay fuhr, starben nur zweiundvierzig von fast 1500 Personen. Keiner starb an Skorbut, sie erlagen anderen Krankheiten oder Verletzungen.

Cooks Leistungen auf den folgenden zwei Reisen (1772–75 und 1776–80) waren bemerkenswert. Er suchte nach der Nordwestpassage und drang weiter nördlich jenseits des Polarkreises vor, als jeder Forscher vor ihm. Mehrere neue Länder wurden entdeckt, darunter die Pitcairninseln und Neukaledonien. Er besuchte die meisten Inseln des Pazifiks, darunter Tahiti, Tonga, die Marquesas, die Osterinsel, New Georgia, die South Sandwich Islands und Hawaii. Hier ereilte den große Forscher sein Schicksal.

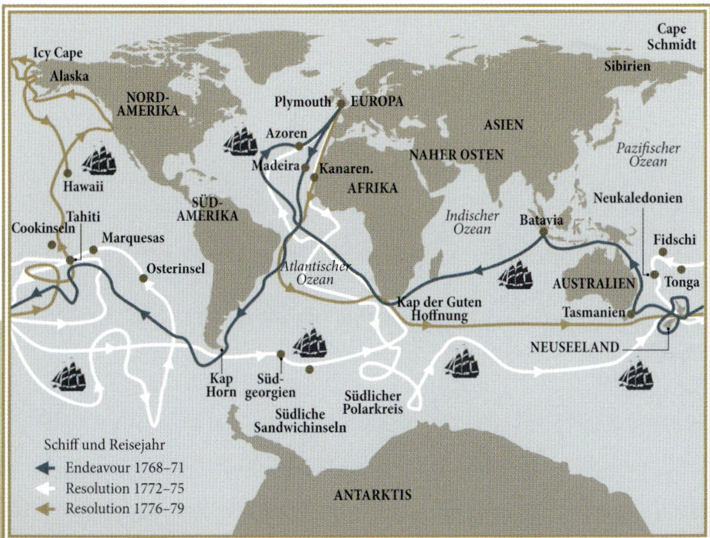

LINKS UND UNTEN **Captain Cooks Reisen leisteten bemerkenswerte Beiträge zur Erforschung des gesamten Pazifiks. In zunehmendem Jähzorn beging Cook während seiner dritten Reise einen fatalen Fehler.**

Cook und die Kannibalen

OBEN Cook und seine Gruppe beobachten, wie Tahitianer einen Mann und mehrere Schweine in einer der in Polynesien verbreiteten Kultstätten zum Opfer bereiten.

Durch seine Reisen, auf denen er die neuseeländischen Inseln kartografierte und erkundete, konnte Captain Cook zweifelsfrei beweisen, dass die Maori in Kannibalismus verwickelt waren. In *Ship Cove* brachte ein Lieutenant Clarke den Kopf eines jungen Maori, der im Verlauf eines Stammeskriegs getötet wurde, zur HMS *Endeavour* mit. Im Interesse der Wissenschaft schnitt der Leutnant ein paar Scheiben vom Gesicht ab und grillte sie über dem Feuer der Kombüse, bevor er ein paar Maori die Häppchen anbot, die das Fleisch mit offensichtlichem Genuss verschlangen. Sie wiederholten das Experiment, als Cook und zwei Wissenschaftler dort waren, um es zu beobachten, und einige der Besatzungsmitglieder erbrachen sich vor Abscheu.

In seinem Tagebuch beschreibt Cook, wie bei der Erkundung der Inseln weitere Anzeichen von Kannibalismus auftauchten. Zwei junge Männer aus einem Stamm schlossen sich der Expedition an, aber als Cook versuchte, sie an Land zu bringen, protestierten sie und sagten, sie würden sicherlich gekocht und gegessen werden, da der Stamm, der an diesem Teil der Küste lebt, sie als Feinde ansehen würde. Die Entdecker stießen auch auf einige Öfen, in denen sich menschliche Überresten fanden.

Sie trafen auch auf einen Stamm, der gerade ein Festmahl einnahm. Die Maori waren dabei, mit ihren scharfen, spitz zugefeilten Zähnen das halbgare Fleisch von menschlichen Knochen zu nagen. Körbe rund um den Lagerplatz waren mit Knochen gefüllt, auf denen noch Knorpelstücke und deutliche Bissspuren zu sehen waren. Cooks Dolmetscher konnten herausfinden, woher das grausige Mahl stammte. Ein Kanu mit sieben Mitgliedern eines gegnerischen Stammes war in der Bucht gestrandet, wo die zwölf anwesenden Maori sie niedergeschlagen und getötet hatten. Dies war fünf Tage vor Cooks Besuch geschehen, der kleine Stamm von zwölf Menschen hatte in dieser kurzen Zeit sieben Menschen gegessen. Die Köpfe waren von den Körpern abgetrennt worden und wiesen große Löcher auf, durch die die Gehirne extrahiert worden waren. Joseph Banks, der Botaniker der Expedition, konnte einen der Köpfe erwerben, aber der Stamm weigerte sich, ihm weitere zu verkaufen.

Captain Cooks Tod

Am 4. Februar, nach etwa einem Monat auf Hawaii, war Cook der Ansicht, dass seine kleine Flotte genug Proviant für den Rest der Reise hatte. Er verabschiedete sich von den Hawaiianern. Sie waren gut behandelt worden. Es war schließlich die hawaiische *Makahiki*-Zeit. Während dieser Jahreszeit herrschte Frieden auf den Inseln und es war verboten, Krieg gegen die Nachbarn zu führen.

Unglücklicherweise zwangen stürmische Winde die Expedition zur Rückkehr zur Kealakekua Bay. Die Mannschaft bemerkte sofort, dass sich die Stimmung der Ureinwohner verändert hatte. Makahiki war vorbei. Obwohl sie nicht offen feindselig waren, begannen die Einheimischen zu stehlen. Metall war die wertvollste Beute, und als sich ein Hawaiianer mit einer Schmiedezange davonmachte, nahmen drei Matrosen die Verfolgung auf. Sie wurden von einer Masse wütender, johlenden Männer zurückgedrängt, die Steine warfen. Cook befahl seinen Matrosen, auf sie zu schießen, aber erst der 14. Februar brachte das Fass zum Überlaufen. Ein Beiboot war verschwunden und Cook war entschlossen, es zurückzuholen. Er führte eine Gruppe von Matrosen an Land und forderte beim lokalen Häuptling seine Rückgabe. Die Hawaiianer griffen an und Cook rächte sich, indem er seine Muskete abfeuerte, aber das reichte nicht aus, die wütenden Hawaiianer abzuwehren, die den Landetrupp bald überwältigten.

Terreeoboo, der Herrscher von Hawaii

Cook schwang seine Muskete dann wie einen Knüppel im verzweifelten Versuch, sich zu verteidigen. Er wurde mit einer Keule am Hinterkopf getroffen und erstochen. Wie es sich für einen großen Häuptling gehörte, wurde Cook sofort ausgeweidet und zerstückelt. Die Hawaiianer glaubten, dass, wer die Überreste eines so großen Häuptlings besaß, seinen Mut erben würde. Nach einer mehrtägigen Pattsituation brachten die Hawaiianer einige Überreste des Kapitäns zurück. Sie wurden auf dem Grund der Kealakekua Bay bestattet. Einige seiner Arm- und Beinknochen, sein Kiefer und seine Kopfhaut waren bei den Hawaiianern verblieben.

Trotz seines schrecklichen Endes waren Cooks Leistungen wirklich bemerkenswert. Seine wissenschaftlichen Reisen, die Details seiner Kartografie und seine Beschreibung der vorherrschenden Winde und Gezeiten übertrafen die Errungenschaften seiner Vorgänger bei Weitem. Cooks bemerkenswerte ethnografische Studien der Pazifikvölker vermittelten den Europäern ein gutes Verständnis der einst geheimnisvollen Länder des Pazifiks.

RECHTS **Als Cook nicht länger willkommen war, ließ ihn Terreeoboo töten. Die Körperteile des Entdeckers wurden unter hawaiianischen Häuptlingen aufgeteilt.**

Kapitel 6

Die Eroberung Amerikas und Australiens

Ptolemaios von Alexandria, ein griechischer Astronom und Kartograf, erstellte etwa 150 n. Chr. eine Weltkarte. Er zeichnete einen großen imaginären Kontinent unter Eurasien ein, der später *Terra Australis Incognita*, das unbekannte Südland, genannt wurde. Ein Großteil der Erforschung des Pazifiks wurde unternommen, um dieses mythische Land zu finden, das »Große Südliche Land« (siehe Kapitel 5).

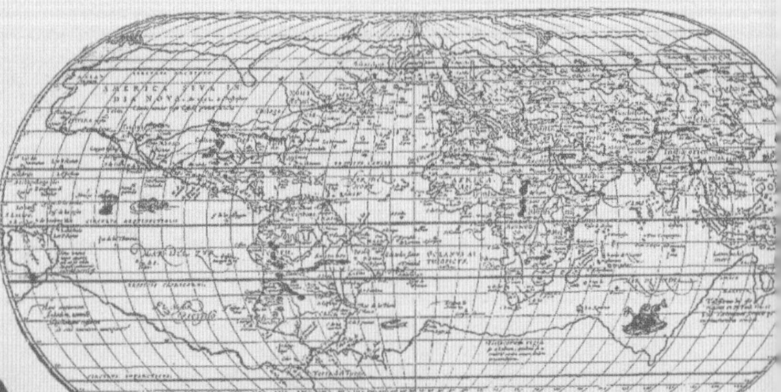

LINKS Kartografen wie der Niederländer Abraham Ortellius (1527–98) zeichneten Karten, die ein Großes Südliches Land zeigten. Seine Karte zeigt Südamerika verbunden mit dem mythischen Kontinent.

Australien und der Pazifik

Die ersten Begegnungen mit Australien waren fast zufällig. Niederländische Seeleute hatten zwei Möglichkeiten, über den Indischen Ozean nach Jakarta zu gelangen. Nach der Umrundung des Kaps der Guten Hoffnung konnten sie nach Norden über Madagaskar und Ceylon (Sri Lanka) und dann nach Südosten zur Insel Java weiterfahren. Im frühen 17. Jahrhundert wurde eine schnellere Route entdeckt: Nachdem die Seefahrer die Spitze Afrikas passiert hatten, fuhren sie nach Süden und nutzten die »Roaring Forties«, starke und konstante Winde, die entlang des vierzigsten Breitengrads wehten. Wenn sie auf der Länge von Java waren, drehten die Handelsschiffe nach Norden ab. Die Bestimmung des Breitengrades durch Koppelnavigation war ein schwieriges Unterfangen und wenn die Navigatoren einen Fehler machten, fuhren ihre Schiffe direkt auf Australien zu.

OBEN Dirk Hartogs Zinnplatte vom 25. Oktober 1616 wurde kürzlich in Westaustralien entdeckt.

Der niederländische Seefahrer Dirk Hartog (1580–1621) war der erste Europäer, der die karge und raue Westküste Australiens entdeckte. Im Jahr 1616 wurde sein Schiff, die *Eendracht*, zu weit nach Osten getrieben und traf auf einige Inseln in der Nähe der Shark Bay im heutigen Westaustralien. Eine Abordnung ging auf der heutigen Dirk Hartog Insel an Land und befestigte eine Zinnplatte an einem Pfahl.

Ein Jahrzehnt zuvor, 1606, wurde ein weiterer niederländischer Seefahrer, Willem Janszoon (1570–1630), von Niederländisch-Ostindien entsandt, um Neuguinea zu finden, angeblich ein Land voller Gold. Er entdeckte, dass die tropischen Küsten von Neuguinea und der Golf von Carpentaria schwieriges Terrain waren, voll von feindlichen einheimischen Kriegern. Der niederländische Seefahrer und Kaufmann Abel Tasman, 1644, und 1688, William Dampier (1651–1715), ein englischer Seemann, der erste Mensch, der die Welt dreimal umrundete, kartografierten größere Gebiete der zerklüfteten Küste Nord- und Westaustraliens. Beide fanden wenig Gründe, das neue Land,Australien den Holländern zur Besiedlung zu empfehlen. Erst als der Engländer Captain James Cook 1770 die fruchtbare Ostküste Australiens erkundete, interessierten sich die Europäer für das neue Land. Noch heute leben 80 Prozent der Australier an der schmalen Ostküste des Inselkontinents.

UNTEN Unter der Führung von Willem Janszoon war die *Duyfken* bei der Erkundung Nordaustraliens einschließlich des Golfs von Carpentaria im Einsatz.

»Australia Felix«

Gregory Blaxland

Die europäische Besiedelung Australien begann, als Commodore Arthur Phillip am 26. Januar 1788 den südlichen Kontinent als britischen Besitz beanspruchte. Die nächsten drei Jahrzehnte lang kolonisierten Entdecker und Siedler die reichen Ackerflächen des Sydneybeckens. Doch die imposante Barriere der Blue Mountains verhinderte eine weitere Expansion. Die Blue Mountains, ein Teil der Great Dividing Range, die sich entlang der australischen Küste erstreckt, sind ein Labyrinth aus tiefen Tälern, die von unpassierbaren Spalten und Klippen oder bewaldeten Gipfeln durchsetzt sind. Auch heute noch ist ein Großteil dieses rauen Geländes unerforscht. Erst 1994 stiegen Kletterer in ein unbekanntes Tal hinab, in das noch nie zuvor Menschen gekommen waren. Versteckt in den Tiefen des Tals befand sich der letzte Bestand der Wollemi-Kiefer, ein alter Baum, der nur aus Fossilien bekannt war und sich vor mehr als 200 Millionen Jahren entwickelte.

Ab 1810 veranlassten der Bevölkerungsdruck und die Nachfrage nach neuem Ackerland die Ausbreitung der Kolonie über die Gebirgsbarrieren hinaus. Viele Versuche scheiterten aber.

Australiens erste große Pioniere machten sich 1813 auf, die Barriere zu überqueren. Der in England geborene Gregory Blaxland (1778–1853) hielt es für die beste Möglichkeit, die Berge zu überqueren, ein Plateau zu finden und ihm nach Westen zu folgen. William Lawson (1774–1850) und William Wentworth (1790–1872), die beide als versierte Buschleute galten, kamen mit ihm. Die Männer nahmen vier Sträflinge, vier Pferde und fünf Hunde mit, die bei ihrer Suche helfen sollten. Zwei Wochen lang gingen sie bis an die Grenzen ihrer Belastbarkeit, während sie sich durch dichten Busch arbeiteten. Da sie über

UNTEN **Obwohl Blaxlands Entdeckungsreise ziemlich kurz war, war sie ein bedeutsames Ereignis der australischen Geschichte.**

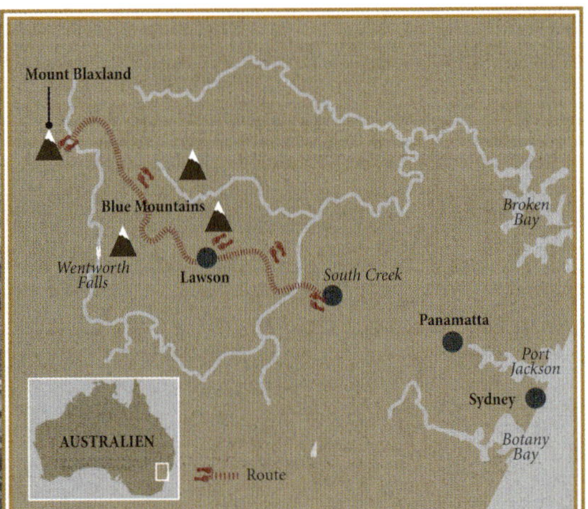

das dichte Laub nicht hinaussehen konnten, schnitzten sie Symbole in die Bäume, an denen sie vorbeigingen, damit sie bei Bedarf wieder den Weg zurück finden konnten. Ein Hund erlegte ein Känguru, eine wichtige Ergänzung zu ihren Salt-Beef-Vorräten, die schnell ausgingen. Schließlich erreichten sie den Mount York und erblickten unter sich üppige Ebenen und Graslandschaften, die sich in die Ferne erstreckten. Durch das Anlegen von Trittstufen für die Pferde gelang es der erschöpften Gruppe, den steilen Abhang des Mount York in eine fruchtbare Region von Bächen, Flüssen und Weiden hinabzusteigen, die, wie Blaxland sagte, die Kolonie dreißig Jahre lang ernähren könnten.

Inkakakadu, auch *Major Mitchell's cockatoo* genannt.

Die Sträflinge bauten eine Straße über die Berge, die es den Siedlern ermöglichte, das neue Gebiet auszubeuten. Unzufrieden über die Eroberung ihres traditionellen Landes waren die indigenen Australier oft feindlich gegenüber Entdeckern. Der in Schottland geborene Landvermesser und Entdecker Major Thomas Mitchell (1792–1855) verfolgte die fatale Politik, zuerst zu schießen und später Fragen zu stellen.

Als Veteran der Napoleonischen Kriege wurde Mitchell 1828 zum Surveyor-General von New South Wales ernannt. Von 1831 bis 1836 führte er mehrere Expeditionen in das Hinterland von New South Wales überquerte den Murray River und drang in die fruchtbaren Regionen des heutigen Victoria vor. Mitchell sah in den Aborigines nur feindliche Nomaden und erkannte nicht, dass sie das fruchtbare Grasland, das mit Wäldern von einheimischen Bäumen durchsetzt war, mit Feuerstockzucht bewirtschaftet hatten, wodurch ihre bevorzugte Beute, das Känguru, auf die reichen Weiden gelockt wurde. Mitchells Berichte über *Australia Felix* (»Glückliches Australien«) sorgten dafür, dass bald neue Siedler in die neu erkundeten Länder strömten.

UNTEN **Jenseits der Blue Mountains wurden weite Teile fruchtbaren Ackerlandes für neue Siedler erschlossen. Stämme indigener Australier wurden von ihrem angestammten Land vertrieben.**

Entdecker durch Zufall

Wahrheit ist oft seltsamer als Fiktion. Dieses Sprichwort könnte nicht treffender sein als im Fall von William Buckley (1780–1856), einem britischen Sträfling, der 1803 Teil einer Erkundungsexpedition und Besiedelung in Port Phillip Bay in Südaustralien war. Buckley war schwer zu übersehen – fast 1,90 Meter groß, mit einem Schopf leuchtend roter Haare und blasser Haut. Trotzdem gelang es ihm, seinen Aufsehern zu entkommen und zu Fuß in die australische Wildnis zu fliehen. Er umrundete die gesamte Bucht und lebte schließlich unter den indigenen Völkern der Bellarine-Halbinsel.

Kurz bevor Buckley den örtlichen Stamm traf, fand er einen Speer, der in den Grabhügel eines Kriegers steckte. Der entflohene Sträfling dachte, er könnte nützlich sein und zog ihn aus dem Grab. Fast unmittelbar danach stieß er auf eine Kriegergruppe des örtlichen Wadawarrung-Stammes. Die indigenen Völker von Port Phillip glaubten, dass Geister blass waren und rote Haare hatten. Als sie den entflohenen Sträfling sahen, der den Speer ihres toten Kameraden umklammerte, vermuteten sie, dass der tote Krieger als Geist zurückgekehrt war. Der Stamm nahm den großen Iren auf, und dieser lebte die nächsten dreißig Jahre unter den Wadawarrung von Port Phillip. Als eine weitere Expedition 1835 in Port Phillip ankam, waren sie erstaunt, einen 1,90 Meter großen rothaarigen australischen Ureinwohner zu finden, der in Känguru-Fellen gekleidet war und einen Bumerang trug.

Buckley erwies sich als unschätzbarer Führer und Übersetzer für die neuen Siedler, obwohl es einige Wochen dauerte, bis er sich wieder an sein Englisch erinnerte. Sein Name ist jetzt Teil des australischen Ausdruckes »Buckley's chance«, was bedeutet, dass eine große Menge Glück erforderlich ist, um zu überleben.

UNTEN **William Buckley sorgte für Aufsehen, als er nach mehr als dreißig Jahren bei den Ureinwohnern wieder mit europäischen Siedlern zusammentraf.**

DAS ROTE ZENTRUM

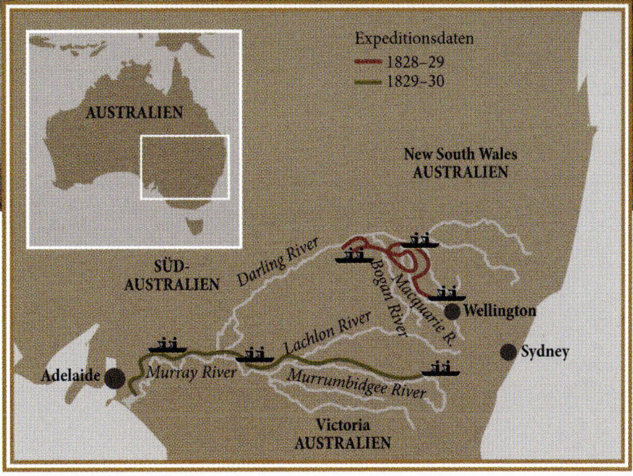

OBEN **Man fand zwar keine Binnenmeere jenseits der Great Dividing Range, aber ein riesiges Flusssystem, das auf dem Murray River basiert.**

Nachdem die Ostküste und ihr unmittelbares Hinterland erforscht waren, blieben noch einige Geheimnisse offen. Was lag im Herzen des mächtigen Kontinents und gab es ein Binnenmeer, das von Flüssen gespeist wurde, die aus der Great Dividing Range strömten? Charles Sturt (1795–1869) war entschlossen, das große Binnenmeer Australiens zu finden, stattdessen fand er Dürre, Hunger und Skorbut.

Geboren in Bengalen, Indien, trat Sturt der Armee bei und diente in Spanien, Kanada und Irland. Als sein 39. Regiment 1826 nach Australien verlegt wurde, verliebte er sich in das wilde Buschland der jüngsten englischen Kolonie und begab sich 1828 auf seine erste Expedition über die Blue Mountains, um Hunderte von Meilen in das Innere vorzudringen.

1829 brach Sturt wieder auf und fand den Murrumbidgee River. Die Gruppe baute ein acht Meter langes Boot und machte sich flussabwärts auf den Weg, bis sie auf den größten Fluss Australiens, den Murray, stieß und eine große Meeresmündung erreichte. 1830 ruderte und segelte die Expedition 1 450 Kilometer das Flusssystem hinauf nach Sydney. Diese Expedition machte Sturt zu einem Helden und öffnete die südöstliche Ecke Australiens der Besiedlung. Adelaide, die Hauptstadt Südaustraliens, wurde an der Mündung des Murray River gegründet.

1844 fuhr seine letzte Expedition den Darling River hinauf, bevor er nach Nordwesten ins Herz Australiens aufbrach. Die sechzehnköpfige Gruppe ritt in eine glühende Dürre, wo die Temperaturen 55 °C erreichten und Wasserlöcher verschwanden. Gefangen in einer ebenso feindlichen Umgebung wie an den Polen der Erde, musste die Gruppe Unterstände in den Boden graben, um etwas Abkühlung zu bekommen. Dort schmorten sie sechs Monate lang, bis endlich Regen fiel. Sturt und vier hartgesottene Kollegen drangen dann weitere 725 Kilometer vor, bis sie in die riesige Simpson-Wüste kamen. Als die Männer keine Anzeichen für ein Binnenmeer sahen, kehrten sie um und die von Skorbut heimgesuchten Entdecker erreichten im Januar 1846 Adelaide. Fast blind und auf einer Bahre getragen, hatte Sturt Glück zu überleben.

BURKE UND WILLS

Der Ire Robert O'Hara Burke (1821–61) und der Engländer William John Wills (1834–61) wurden von der Royal Society of Victoria beauftragt, eine Expedition zur Erkundung des Zentrums Australiens zu leiten und eine Route für eine Überland-Telegrafenlinie zwischen dem Norden und Süden des Kontinents zu finden.

Vor der Expedition hatte sich Burke als ausgezeichneter Soldat und tüchtiger Polizist bewährt. Sein Erfolg bei der Verwaltung einiger Goldgrabungen in den 1850er Jahren brachte ihm im kolonialen Außenposten von Victoria einen guten Ruf ein. Burke war zwar ein effizienter Verwalter, aber ein schlechter Forscher. Sein Stellvertreter Wills war ein erfahrener Vermesser, aber wie sein Vorgesetzter kein Buschmann.

Als Burke am 20. August 1860 aufbrach, hatte er alle möglichen Eventualitäten eingeplant. Sein Zug umfasste vierundzwanzig Kamele und viele Pferdewagen, die rund 21 Tonnen Vorräte transportierten, und wurde von Geologen, Künstlern, Naturforschern, Botanikern und afghanischen Kamelreitern begleitet. Sie machte sich langsam auf den Weg nach Norden und hatten nach drei langen Monaten erst ein Viertel der erwarteten Reise ge-

UNTEN **Burke und Wills waren die ersten, die den australischen Kontinent von Norden nach Süden durchquerten. Der Tod war ihr einziger Lohn.**

schafft, als sie Menindee erreichten. Schon in dieser frühen Phase der Reise stieß Burke viele seiner Gruppe mit seiner selbstherrlichen und störrischen Art vor den Kopf.

Burke versuchte verzweifelt, die Reise zu beschleunigen, teilte den Zug auf und kam im Oktober nach Cooper Creek. Der Mann, den er beauftragt hatte, die Hauptvorräte zu bringen, war inkompetent und erschien nicht beim geplanten Treffen. Burke machte dann einen weiteren potenziell tödlichen Fehler. Er beschloss, Mitte Dezember einen Vorstoß in den Golf von Carpentaria zu machen, in der heißesten Zeit des Jahres. Er ließ eine Gruppe in Cooper Creek unter dem Kommando von William Brahe (1835–1912) mit dem Befehl, drei Monate zu warten und dann nach Melbourne zurückzukehren, wenn Burke und die anderen nicht zurück wären. Mit sechs Kamelen und einem Pferd brachen Burke, Wills und zwei weitere Männer auf. Schockiert über Burkes Entscheidung, flehte Wills Brahe heimlich an, einen weiteren Monat zu warten. Nachdem sie zwei Monate lang einige der unwirtlichsten Gebiete der Welt durchquert und dabei Temperaturen von bis zu 60 °C erlitten hatten, erreichten sie den Golf von Carpentaria. Burke und Wills waren die ersten Europäer, die den Kontinent von Süden nach Norden durchquerten.

Burke konnte den Ruhm seiner Leistung nicht genießen. Die Gruppe kehrte um, aber da waren sie schon in einem schrecklichen Zustand. Die Vorräte waren erschöpft, die Kamele tot, und, was das Schlimmste war, Burke sah die indigenen Völker nur als Feinde an und wusste nicht, wie man Busch-Nahrung gewinnt. Die Wetterbedingungen hatten sich dramatisch verändert und die Gruppe musste mit Sturzfluten und wilden Gewitterstürmen kämpfen. Sie gaben alles auf, bis auf ihre wertvollste Ausrüstung. Als die schlechte Ernährung ihren Tribut forderte und einer der Forscher, der in Schottland geborene ehemalige Seemann Charlie Gray, an Ruhr starb, traf Burke eine schicksalhafte Entscheidung. Sie ruhten einen Tag, um ihrem Kameraden ein anständiges christliches Begräbnis zu geben. Am 21. April 1861 kehrten die drei Überlebenden nach Cooper Creek zurück, acht Stunden, nachdem Brahe und die anderen Mitglieder mit dem Großteil der restlichen Vorräte abgezogen waren.

Isabella Bird

Australiens unwirtliche Landschaft faszinierte nicht nur männliche Entdecker. Isabella Bird (1831–1904) war eine bemerkenswerte Forscherin, die 1872 Schottland in Richtung Australien verließ in der Hoffnung, dass die trockene Hitze ihre gesundheitlichen Probleme lindern würde. Allerdings fand sie, dass das Klima nicht zu ihr passte, und so ging es weiter nach Hawaii, bevor sie eine Reise durch den Pazifik unternahm, die in den amerikanischen Rockies endete. Hier durchquerte sie 1873 knapp 1 300 Kilometer Wildnis, bevor sie Indien und den Fernen Osten besuchte.

OBEN Isabella Bird Bishop schrieb äußerst erfolgreiche Reiseberichte, von denen der beliebteste von ihrer Zeit auf Hawaii handelte.

Ewiges Mysterium – Das Schicksal Ludwig Leichhardts

Der preußische Naturforscher Ludwig Leichhardt (1813–48) war ein ungewöhnlicher Entdecker. Leichhardt studierte Medizin in Berlin und London, bevor er 1841 nach Australien auswanderte. Er liebte die Einsamkeit Australiens und erkundete die Ostküste. 1844–45 reiste er von Brisbane zum Golf von Carpentaria im fernen Arnhemland. Der mutige Deutsche erhielt 1847 eine Goldmedaille der geografischen Gesellschaften von London und Paris für seine genaue Beobachtung der indigenen Völker, des Landes und der Flora, in der sie lebten.

Zwei Jahre später begab er sich auf eine weitere Reise, um den gesamten Wüstenkontinent von Ost nach West zu durchqueren. Auch heute noch ist das ein gefährliches Unterfangen. Als der Entdecker sich auf eine 4 500 Kilometer lange Reise durch das Herz des unbekannten Landes begab, dachten viele, er würde nicht zurückkehren.

Obwohl die Expedition sieben Männer, zwanzig Maultiere, fünfzig Ochsen und riesige Mengen an Vorräten umfasste, verschwand sie spurlos und führte zu einem der größten Rätsel der Geschichte der Entdeckungen.

Die Expedition startete im März 1848 vom Condamine River, wurde zuletzt im April desselben Jahres auf den Darling Downs im zentralen New South Wales gesehen und verschwand dann. Suchtrupps, die von Regierungen und reichen Einzelpersonen finanziert wurden, wurden in den 1850er Jahren entsandt, aber kein Schuh, kein Topf, nicht einmal ein Knochen der Expedition wurde gefunden. Das Gerücht von einem sehr alten weißen Mann mit einem langen gelben Bart, der mit einem Outback-Stamm lebte verbreitete sich an der Ostküste, und einige romantische Seelen dachten, das könnte der vermisste Preuße sein.

Ludwig Leichhardt

Ein mögliches Relikt tauchte auf. Im Jahr 1900 fand ein indigener australischer Stockman eine Messingplatte mit dem Namen des Forschers, datiert 1848. Sie war an Leichhardts Waffe befestigt gewesen, als er losgefahren war, und trotz eines Feuerschadens haftete noch ein Teil der Waffe daran. Sie wurde eingeklemmt an einem Boab-Baum gefunden, in dessen Rinde ein großes »L« geschnitzt war, eine übliche Praxis unter australischen Forschern.

Der Baum stand in Sturt Creek am nördlichen Rand der Great Sandy Desert in Westaustralien und das lässt vermuten, dass die Forscher mindestens zwei Drittel ihrer geplanten Reise zurückgelegt haben. Darüber hinaus ist nichts über das Schicksal des Preußen bekannt.

NORDAMERIKA

Nordamerika ist ein riesiger Kontinent. Er umfasst fast 25 Millionen Quadratkilometer und von der gefrorenen Arktis in der Nähe des Nordpols bis zu den glühenden Wüstengebieten von Arizona und dem tropisch feuchten Mexiko erstrecken sich verschiedene Klimazonen. Es ist kein Wunder, dass die europäische Erschließung Hunderte von Jahren dauerte. Während des sechzehnten und siebzehnten Jahrhunderts drangen viele Entdecker von den spanischen Territorien im Süden oder durch die wilden Länder der kanadischen Berge in den Kontinent vor. Im achtzehnten und neunzehnten Jahrhundert kam der Hauptimpuls für die Erforschung von der zunehmend dicht besiedelten Ostküste, als Siedler und Regierungen versuchten, westwärts in das Land vorzudringen, das von einer Vielzahl von indigenen Völkern gehalten wurde. Diese späteren Entdecker ebneten den Weg für die großen Wanderungen nach Westen, bei denen die letzten Bundesstaaten den USA hinzugefügt wurden.

Die Franzosen helfen mit

Mitte des 17. Jahrhunderts hatten französische Forscher viele Teile Nordamerikas durchquert und die Arbeit von Männern wie dem spanischen Eroberer Hernando de Soto hundert Jahre zuvor fortgesetzt.

Unter ihnen waren Louis Jolliet (um 1645–1700) und Jacques Marquette (1637–75). Die beiden Franzosen hörten Geschichten über den mächtigen Mississippi und hofften, dass er eine schnelle Route nach China bieten würde. Sie führten eine Expedition mit fünf anderen nach Süden von St. Ignace am Nordufer des Michigansees. Trotz der Warnungen indigener Stämmen, dass die Bewohner der Mississippi-Region gewalttätig seien, brach die kleine Expedition in Kanus auf und erreichte im Juni 1673 die Gewässer des riesigen Flusses. Die Forscher reisten 1 500 Kilometer flussabwärts und wurden kaum von den lokalen Stämmen bedroht. Mit der Feststellung, dass der Fluss in den Golf von Mexiko mündete, kehrten sie um.

René-Robert Cavelier (1643–87) erforschte und beanspruchte einen Großteil der Flussgebiete des Mississippi, Illinois und Ohio für die französische Krone. Cavelier benannte 1682 das riesige Gebiet Louisiana nach dem französischen König Ludwig XIV. (reg. 1643–1715). Mit diesen Ländern hatten die Franzosen einen wichtigen Anteil in Nordamerika.

UNTEN **Pater Jacques Marquette schwenkt eine Friedenspfeife, um den indigenen Bewohnern des Mississippi zu versichern, dass er mit guten Absichten gekommen ist.**

Eroberung des Westens: Über die Appalachen – Daniel Boone

Heute müssen Reisende, die von North Carolina nach Kentucky oder West Virginia fahren, gelegentlich in einer engen Kurve etwas langsamer fahren, aber sie können die Appalachen in der Regel innerhalb weniger Stunden überqueren, ohne ihr klimatisiertes Fahrzeug verlassen zu müssen. Für die frühen Siedler der Ostküste Nordamerikas waren die Appalachen jedoch eine gewaltige Barriere, die die Expansion in das reiche Ackerland dahinter, die Bluegrass-Region von Zentral-Kentucky und in die weiten Ebenen nach Westen behinderte. Aber so wie unternehmungslustige Entdecker die Blue Mountains in Australien überquerten, so bewältigten schließlich abenteuerlustige Reisende auch die Appalachen.

Daniel Boone (1734–1820) stammt aus einer englischen Quäkerfamilie in Pennsylvania. In den Wäldern rund um das Familienhaus entwickelte der junge Boone gute Jagdfähigkeiten. Die Familie zog in die Siedlung Yakdin River in den Ausläufern der Appalachen im Bundesstaat North Carolina. 1755 diente Boone mit den Briten in den französischen und indischen Kriegen und verbesserte seine militärischen Fähigkeiten. Nach dem Krieg kehrte Boone nach Hause zurück und ließ sich mit seiner Frau Rebecca Bryan häuslich nieder.

Nach einigen gescheiterten Solo-Expeditionen in die Appalachen bat ihn 1769 John Findley ein Kriegskamerad, ihn über die Berge zu begleiten. Boone nutzte die Gelegenheit. Zusammen mit vier anderen Männern fanden die beiden den heute Cumberland Gap genannten Gebirgspass, der in ein fruchtbares Paradies voller Tiere wie Büffel und Truthähne führte sowie auf eine große Fläche an potenziellem Ackerland, das von den Flüssen Kentucky und Ohio entwässert wurde. Sie folgten diesen Flüssen bis ins heutige Louisville und sammelten einen Haufen wertvoller Felle. Leider wurden sie dann von einer Gruppe von Cherokees ausgeraubt. Dank seiner Erfahrung in den Indianerkriegen konnte Boone mit den Einheimischen kommunizieren und mit seinem Leben davonkommen.

1775 wurde Boone mit der Leitung eines Vermessungstrupps beauftragt und konnte die Wilderness Road durch die Appalachen bis zum heutigen Bundesstaat Kentucky kartieren. Die erste europäische Siedlung wurde nach dem unermüdlichen Forscher Boonesboro benannt, eine schlichte Ansammlung von Holzhütten, die von einer primitiven, aber effektiven Palisade umgeben war. Die Siedler wehrten mehrere Angriffe der indigenen Shawnee-Stämme ab, und Boones Status als Jäger und Frontier erreichte unter den Siedlern und den indigenen Stämmen fast mythische Ausmaße. Noch 1799 behielt Boone seine Wanderlust und führte eine Gruppe von Siedlern in die Wildnis von Missouri auf der Suche nach neuem Land.

Daniel Boone

Meriwether Lewis und William Clark

OBEN **Lewis und Clark machen eine Pause bei der Überquerung des River.**

Am 2. November 1804 bemerkten die amerikanischen Forscher Meriwether Lewis (1774–1809) und William Clark (1770–1838), dass der Columbia River, dem sie durch die Cascade Mountains folgten, Ebbe und Flut des Pazifischen Ozeans mitmachte. Sie wussten daher, dass ihre Reise über den nordamerikanischen Kontinent bald vorbei sein würde. Der wohl größte Landraub in der Geschichte konnte weitergehen.

Ein Jahr zuvor hatte Präsident Thomas Jefferson (1743–1826) über zwei Millionen Quadratkilometer amerikanischen Landes, bekannt als das Louisiana-Territorium, vom Ersten Konsul (uns späterem Kaiser) Napoleon Bonaparte gekauft. Für die bescheidene Summe von 15 Millionen Dollar hatten sich die Vereinigten Staaten mehr als verdoppelt.

Aber Jefferson musste erst noch beweisen, dass die Amerikaner die neuen Länder erkunden und besitzen und den gesamten Kontinent südlich der britischen Gebiete von Kanada vereinen konnten. So fanden sich Lewis und Clark auf dem Columbia River wieder. Der Präsident befahl seinem persönlichen Sekretär, Meriwether Lewis, ein Team von Forschern bis zum Pazifischen Ozean zu führen. Clark wurde stellvertretender Leiter.

Jefferson gründete das »Corps of Discovery« und unterzog Lewis einer umfangreichen Ausbildung, um ihn auf die Führungsaufgabe vorzubereiten. Er wurde nach Philadelphia geschickt, um Geologie, Geografie, Kartografie und sogar Zoologie zu lernen.

Lewis wurde angewiesen, genaue Karten der Regionen zu erstellen, die die Forscher durchqueren würden, und insbesondere wichtige Orientierungspunkte, Bodentypen und die Stämme zu beachten, denen sie begegneten. 36 erfahrene Soldaten und Frontiers wurden rekrutiert, um die Expedition zu unterstützen, und es wurden keine Kosten gescheut,

Präriehund

Geschenke für die indigenen Völker zu beschaffen, die sie treffen würden. Sie führten die neuesten wissenschaftlichen Instrumente wie Kompasse, einen Chronometer, Sextanten, Thermometer und andere Vermessungsgeräte mit.

1803 brach die Expedition von Washington, D.C. aus auf, und im Mai 1804 reiste sie von St. Louis den Missouri hinauf. Bis September hatten sie das heutige South Dakota erreicht und sahen mit Erstaunen die riesigen Herden von Büffeln, Hirschen und Antilopen, die die reichen Präriegebiete durchstreiften. Sie waren besonders beeindruckt von den riesigen Büffelherden, die 80 Kilometer lang und 40 Kilometer breit sein konnten.

Im November 1804 überwinterte der Trupp im heutigen North Dakota. Entscheidend für den Erfolg von Lewis und Clark waren ihre friedlichen Kontakte mit den indigenen Stämmen, deren Territorium sie durchquerten. Dieser Erfolg war größtenteils auf Sacagawea zurückzuführen, eine junge Frau, die 1804 an der Expedition teilnahm. Die Shoshonen-Frau war sowohl Führerin als auch Übersetzerin, die der Expedition half, durch mehrere knifflige Situationen zu kommen. Schließlich erreichten sie am 12. August 1805 den Lemhi-Pass durch die Rocky Mountains. Hier erkannten sie, dass sie die kontinentale Wasserscheide überquert hatten, die Linie, von der einige Flüsse nach Osten in Richtung der Ebenen führten, während andere in den Pazifik flossen. Ein monatelanger Zug durch die Wildnis folgte, bis Lewis und Clark am 7. November 1805 mit der Hilfe von Sacagawea am 7. November 1805 das erblickten, was sie für den Pazifischen Ozean hielten (aber eigentlich nur eine Mündung war).

Die Gruppe kehrte nach Osten zurück und erreichte am 23. September 1806 St. Louis. Sie hatten eine bemerkenswerte Reise gemacht, obwohl Lewis nicht zufrieden zu sein schien. Er beging entweder Selbstmord oder wurde am 11. Oktober 1809 ermordet, als er auf dem Weg nach Washington, D.C. war, um die Kosten der Expedition abzurechnen

Die Entdeckung von Gold in Kalifornien in den 1840er Jahren und in indianischen Territorien in den 1870er Jahren erschloss auch den Rest des nordamerikanischen Kontinents für die europäische Erkundung und Besiedelung.

LINKS **John Charles Fremont (1813–90) war ein weiterer großer amerikanischer Entdecker. Viele heutige amerikanische Staaten wurden von ihm erforscht. Hier beansprucht er die Rocky Mountains.**

Letzte unentdeckte Gebiete

Trotz der Tatsache, dass Entdecker kreuz und quer durch die Wüsten Australiens zogen, sorgte die riesige Wildnis dafür, dass einige indigene australische Stämme nichts von der neuen Kultur erfuhren, die den größten Teil des Kontinents kolonisiert hatte. Der Martu-Stamm, der beim Bau der Canning Stock Route 1906 arg misshandelt wurde, hielt daraufhin Abstand zu den europäischen Siedlern. Bis dahin lebten sie seit Jahrtausenden in der Great Sandy Desert als Jäger und Sammler in der Tradition von Hunderten Generationen ihrer Vorfahren.

Ein anderer wilder Stamm vermied jeden systematischen Kontakt mit der modernen Zivilisation: Alle Entdecker, die das Land erreichen, wurden sofort zu Tode gejagt oder mit Pfeilen erschossen! Etwa 1 200 Kilometer vom indischen Festland entfernt befindet sich eine winzige Landmasse von nur 60 Quadratkilometer, die als North Sentinel Island bekannt ist. Zwischen fünfzig und 150 Menschen bilden die sentinelesische Bevölkerung und sie sprechen ihre eigene Sprache, die Tausende von Jahren alt ist. Sie verfolgen einen Jäger-Sammler-Lebensstil und haben keinen Kontakt zur Außenwelt. Obwohl theoretisch ein Teil des indischen Staates, ist der Stamm völlig autonom und die Regierung besucht die Insel nicht aus Angst, die Bewohner mit modernen Krankheiten zu infizieren. Es ist illegal, sich innerhalb von drei Seemeilen um die Insel aufzuhalten, sogar das Fotografieren dieser geheimnisvollen Menschen ist verboten. Ende 2018 wurde ein amerikanischer Missionar, der versuchte, Kontakt aufzunehmen, von den Sentinelesen getötet.

OBEN Isolierte Stämme des Amazonasbeckens sind immer noch bereit, ihre alte Lebensweise vor Eindringlingen zu schützen.

Im Amazonas-Regenwald von Brasilien, der in den westlichen Staaten Mato Grosso und Rondonia liegt, gibt es zwischen achtzig und 100 Stämme. Die brasilianische Regierung versuchte früher, mit diesen isolierten Gemeinschaften in Kontakt zu treten, beschränkt sich aber jetzt auf Überflüge, um die Gesundheit der Stämme nicht zu beeinträchtigen. Helikopter, die nach unten gehen, um einen näheren Blick zu werfen, werden normalerweise von einem Pfeilhagel empfangen.

KAPITEL 7

Erkundung Afrikas

Ende des 18. Jahrhunderts waren die meisten bewohnten Regionen der Welt von Europäern kartiert. Nur Afrika blieb ein Mysterium. Aber das sollte nicht mehr lange dauern.

Die imperialen Mächte warfen ihre begehrlichen Blicke auf die potenziell reichen Gebiete des Kontinents, während christliche Missionare ein riesiges, fruchtbares Feld für Missionierungen sahen. Und im frühen 19. Jahrhundert kam eine neue Motivation hinzu: Afrika war die Quelle der meisten Sklaven der Welt; einige Europäer und insbesondere die Engländer sahen es als ihre moralische Pflicht an, diesen verderblichen und bösen Handel zu unterbinden.

LINKS David Livingstone kämpfte auf seinen Reisen durch Afrika gegen Krankheiten, wilde Tiere und persönliche Tragödien. Er bewahrte sich dabei immer seine Menschlichkeit und den Respekt für die Einheimischen.

Der Beginn der europäischen Erforschung Afrikas

Im Juni 1788 traf sich eine Gruppe englischer Honoratioren, darunter der angesehene Botaniker Joseph Banks (1743–1820), zum Abendessen in die St. Alban's Tavern in London. Viele waren einflussreiche Mitglieder der Royal Geographical Society. Die Mitglieder dieser mächtigen Gruppe hatten eines im Sinn: das Innere des afrikanischen Kontinents.

Als James Bruce (1730–94) sich auf die Suche nach der Quelle des Nils machte, fiel ein erster Lichtschimmer auf dieses riesige Innere. Der kämpferische, rothaarige Schotte drang tief in die geheimnisvollen Länder Ägyptens und des Sudans ein und zog nach Äthiopien, wo die Herrscher des abessinischen Reiches Hof hielten. Ein Brauch, den Bruce in seinen Memoiren beschrieb, war besonders brutal: Krieger, die von einer siegreichen Schlacht zurückkehrten, überschütteten den Kaiser mit den Hoden der besiegten Feinde.

Entschlossen, aus dem neu entdeckten Interesse am Kontinent Kapital zu schlagen, gründeten Banks und seine Freunde die African Association, eine Einrichtung, die sich dem Studium Afrikas widmet.

Der Deutsche Bund (wurde erst 1871 ein Staat) war ein »Neuling«, was den Aufbau eines Imperiums betraf, aber der zunehmend industrialisierte und mächtige Staatenbund spielte auch eine Rolle bei der Erforschung Afrikas. Die deutschen Geographischen Gesellschaften entsandten Hunderte deutscher Entdecker. Heinrich Barth (1821–65), Erwin von Bary (1846–77), Adolf Bastian (1826–1905), der Schweizer Johann Ludwig Burckhardt (1784–1817), Baron Karl-Klaus von der Decken (1833–65) und Alexander Freiherr von Humboldt (1769–1859) waren nur einige der Koryphäen, die den geheimnisvollen Kontinent bereisten.

Barth war ein enorm wichtiger Forscher, der seine akademische Brillanz in Geschichte, Geografie, Archäologie und Linguistik einbrachte. 1850 nahm Barth an einer britischen Expedition teil und war der Erste, der die kunstvollen Felsmalereien in den Hoggar-Bergen mitten in der Sahara entdeckte. Diese Malereien, die Tiere wie Krokodile und Flusspferde zeigten, die normalerweise in afrikanischen Feuchtgebieten zu sehen waren, deuteten den faszinierten Forschern an, dass die Sahara einst von üppiger, fast tropischer Vegetation bedeckt war. Barths detaillierte Notizen über das Land und die Zivilisationen, denen er begegnete, brachten viel Licht in diese geheimnisvolle Region.

UNTEN Joseph Banks war nicht zufrieden mit den Errungenschaften, die er mit Captain Cook erzielte. Er war entschlossen, Afrika für die englische Exploration zu öffnen.

Die Sahara und Gordon Laing

Alexander Gordon Laing

Jahrhundertelang durchquerten arabische und Tuareg-Handelskarawanen die riesige, unwirtliche Sandwüste der Sahara. Als die Europäer ihre Augen auf diese 9,2 Millionen Quadratkilometern große Wüste richteten, waren diese wilden Krieger eine weitere Gefahr, der man sich stellen musste.

Alexander Gordon Laing (1794–1826) war einer der ersten Europäer, der das tat. Timbuktu war einst ein Handelszentrum, das den immensen Reichtum kontrollierte, der von Afrika südlich der Sahara zum Mittelmeer und in den Nahen Osten floss. Während die Bedeutung dieser Stadt etwas verblasst war, betrachteten die Europäer sie immer noch als das afrikanische Äquivalent von El Dorado, der sagenumwobenen südamerikanischen Goldstadt (siehe Kapitel 3). Laing wurde von der britischen Regierung beauftragt, die Sahara zu durchqueren und die legendäre Stadt zu finden.

Am 16. Juli 1825 begab sich Laing auf seine Reise. Alles ging gut, bis sie von wilden Tuareg-Kriegern angegriffen wurden. Laing überlebte schwer verwundet: Er hatte fünf Säbelschnitte am Scheitel, drei an der linken Schläfe, fünf Hiebe an seinem rechten Arm und seiner Hand, drei an seiner Linken, einen gebrochenen Kiefer, ein Ohr, das an einem Fleischfaden hing, und eine »schreckliche Wunde« am Hals von einem Hieb, der fast seine Luftröhre verletzt hätte!

Trotzdem kämpfte er weiter und erreichte Timbuktu am 25. August 1826. Hier behandelten die Einwohner den Weißen mit Respekt. Es war Respekt, vermischt mit Angst. Die Angst vor bewaffneten Christen, die neuen Territorien ihren Willen aufzwangen, und die britischen Versuche, den lukrativen Sklavenhandel einzudämmen, ließen die Europäer wenig willkommen sein. Laing galt als christlicher Spion. Ein freundlicher Scheich warnte Laing vor einem Anschlag, und dieser machte sich im September 1826 auf den Heimweg. Zu spät. Am Stadtrand von Timbuktu wurde Laing von seinem Führer ermordet.

RECHTS **Weil man überzeugt war, dass Laing als Spion den Sklavenhandel stören wollte, wurde seinem Führer befohlen, ihn zu ermorden.**

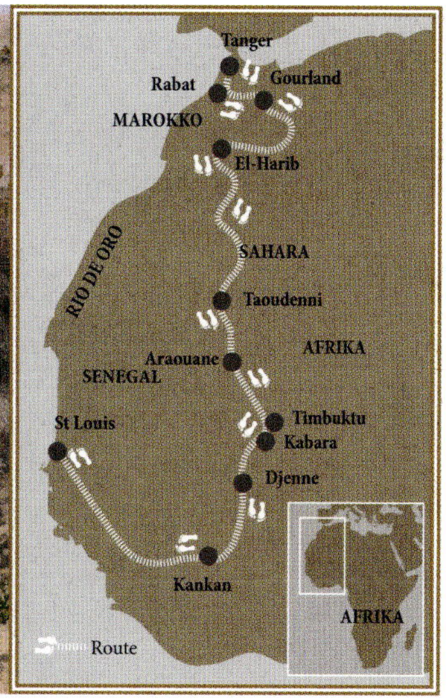

OBEN Wie viele Europäer war auch Caillié enttäuscht, als er Timbuktu erreichte. Er überlebte die Heimreise durch die Sahara.

René Caillié

Zwei Jahre später erreichte der französische Entdecker Auguste René Caillié (1799–1838) Timbuktu. Er überlebte und konnte seine Geschichte erzählen, weil er als Araber verkleidet war. Die Geographische Gesellschaft von Paris war begeistert von der Idee, Timbuktu zu finden, und vergab einen Preis von 10 000 Francs für den ersten Europäer, der in die Stadt kam. Caillié war mit Abenteuergeschichten aufgewachsen: Seine Lieblingslektüre war Daniel Defoes Roman *Robinson Crusoe* von 1719. Mit sechzehn Jahren verließ der junge Franzose seine Heimat und nahm an einer Expedition in den Senegal teil. Die nächsten zehn Jahre lebte er in Afrika und lernte lokale Sprachen und Bräuche. 1827 nahm Caillié die Herausforderung an, Timbuktu zu finden, und brach aus der Gegend von Dakar an der afrikanischen Westküste auf. Er durchquerte das heutige Guinea und fuhr den Niger aufwärts bis Timbuktu im heutigen Mali. Cailliés Ankunft wurde von den Einheimischen nicht bemerkt. Gekleidet als Araber mit einer Kopfbedeckung, die sein blasses Gesicht verdeckte, benutzte der gerissene Franzose eine ausgehöhlte Kopie des Korans, um seine Notizen zu verstecken. Im April 1828 betrat er die Stadt, fand aber zu seiner Enttäuschung nur verstreute Lehmhütten auf einer sandigen Ebene und ein paar schäbige Moscheen, kein El Dorado. Nach zwei Wochen schloss er sich einer arabischen Karawane an, mit der er fast genau nach Norden durch die Sahara nach Tanger an der Mittelmeerküste reiste. Obwohl er nicht der erste Europäer in Timbuktu war erhielt Caillié den Preis von 10 000 Francs und schrieb einen Bestseller über seine Abenteuer.

Trotz ihres unterschiedlichen Schicksals hatten beide Forscher gezeigt, dass die Sahara durchquert werden kann, und sie haben vieles über die riesige Wüste aufgezeichnet.

TÖDLICHE KRANKHEITEN

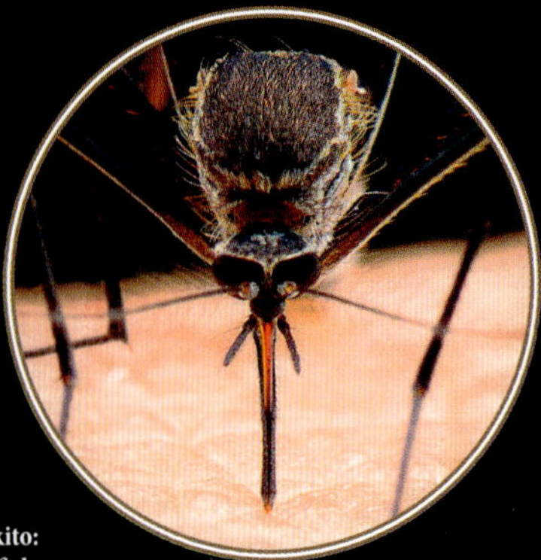

Moskito: Gelbfieber

Europäische Forscher hatten auf ihren Reisen in neue Welten mit vielen tödlichen Krankheiten zu kämpfen, in Afrika mit einigen der schlimmsten.

Das Gelbfieber überwand die Artenbarriere von den Affen, die in den Baumkronen westafrikanischer Wälder lebten, zu den indigenen menschlichen Populationen, die eine gewisse Immunität entwickelten. Nicht so die Europäer. Sie wurden von Mücken gestochen, infiziert und starben dann an Leberversagen und inneren Blutungen. Die Spanier nannten diese Krankheit *vomito negro* (»schwarzes Erbrechen«). Forscher brachten die Krankheit mit nach Europa und Amerika, wo sie regelmäßig tödliche Spuren in der Bevölkerung hinterließ.

Dengue-Fieber war eine endemische afrikanische Krankheit, die extreme Schmerzen und Leiden verursachte. Es begann mit einem plötzlichen Fieberausbruch, gefolgt von Erbrechen und Hautausschlag sowie migräneartigen Schmerzen hinter den Ohren und Rückenschmerzen, Krämpfen und Muskelschmerzen am ganzen Körper, besonders an Kopf, Rücken und Gliedmaßen.

Mikroskopische Parasiten, die Filarien, verursachten immense Schmerzen. Diese winzigen, wurmähnlichen Tiere drangen in das Lymphsystem des Wirtes ein und verhinderten, dass der Körper Verunreinigungen aus dem Körper ableitete. Sie verursachten Elephantiasis, die die Gliedmaßen zu monströser Größe anschwellen ließ, während die Haut steif und lederähnlich wurde. Viele Forscher kehrten scheinbar gesund nach Hause zurück und entwickelten erst Jahre später lähmungsartige Symptome.

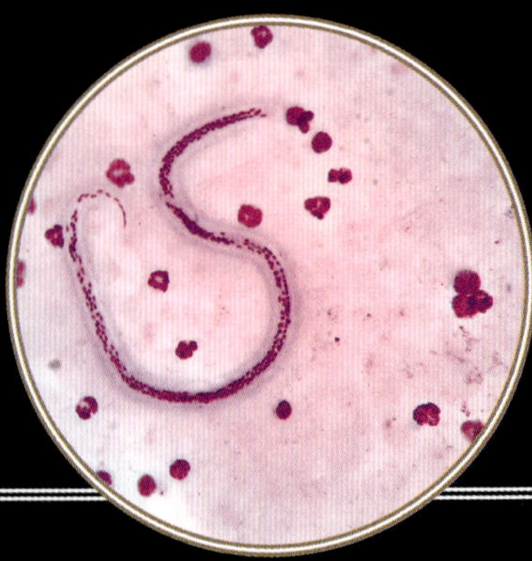

Mikroskopischer Wurm: die Mikrofilarie

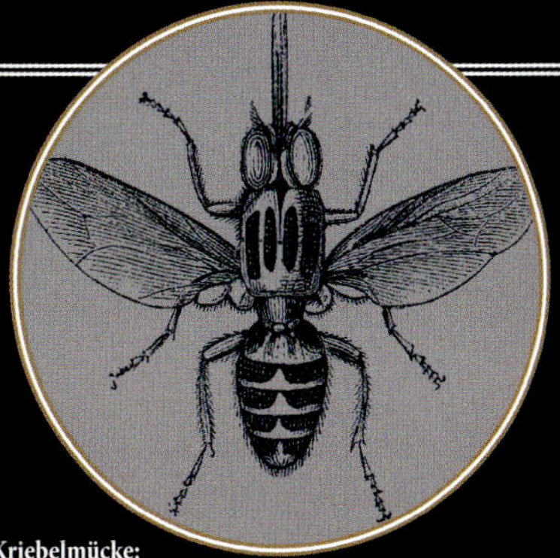

Weibliche Kriebelmücke: Flussblindheit

Noch schlimmer war die afrikanische Krankheit der Onchozerkose, der Flussblindheit, die von einer winzigen Fliege verbreitet wurde, die in der Nähe der fruchtbaren Täler des subtropischen Afrikas lebte. Der Fadenwurm *Onchocerca volvulus* befiel den Bereich direkt unter der Haut, wo sich die Würmer vermehrten. Das verursachte unerträglichen Juckreiz: Die Beschwerden waren so intensiv, dass einige Menschen deshalb Selbstmord begingen. Die Würmer legen bis zu 1 000 Eier pro Tag, wandern zu den Augäpfeln, trüben sie milchig weiß und führen zu völliger Erblindung.

Eine ebenso gefährliche Krankheit war die Trypanosomiasis, die afrikanische Schlafkrankheit. Sie wurde von der Tsetsefliege übertragen und erzeugte von Anfang an schreckliche Symptome. Die Fliege legte Würmer unter der Haut in das Unterhautgewebe des Wirtes ab und hinterließ geschwollene schmerzhafte Wunden. Innerhalb von drei Wochen breiteten sich die Trypanosomen in den Blutkreislauf und das Lymphsystem aus. Bald drangen die Parasiten in das Gehirn ein, was zu Krämpfen, unverständlicher Sprache, Verwirrtheit und dem unwiderstehlichen Schlafdrang führte.

Die mit Abstand größte Geißel unter den Forschern war die Malaria. Bis zu vier Arten waren in Afrika endemisch und während einige Stämme relativ harmlos waren, sind andere wie *P. falciparum* absolut tödlich und können selbst das gesündeste Opfer schnell töten. Umgangssprachlich als »Wechselfieber« bekannt, brach Malaria periodisch immer wieder aus und quälte die Betroffenen, auch wenn sie sie nicht tötete.

Diese große Bandbreite an Krankheiten machte einen Großteil des zentralen und tropischen Afrikas für Europäer unbewohnbar. Deutschland konnte Zentralafrika und Papua-Neuguinea nur kolonisieren, weil keine andere Macht ein so tödliches Biom regieren wollte. Ein weiterer Faktor für Entdecker: Afrika war der letzte Kontinent mit ausgeprägter Megafauna. Reisende sahen sich ständiger Gefahr durch hungrige Löwen, wütende Elefantenbullen und erschreckte Nashörner, tödliche Reptilien und Insekten ausgesetzt.

Tsetsefliege: Schlafkrankheit

Die Quelle des Nils

Das große Mysterium der Quelle des Nils stellte jahrtausendelang viele Herrscher vor ein Rätsel. Ägyptische Pharaonen schickten Expeditionen aus, um die Quelle zu finden, ebenso die römischen Kaiser. Der Nil trat jedes Jahr über seine Ufer. Die riesigen Wassermengen, die der kargen Wüste Reichtum und Leben brachten, schienen aus dem Nichts zu kommen. Warum war es so schwierig, stromaufwärts zu segeln und die Quelle zu finden?

Wir wissen heute, dass die Quellgewässer des Flusses aus dem Viktoriasee fließen, aber dieses große Gewässer zu erreichen, indem man einfach flussaufwärts segelt, ist fast unmöglich. Wenn man von Assuan nach Khartum segelt, gibt es sechs fast unpassierbare und gefährliche Stromschnellen. Von Khartum aus breitet sich der Fluss über ein riesiges Sumpfgebiet aus, das von Wasserfällen durchsetzt ist, die es schwierig machen, zum Albertsee zu gelangen. Ein weiterer Wasserfall schützt den Viktoriasee. Und das ist nur der Weiße Nil. James Bruce behauptete, er habe die Quelle des Blauen Nils gefunden, obwohl diese Behauptung in bezweifelt werden kann. Die riesigen Entfernungen, die mit 6 650 Kilometern fast doppelt so groß waren wie die 3 779 Kilometer des Mississippi, und die Gefahren durch feindliche Stämme, Tiere und Krankheiten machten die Reise so gut wie unmöglich.

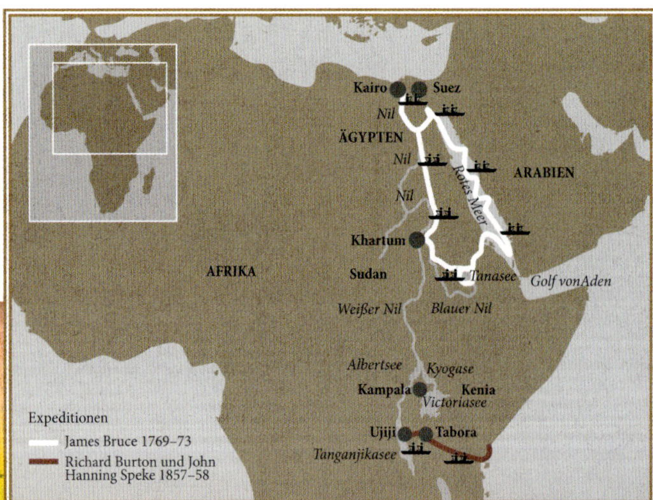

LINKS UND UNTEN **Obwohl der Schotte James Bruce behauptete, die Quelle des Nils in den 1770er Jahren gefunden zu haben, wurde dieses Ziel erst fast hundert Jahre später erreicht.**

John Hanning Speke

Richard Burton (1821–90) und John Hanning Speke (1827–64) lösten dieses Rätsel, indem sie den Nil umgingen und von der Ostküste Afrikas direkt zu seinem Oberlauf reisten. Es war immer noch eine gefährliche Reise. Auf früheren Expeditionen hatten die beiden Forscher von einem großen rautenförmigen See gehört, der der Ursprung des Nils sein könnte. Die Expedition, die im Juni 1857 von Sansibar (im heutigen Tansania) aus startete und 130 Männer und dreißig Maultiere umfasste, brach zum arabischen Handelsaußenposten von Tabora auf, fast 1 000 Kilometer von der Küste entfernt. Von dort aus wollten sie nach dem geheimnisvollen See suchen.

Noch bevor sie die Zwischenstation erreichten, wurden sowohl Burton als auch Speke von Krankheiten heimgesucht. Speke begann unter Malariaanfällen zu toben, Burton litt an einer schleichenden Lähmung, die ihn für mehr als ein Jahr außer Gefecht setzte. Burton wähnte sich dem Tode nahe; Spekes Vision begann zu verblassen. Aber sie erholten sich.

Als die Forscher endlich Tabora erreichten, hörten sie, dass es sogar zwei große Seen gab, Tanganjikasee und Victoriasee. In zwei Kanus erkundete die Gruppe den Tanganjikasee, konnte aber keinen Auslass finden. Speke machte sich dann auf den Weg zum anderen See, benannte ihm nach Queen Victoria (regierte 1837–1901) und erklärte stolz, dass er die Quelle des Nils gefunden habe. Burton, der zurückgeblieben war, um sich zu erholen, war nicht überzeugt, aber Spekes zweite Expedition im Jahr 1860 bewies, dass der Hauptzufluss des Nils aus dem Viktoriasee kam.

Diese bemerkenswerte Leistung brachte Speke offenbar keine Freude. Er scheint 1864 Selbstmord begangen haben, vielleicht wegen der Auswirkungen der Krankheit, die er sich auf seinen Reisen zugezogen hatte. Nach Polizeiberichten soll jedoch die Schusswunde, an der er im südenglischen Wiltshire starb, ein Unfall gewesen sein.

UNTEN **Grant und Speke nutzten das Wissen der Einheimischen, um die wahre Quelle des Nils zu finden.**

David Livingstone

David Livingstone

David Livingstone war zweifellos einer der größten Entdecker, die die Welt je gesehen hat. Er erforschte einen Großteil des zentralen und südlichen Afrikas: Auf seiner 47 000 Kilometer Reise überlebte er Malaria, Hunger, Ruhr und sogar den Angriff eines Löwen, bei dem sein linker Arm in zerfetzt wurde und der mehr als zehn Bisswunden in seinem Fleisch hinterließ. Er war der erste Europäer, der den gesamten Kontinent von West nach Ost durchquerte. Während seiner Expeditionen wurden einige der letzten großen Rätsel Zentral- und Südafrikas gelöst.

Nach Abschluss seines Medizinstudiums trat Livingstone 1838 der London Missionary Society bei und versah bald darauf Dienst bei kranken Afrikanern im Süden des Kontinents. Erfüllt von missionarischem Eifer und entschlossen, die Sklaverei auszumerzen, brach Livingstone 1849 zu seiner ersten großen Expedition auf. Auf dieser bemerkenswerten Reise reisten der Entdecker und seine mutige Frau Mary Moffat (1821–62) nach Norden durch das Zentrum Afrikas. Sie zogen durch die Kalahari-Wüste und waren die ersten Europäer, die den Ngami-See sahen. Diese Expedition forderte persönlichen Tribut. Seine zwei Monate alte Tochter starb, worauf der Rest seiner Familie auf einem Schnellboot nach England zurückgebracht wurde. Livingstone aber zog nach Norden und stieß auf den Sambesifluss und die fantastischen Victoriafälle. Er zog weiter in das Kongobecken, bevor er 1856 Afrika von Luanda an der Atlantikküste nach Quelimane an der Küste des Indischen Ozeans durchquerte.

1858 kehrte Livingstone mit Mary und einigen anderen Verwandten nach Afrika zurück. Und obwohl es ihm gelang, die mineralischen und landwirtschaftlichen Ressourcen Zentral- und Ostafrikas für die britische Regierung zu erfassen, den Chirous- und den Nyassa-See zu entdecken und auch die Murchison-Fälle im heutigen Uganda zu besuchen, wurde es durch den Tod seiner Frau 1862 eine tragische Reise. 1866 brach Livingstone zu seiner letzten Expedition auf. Obwohl Speke und Burton die Quelle des

UNTEN **Trotz eines gefährlichen Zusammenstoßes mit einem Löwen gelang es David Livingstone, ein unübertroffenes Erbe der Afrikaforschung zu erschaffen.**

OBEN **Europäer und Afrikaner waren in ihrer Trauer vereint, als Livingstone schließlich einer Vielzahl von Krankheiten und Verletzungen erlag.**

Nils gefunden hatten, gab es noch viel mehr über den Nil, den Kongo und den Sambesi zu erfahren. Dann verschwand der Entdecker. Mehrere Expeditionen begaben sich auf die Suche nach ihm. Ein Hilfstrupp unter der Leitung des walisischen Entdeckers Henry Morton Stanley (1841–1904) leitete die fünfte Mission, ihn zu finden. Das berühmte Treffen zwischen den beiden Männern fand 1871 statt. Als Stanley Livingstone in Ujiji am Tanganjikasee in Tansania fand, sprach er angeblich die berühmten Worte: »Dr. Livingstone, nehme ich an?« Stanley fand heraus, dass der Forscher krank, aber immer noch entschlossen war, die Ursache der jährlichen Nilüberschwemmungen herauszufinden.

Livingstone setzte die Erforschung Zentralafrikas fort. Von den sechzig Männern, die mit ihm auf seine letzte Expedition aufbrachen, überlebten nur elf. Am 1. Mai 1873 erlag Livingstone selbst einer Reihe von tropischen Krankheiten, von denen sein magerer Körper gezeichnet war. Man fand ihn in seiner Hütte, im Gebet kniend. Das Herz des Forschers wurde unter einem Baum am Ufer des Tanganjikasees begraben, während sein konservierter Leichnam nach Sansibar an der Küste und dann nach England gebracht wurde, wo er in der Westminster Abbey im Zentrum Londons begraben wurde.

Inspiriert von den Erfahrungen des Entdeckers überschwemmten Missionare Afrika. Über seine dramatische Verurteilung des Sklavenhandels und seiner schrecklichen Praktiken schrieb er in seinen Tagebüchern: »Es ist unmöglich, seine Übel zu übertreiben.« Und in einem Brief an den *New York Herald* sagte er, dass, wenn seine Kommentare zum Ende des Sklavenhandels an der afrikanischen Ostküste führen würden, »das eine weitaus größere Angelegenheit als die Entdeckung aller Nilquellen zusammen« sei, wenn die öffentliche Meinung sich gegen den abscheulichen Handel wenden würde. Zentralafrika wurde für weitere europäische Explorationen geöffnet.

Mary Kingsley

Frauen leisteten einen bedeutenden Beitrag zur europäischen Erforschung und Besiedlung Afrikas, aber ihre Errungenschaften wurden weitgehend von den Männern überschattet, die sie begleiteten. Nicht so die englische Ethnologin Mary Kingsley (1862–1900). Als unerschrockene Frau war sie entschlossen, die afrikanische Kultur zu erforschen.

Kingsley war fasziniert von den Geschichten und Memoiren afrikanischer Entdecker. Obwohl sie keine Schule besucht hatte, erhielt sie eine Ausbildung in Tropenmedizin. Als ihre Eltern 1892 starben, nutzte sie ihr Erbe, um ihren lebenslangen Traum zu verfolgen, nach Afrika zu reisen, Sie bat das British Museum, ihr bei der Suche nach einem Naturkundeprojekt zu helfen, das keinen großen Kapitalaufwand erforderte. Die Beamten schlugen ihr vor, Exemplare von Käfern und Fischen zu sammeln. Auf der Reise nach Afrika brachten ihr freundliche Seeleute die Grundlagen der Navigation bei, eine Fähigkeit, die sich als nützlich erweisen sollte, als sie die Wildnis von Sierra Leone, Angola und dem Kongo erkundete.

Mary Kingsley

Als alleinstehende Frau, nach viktorianischer Mode gekleidet, zog Kingsley viel Aufmerksamkeit auf sich. Auf die Frage, warum sie sich nicht praktischer kleidete, soll sie geantwortet haben: »Man hat kein Recht, in Sachen, in denen man sich zu Hause schämen würde, durch Afrika zu gehen«. Der Respekt, den Kingsley den Eingeborenen entgegenbrachte, stand im Widerspruch zu der Einstellung vieler ihrer Forscherkollegen. Sie erkannte, dass Praktiken wie Polygamie für afrikanische Umstände nützlich waren, da sie der Meinung war, dass unter den örtlichen Bedingungen eine einzelne Frau gar nicht mit all der Arbeit zurechtkommen könnte, und verurteilte sie nicht, wie viele der anderen Afrikareisenden es taten. Sie kritisierte Missionare für ihre Versuche, Menschen von ihren lokalen Religionen zu bekehren. Sie zog jedoch die Grenze zu einer der kulturellen Praktiken der Einheimischen: Bei Zwillingsgeburten glaubte man, dass einer der beiden die Saat des Teufels sei. Da es aber unmöglich war zu sagen, welches Kind unschuldig und welches böse war, wurden beide getötet. Die Mutter erlitt das gleiche Schicksal, da sie beschuldigt wurde, einen Teufel geboren zu haben.

Kingsley drang in viele unerforschte Gebiete vor und sah sich vielen Gefahren ausgesetzt. Sie entwickelte einen gesunden Respekt vor einheimischen Tieren und glaubte fest daran, dass man schnellstens weglaufen sollte, sobald man sie entdeckte. Nach ihrer ersten Reise kehrte sie mit einem guten Ruf und so hervorragenden Exemplaren zurück, dass das Museum sich bereit erklärte, ihre nächste Expedition zu finanzieren.

1894 kehrte Kingsley nach Afrika zurück und drang tief in Kamerun und Gabun ein, wo sie das Volk der Fang traf. Sie lebte unter ihnen und ihre heilenden Fähigkeiten wurden sehr geschätzt. Sie lehrten sie, in der Wildnis zu überleben und sie war die erste Europäerin, die den Ogowe-Fluss hinauffuhr, wo sie Fischexemplare sammelte, die der westlichen Wissenschaft bisher unbekannt waren. Kingsley war auch die erste Europäerin, die den

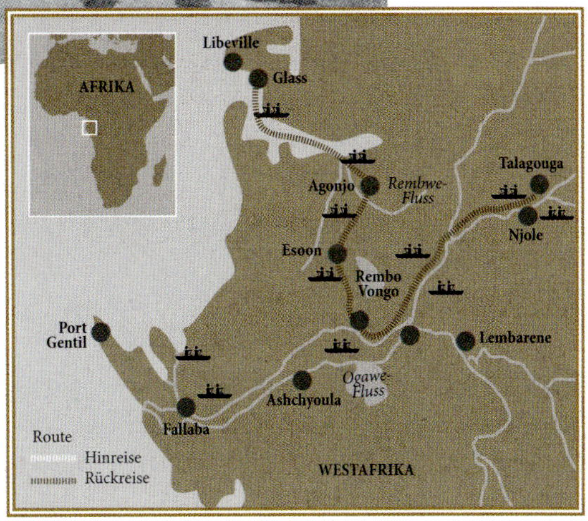

OBEN UND RECHTS **Die Wilden Afrikas hatte keine Angst vor Mary Kingsley. Hier sieht man, wie sie den Ogowe-Fluss erkundet.**

Mount Cameroon bestieg, einen aktiven Vulkan von 4 095 Metern Höhe. Sie wurde von ihren Führern auf halbem Weg nach oben verlassen, marschierte auf eigene Faust weiter, fand aber den Gipfel in Nebel gehüllt, der die Aussicht bedeckte.

Ihre gefährlichsten Heldentaten erlebte sie Mitte 1895, als sie den Rembwe befuhr. Sie wehrte einen Leoparden mit einem Kochtopf ab und befreite einen anderen aus einer Falle. Einmal verfing sich ihr Kanu beim Durchqueren einer Lagune. Einen Schwarm Krokodile trieb sie mit ihrem Paddel weg. Als sie einige Dorfbewohner auf einer Dschungellichtung traf, fand sie einen übel riechenden Beutel mit menschlichen Überresten, die von einem Kannibalen-Mahl übrig geblieben waren.

Während viele Europäer unter den schrecklichen Bedingungen Zentralafrikas starben, half Kingsleys medizinische Ausbildung, zu überleben. Eine Regel, der sie strikt folgte, war, nur abgekochtes Wasser zu trinken. Nach ihrer Rückkehr nach England schrieb Kingsley mehrere Bestseller über ihre Erfahrungen und sprach vor vielen einflussreichen Gremien. Ein Thema, auf das sie immer wieder zu sprechen kam, war die Notwendigkeit, die indigenen Traditionen und Praktiken der afrikanischen Völker zu respektieren.

Auf ihrer letzten Expedition wurde Kingsley in den Zweiten Burenkrieg (1899–1902) verwickelt und starb am 3. Juni 1900 in Kapstadt an Typhus, nachdem sie Gefangene gepflegt hatte. Vielleicht eines der bemerkenswertesten Dinge an dieser außergewöhnlichen Frau ist, dass niemand einen Film über ihr aufregendes Leben gedreht hat.

Mary Kinglsey war nicht die einzige Frau der viktorianischen Ära, die ihre Spuren in der Welt der Erforschung hinterließ. Alexandrine Tinné (1836–69) aus Holland war die erste Frau, die versuchte, die Sahara zu überqueren. Gertrude Bell (1868–1926) unternahm viele Expeditionen in den Nahen Osten und trotzte dem rauen Inneren der Arabischen Halbinsel.

KAPITEL 8

Bis ans Ende der Welt

Nachdem feststand, dass die Welt eine Kugel war, blieb noch die große Herausforderung: den Nord- und Südpol zu erreichen. Entdecker dieser extremen Regionen der Erde standen vor ganz neuen Schwierigkeiten. Die durchschnittliche Wintertemperatur in der Arktis beträgt -35 °C und in der Antarktis können die Temperaturen bis zu -89 °C erreichen. In Kombination mit heftigen Winden, tiefen Spalten, beweglichen Eisschollen und der allgegenwärtigen Gefahr von Schneeblindheit führten diese Temperaturen dazu, dass nur die Stärksten in diesen rauen Bedingungen überleben konnten. Und selbst viele der härtesten und erfahrensten Forscher kamen dabei um.

LINKS Robert Falcon Scott scheint sich auf dem Eis wohl zu fühlen. Aber fatale Fehleinschätzungen und Fehler verurteilten seine Expedition zu einem eisigen Tod.

Die Nordwestpassage

Die Suche nach der Nordwestpassage war für die Polarforscher das, was die Jagd nach der sagenumwobenen Stadt El Dorado für die Erforschung Südamerikas war. Hier bestand die Hoffnung, dass eine Seeroute vom Atlantischen Ozean durch das dichte arktische Archipel vor der Küste Kanadas bis zum Pazifischen Ozean zu ungeahnten Handelsreichtümern führen würde. Doch die Gefahren, nicht zuletzt die unberechenbaren, sich verschiebenden Eisschollen, die sich 1 500 Kilometer von den kanadischen Baffin-Insel über den Polarkreis erstrecken, führten zu Frustration, Scheitern und zum Tod.

Forscher mussten damit rechnen, monatelang in Packeis festzusitzen oder von 100 Meter hoch aufragenden Gletschern blockiert zu werden. Es brauchte einen schlauen Norweger, Roald Amundsen (1872–1928), um endlich die eisige Route erschließen.

UNTEN Die Durchquerung der Nordwestpassage mit dem Boot schien eine unmögliche Aufgabe. Amundsen, aufgenommen in der Antarktis, brauchte all seine Geduld und Erfahrung, um das Ziel zu erreichen.

Eine Geschichte des Scheiterns

Es gibt fast zu viele gescheiterte Versuche, die Nordwestpassage zu entdecken, um sie alle aufzuzählen. John Cabot versuchte es 1497 und 1498, kam aber nicht durch. Jacques Cartier enttäuschte seinen König trotz dreier Versuche Mitte des 16. Jahrhunderts. Der spanische Entdecker Francisco de Ulloa brach 1539 auf Befehl von Hernando Cortés auf, hatte aber kein Glück. Henry Hudson bezahlte die Suche 1611 mit seinem Leben. Selbst der gefürchtete Kapitän James Cook, der jeden Ozean beherrschte, scheiterte beim Versuch, die schwer erkennbare Route zu finden. Eisschilde, die sich über den Horizont erstreckten, trotzten seiner Seemmannskunst. Mit dem Aufkommen der industriellen Revolution wurde moderne Technologie für die Suche nach der Passage eingesetzt. Nicht immer erfolgreich.

Franklins Expedition

Eine der tragischsten Episoden auf der Suche nach der Nordwestpassage war die Expedition des britischen Kapitäns John Franklin (1786–1847). Keiner der 129 Männer, die mit ihm an Bord gingen, überlebte, sie waren wie vom Erdboden verschluckt. Erst in jüngster Zeit konnte das Geheimnis des traurigen Schicksals dieser Expedition gelöst werden.

John Franklin

Als seine Schiffe HMS *Erebus* und HMS *Terror* 1845 England verließen, um nach einer Passage durch das Packeis zu suchen, war ihr Kommandant, Captain Franklin, der festen Überzeugung, dass seine Mission ein voller Erfolg sein würde. Die beiden Schiffe wurden speziell umgebaut, um die harten Bedingungen zu überstehen, die in den riesigen Eisfeldern im Norden zu erwarten waren. Rumpfflanken und Bug wurden durch Stahlarmierungen verstärkt um Eisschäden zu verhindern und es den Schiffen zu erlauben, durch Eis zu brechen, das ihre Fahrt behinderte. Die Schiffe waren Hybriden und waren mit Dampfantrieb ausgerüstet, um die Segel zu ergänzen, sollten sie sich im Eis verfangen oder eingeschlossen werden. Die Schiffsschrauben konnten angehoben werden, um Hindernisse zu entfernen oder Schäden durch Eis zu verhindern.

Franklin dachte, dass er einen Vorteil gegenüber früheren Expeditionen hätte. Er hatte Proviant neuester Technologie für mehr als drei Jahre an Bord: Konserven. Erstmals in der Geschichte der Entdeckungen konnten vitaminreiche Lebensmittel auf unbestimmte Zeit konserviert werden. Als er sich auf den Weg machte, wusste Franklin nicht, dass diese Technologie sein Untergang sein würde. Die Expedition endete in Zerstörung, Krankheit und Kannibalismus. Keines seiner Besatzungsmitglieder überlebte, um die Geschichte zu erzählen.

Franklin hatte ein bewegtes Leben. Er wurde in Spilsby im Osten Englands mit der Luft der Nordsee in der Nase geboren und widmete sein Leben dem Dienst in der Royal Navy. Er trat im Alter von vierzehn Jahren in den Dienst und erhielt seinen ersten Vorgeschmack in die Schlacht von Kopenhagen (2. April 1801) unter Lord Nelson (1758–1805). Während der

Napoleonischen Kriege kletterte er die Karriereleiter empor und erwarb sich in der Schlacht von Trafalgar (21. Oktober 1805) den Ruf von Tapferkeit. Mit seinem ersten Kommando im Jahr 1818 begab sich Franklin auf eine Entdeckungsreise ins Polarmeer, um die Nordwestpassage zu finden. Durch Polareis aufgehalten, musste er aber umkehren. 1819 machte er sich auf den Weg durch die äußeren Regionen Kanadas. Franklin zeigte auf dieser Reise einen Mangel an Flexibilität und weigerte sich umzukehren, als die Vorräte ausgingen. Die Lage wurden auch nicht besser, als er sich offenbar weigerte, Offiziere nach Nahrung jagen oder Proviant und Ausrüstung tragen zu lassen. Der sechsunddreißigmonatige Marsch war eine Katastrophe. Elf Männer starben und man vermutet, dass die Gruppe sogar dem Kannibalismus verfiel.

Franklins Ruf wurde weiter beschädigt, als er auf einem Posten im Van Diemens Land diente. Als sich 1844 die Gelegenheit bot, eine Expedition zur Entdeckung der Nordwestpassage zu leiten, nutzte Franklin sie, um seine Reputation zu retten.

UNTEN **Franklins Expedition drang tief in die gefährliche kanadische Arktis vor. Keiner seiner Mannschaft überlebte, um die Geschichte zu erzählen.**

Die Schiffe starteten am 19. Mai 1845 in Greenhithe, Südostengland. Im Juli desselben Jahres wurden sie in der Baffin Bay von einem Walfangschiff gesehen. Dann verschwand die Expedition.

Mehrere Jahre lang hörte man nichts von *Erebus* und *Terror*. 1848 brach die erste von vielen Missionen auf, um die vermissten Seeleute zu finden. Franklin hatte vorher keine Route geplant, sodass die neununddreißig Expeditionen, die ausgeschickt wurden, die Entdecker zu finden, in einem riesigen und noch dazu unwirtlichen Gebiet suchen mussten. Die Expeditionen stützten sich auf Berichte lokaler Inuit und verfolgten eine mögliche Route, um das tragische Schicksal von Franklins Expedition nach und nach zu erkunden.

Zunächst lief alles nach Plan für Franklin und seine Mannschaften. 1845 war das Eis in der Arktis weniger dicht und die Schiffe schafften es durch die Baffin Bay in die Nähe von Grönland. Sie fuhren dann weiter nach Norden und bahnten sich ihren Weg zwischen den Inseln des kanadischen arktischen Archipels. Aber kurz vor King William Island erstarrte der Ozean und die Schiffe steckten für den Winter fest. Das war zu erwarten gewesen, aber das Wetter blieb die nächsten zwei Jahre kalt, und die Schiffe steckten fest. Franklin starb am 11. Juni 1847 und wurde unter einem Steinhaufen auf King William Island begraben. Vierundzwanzig weitere Besatzungsmitglieder starben und irgendwann im April 1848 verließ die verbleibende Besatzung die Schiffe und begann eine gefährliche 1 500-Kilometer-Wanderung zum nächsten Handelsposten.

Keines der Besatzungsmitglieder schaffte es auch nur ein Fünftel des Weges. Nachdem sie den Berichten der Inuit gefolgt waren, fanden Suchtrupps eine Spur von Knochen und verlassener Ausrüstung, die sich über Hunderte von Kilometern erstreckte. 1850 wurden Gräber einiger Besatzungsmitglieder auf Beechey Island, Kanada, gefunden. Diese Männer waren im ersten Jahr der Expedition gestorben, was beweist, dass schon in den frühen Phasen der Reise etwas ernsthaft schief gelaufen war.

Das Problem waren diese neumodischen Blechdosen. Die Technologie für die Konservierung von Lebensmitteln steckte noch in den Kinderschuhen und anstatt den Deckel der Dose aufzulöten, verwendete man Blei als Dichtungsmittel. Wahrscheinlich kontaminierte das Metall die Nahrung, was zu einer extremen Bleivergiftung der ahnungslosen Besatzungsmitglieder führte. 1976 wurden die Gräber von drei toten Seeleuten auf der Insel Beechey ausgegraben. Es waren die gleichen Gräber, die schon 1850 entdeckt wurden. Die drei Männer William Braine (1814–46), John Hartnell (1821–46) und John Torrington (1825–46) waren perfekt im Permafrost erhalten. Abgesehen von leicht aufgeblähten Mündern und Augenlidern, sahen die drei fast so aus, als wären sie noch am Leben. Während einer vierstündigen Autopsie wurden Proben von den drei Leichen entnommen. Spätere Tests zeigten, dass alle drei ungewöhnlich hohe Bleiwerte aufwiesen. Torrington war aufgrund der anhaltenden Vergiftung abgemagert und hatte einen hohen Bleigehalt in seinem Blutkreislauf, was seine Lungenentzündung verschlimmert hatte.

UNTEN **Die Besatzungen der eingeschlossenen *Terror* und *Erebus* verließen die Schiffe und begaben sich auf eine Reise voller Kannibalismus und Hunger.**

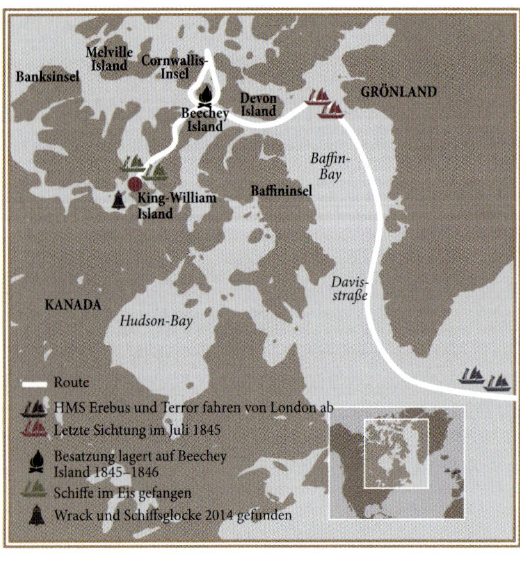

OBEN Obwohl McClure die Nordwestpassage durchquerte, überlebte nicht seine gesamte Mannschaft. Hier wird ein Entdecker im Eis begraben.

Bleivergiftung führt zu mehreren Symptomen, die wohl zum Zusammenbruch der Expedition beigetragen haben. Die Betroffenen leiden unter Gelenkentzündungen und Gelenkschmerzen, können ihre Nahrung nicht bei sich behalten, fühlen sich müde und haben Kopfschmerzen, leiden unter Gedächtnisverlust und ihre Entscheidungsfindung ist beeinträchtigt. Im Extremfall ist Bleivergiftung tödlich.

Das kann die Entscheidung der überlebenden Besatzungsmitglieder erklären, das Schiff aufzugeben. Obwohl sie sich der Ursache ihrer Krankheiten nicht sicher waren, mussten sie gewusst haben, dass ihre Nahrungsvorräte verdorben waren. Ohne Proviant und von Skorbut geplagt, war ihre einzige Hoffnung auf Überleben ein verzweifelter Vorstoß nach Süden. In einem weiteren bemerkenswerten wissenschaftlichen Fund wurden Knochen verstorbener Expeditionsmitglieder geborgen. Hinweise auf Schnittspuren zeugen von Kannibalismus, der im Überlebenskampf in der eisigen Wüste ausbrach. Die Überreste wurden auf DNA getestet. Die Knochen einiger Individuen waren über viele Meilen verstreut. Zweifellos wurden ihre Leichen von der fliehenden Besatzung mitgenommen, geschlachtet und gegessen, während die hoffnungslose Reise voranging. Fünfunddreißig Knochen aus Booth Point und Erebus Bay im Westen von Ross Island waren aufgebrochen und wiesen Anzeichen dafür auf, dass sie gekocht worden waren. Durch das Kochen und Brechen der Knochen konnten die verzweifelten Besatzungsmitglieder, von denen einige bis 1850 überlebten, die letzten Nährstoffe in Mark und Suppenbrühe aus den Überresten ihrer Schiffskameraden extrahieren.

Es gibt eine bemerkenswerte Wendung in dieser epischen Geschichte der arktischen Tragödie. In den Jahren nach der Katastrophe berichteten Seefahrer von einem erstaunlichen Anblick. In der Arktis wurden Eisberge gesehen, mit einem großen Schiff, das immer noch in ihrem eisigen Griff gefangen war. Ob diese Berichte wahr waren, ist unbekannt, aber 2014–16 wurden sowohl die *Erebus* als auch die *Terror* auf dem Meeresboden gefunden. Eine Tiefseesonde filmte eine der Bordküchen des Schiffes. Die Regale waren gut bestückt, mit Konservendosen an den Kabinenwänden.

Eine sichere Nordwestpassage

Franklin hätte sich in seinem eisigen Grab umgedreht, wenn er gewusst hätte, dass eine Aktion zur Rettung seiner Expedition zur ersten erfolgreichen Überquerung der Nordwestpassage führte. Viele Expeditionen wurden ausgeschickt, um die vermissten Schiffe zu finden, aber Commander Robert McClure (1807–73) war vielleicht der hartnäckigste aller Entdecker, die auf diese Mission entsandt wurden.

In einem speziell verstärkten Schiff der HMS *Investigator* fuhr er mit großen Mengen an Konzentraten von Limetten und Zitrone zur Vermeidung von Skorbut im Januar 1850 aus. Im Juli erreichte McClures Schiff den Polarkreis und drang tief in die Eisschollen vor, die dank der Wärme der Sommersaison weniger dicht waren. Im nächsten Monat brach sich das Schiff seinen Weg durch Eisschollen, um offene Wasserflächen zu erreichen, aber ab September schloss sich das Eis und der Forscher konnte sich nicht weiterbewegen. Unerschrocken lud McClure einige seiner Männer auf einen Schlitten und zog sich über die eisbedeckten gefrorenen Meerengen, bis er Melville-Island (eine Insel des kanadischen Arktischen Archipels) am Übergang des Arktischen Ozeans zum Pazifik erreichte. Vor der Insel befand sich eisfreies Gewässer, das heute als McClure Strait bekannt ist. Am 31. Oktober 1850 schrieb er ins Schiffslogbuch, er habe die Nordwestpassage gefunden.

Einige Jahre lang war das Schiff im Eis eingeschlossen. Eine Rettungsexpedition der HMS *Resolute* fand eine Nachricht von McClure. Mit Schlitten reiste die Besatzung der *Resolute* eine kurze Strecke und entdeckte die Überlebenden. McClure kehrte nach Großbritannien zurück und wurde als Held empfangen. Dennoch war die Nordwestpassage noch nicht allein mit dem Boot, sondern mit einer Kombination aus Schlitten und Schiff befahren worden. Roald Amundsen sollte die Ehre zukommen, als Erster die Passage mit dem Boot zu durchqueren und zum führenden Arktis- und Antarktisforscher zu werden.

LINKS Die HMS *Investigator* war an der Nordküste von Baring Island zwischen Eisschollen eingeschlossen.

Roald Amundsen

Roald Amundsen (1872–1928) wurde in Borge, Norwegen, geboren und erwies sich schon früh als willensstarker Mensch. Seine Eltern drängten ihn zum Medizinstudium, Amundsen aber verkaufte seine medizinischen Lehrbücher und Instrumente und machte sich auf den Weg zu einem Leben auf hoher See. Er diente auf Robbenfangschiffen, erwarb ein Steuermannspatent und schloss sich 1897 einer Expedition in die Antarktis an Bord der unter belgischer Flagge fahrenden *Belgica* an. Die Expedition ging schief und steckte dreizehn Monate im Eis. Der junge Norweger übernahm das Kommando und als sich die *Belgica* 1899 schließlich befreite, war er der erste Expeditionsleiter, der einen antarktischen Winter überlebte.

Inspiriert von seinem Erfolg beschloss Amundsen, die Nordwestpassage in Angriff zu nehmen. Während frühere Expeditionen die größten möglichen Schiffe genommen hatten, wählte der Norweger eine kleine, flachbödige Schaluppe namens *Gjøa*, mit nur 47 Tonnen Verdrängung. Mit einer kleinen Besatzung von sechs Personen startete Amundsen 1903. Diese Expedition hatte einen weiteren entscheidenden Vorteil: Statt die Arktis als Feind zu betrachten, versuchten Amundsen und seine Männer, sich an die raue Umgebung zu gewöhnen und sie zu ihrem Freund zu machen. Als die *Gjøa* auf King William Island im Eis eingeschlossen wurde, freundete sich die Crew mit den indigenen Inuit an und erforschte zwei Jahre lang ihre Lebensweise. Die Ankömmlinge übernahmen die örtlichen Pelze, die sich als wesentlich kälteresistenter als Wollkleidung erwiesen. Sie lernten Jagdtechniken und die Kunst, Hundeteams zu lenken und sie unter den harten Bedingungen am Leben zu halten. Sie lernten sogar, wie man Iglus baut und sie in warme Hütten verwandelt.

UNTEN **Amundsen nutzte seine Huskys zum Transport und als Nahrung. Als die Schlitten leichter wurden, wurden weniger Hunde benötigt.**

Roald Amundsen

Im August 1905 kam das Schiff wieder frei und nahm seinen Kurs nach Westen auf. Sie fuhren auf flachen Wasserwegen durch die schwierigen Gebiete des kanadischen Arktischen Archipels. Drei Wochen später sah die Besatzung einen Walfänger, der von San Francisco aus auf dem Pazifik operierte. Obwohl das winzige Boot wieder im Eis blockiert war, wusste Amundsen, dass er beim folgenden Tauwetter in der Lage sein würde, die Reise durch die Beringstraße fortzusetzen und seine Mission zu erfüllen. Der mutige Norweger war entschlossen, der Welt von seinen Leistungen zu erzählen, und wollte nicht auf das Tauwetter warten. Seine beeindruckenden Fähigkeiten bewies er, als er mit einem Mitglied seiner Mannschaft durch die gefrorene Wüste nach Eagle City in Alaska fuhr, wo er wusste, dass es ein Telegrafenbüro gab. Diese Reise war bemerkenswert. Mit einem Schlitten und einem Hundeteam mussten sie 750 Kilometer Schnee und Eis durchqueren und Berge erklimmen, die fast 3 000 Meter hoch waren. Am 5. Dezember 1905 erreichten die beiden Männer Eagle City und die erstaunlichen Leistungen wurden an die Welt telegrafiert. Eine kurze Fahrt durch die Beringstraße und die Nordwestpassage war endlich erschlossen. Erst 1942 wurde die Passage erneut von Henry Larsen (1899–1964) von der kanadischen Berittenen Polizei durchquert. Mit dem Klimawandel ist die Nordwestpassage natürlich weniger gefährlich. Im Jahr 2007 war die gesamte Passage erstmals in der Geschichte eisfrei.

UNTEN **Amundsen hisste die norwegische Flagge am Südpol. Diese Flagge sollte Falcon Scotts Herz und Geist brechen.**

Der Südpol

Robert Falcon Scott

Amundsen hatte einen großen Rivalen im Rennen um den Südpol: den britischen Entdecker Captain Robert Falcon Scott (1868–1912). Einer sollte triumphieren, während der andere in der Wüste der Antarktis unterging.

Amundsens Expedition lief wie am Schnürchen. Ausgehend von Madeira segelte er mit seinem Schiff der *Fram* direkt in die Walbucht und in die Rosssee. Er hatte die Reise akribisch geplant und ließ sogar Nahrungsdepots an seiner möglichen Route anlegen. Um seine Vorräte zu transportieren, benutzte Amundsens fünfköpfige Gruppe zweiundfünfzig Hunde und vier Schlitten, die mit Essen, Zelten und Paraffin zum Heizen beladen waren. In einer brillant unsentimentalen Planungsleistung nutzte die Expedition die Hunde nicht nur als Transportmittel, sondern aß sie auch, wenn die Vorräte ausgingen und die Schlitten leichter wurden.

OBEN Scott machte dieses Foto von den Ponyschlitten seiner Expedition. Die Pferde überlebten nicht und Scott und seine Männer mussten die schweren Lasten selbst ziehen.

Am 19. Oktober 1911 machte sich Amundsen auf den Weg zum Südpol. Gutes Wetter begleitete die Expedition und am 14. Dezember waren die Forscher die ersten Menschen, die den Südpol erreichten. Hier stellten sie die norwegische Flagge auf, ein Symbol ihrer Leistung.

Genau diese Flagge sollte die Herzen von Captain Scott und seinen Gefährten brechen, als sie kaum einen Monat später den gleichen Ort erreichten. In einem eindrucksvollen Foto, das am 17. Januar 1912 aufgenommen wurde, posierten Scott und seine vier Männer vor der norwegischen Flagge, die schreckliche Enttäuschung, nicht die ersten am Südpol zu sein, stand auf ihren Gesichtern.

Obwohl Scott zur gleichen Zeit wie sein norwegischer Rivale in der Antarktis ankam, nahm er eine längere Route vom McMurdo Sound aus. Schlechtes Wetter und unwegsames Gelände verschlimmerten seine Probleme und er und seine vier Begleiter hatten einen äußerst schwierigen Marsch. Hinzu kam seine Entscheidung, sibirische Ponys und motorisierte Schlitten einzusetzen, was in der antarktischen Kälte nicht funktionieren konnte, sodass Scott und seine vier Begleiter selbst die Schlitten ziehen mussten.

Vielleicht wussten die Männer schon bei dem schicksalhaften Foto, dass sie dem Untergang geweiht waren. Die Vorräte waren gering und sie mussten zu Fuß zum Küstenstützpunkt zurückkehren. Die Wollkleidung, die Scott gewählt hatte, ließ die Kälte durch. Mit Erfrierungen in den Gliedmaßen, unterernährt und höchstwahrscheinlich an Skorbut leidend, machten sie sich auf den Weg nach Hause.

Ein Besatzungsmitglied, Edgar Evans (1876–1912), fiel ins Eis und starb an einer Kopfwunde. Lawrence Oates (1880–1912) verließ erschöpft und schwach eines Nachts das eiskalte Zelt und sagte, dass er für »einige Zeit« weg sein werde, er opferte sich, um die anderen nicht aufzuhalten. Ende März starben Scott und seine letzten beiden Begleiter in einem Schneesturm, keine 20 Kilometer von ihrem rettenden Küstenstützpunkt entfernt. Ihre Leichen und das dünne Zelt, in dem sie starben, wurden erst einige Jahre später gefunden. Scott lag erfroren zwischen den Leichen von Henry »Birdie« Bowers (1883–1912) und Edward Wilson (1872–1912).

Obwohl der Südpol erreicht war, war die Antarktis keineswegs erobert. Der britische Entdecker Ernest Shackleton (1874–1922) brach im Dezember 1914 mit 27 Männern in der *Endurance* auf, um als erster Mann den eisigen Kontinent zu überqueren. Sie erreichten nicht einmal die antarktische Landmasse. Beim Versuch, sich durch Eisschollen auf dem Weddellmeer zu schlagen, wurde das Schiff von Packeis eingeschlossen und versank am 21. November 1915 im Meer. Mehrere Monate lang überlebte die Besatzung auf dem offenen Eis und aß Robben, Pinguine und ihre Hunde. Im April, mit der Frühlingsschmelze, brach die Mannschaft in geborgenen Rettungsbooten auf, begegnete Killerwalen und Stürmen, bevor sie auf Elephant Island landete. Shackleton nahm seine fünf stärksten Männer und machte sich in einem letzten verzweifelten Versuch, Hilfe zu finden, auf den Weg nach Südgeorgien. Nach einer Reise von 1 200 Kilometern fanden sie Hilfe und konnten bei ihrer Rückkehr nach Elephant Island feststellen, dass auch der Rest der Crew überlebt hatte.

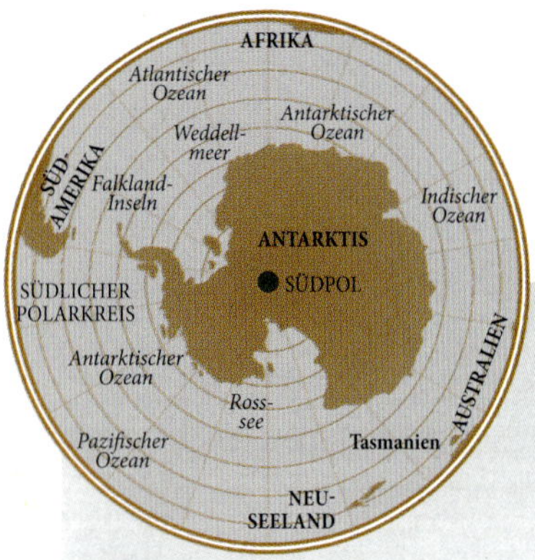

UNTEN **Scotts Expedition fand Amundsens Zelt und eine Notiz darin. Zwei Monaten später kamen sie ums Leben.**

Für die Nachwelt erhalten: Shackletons und Mawsons Hütten

Von der Erforschung der Antarktis blieben zwei bemerkenswerte Artefakte erhalten. Sie sind keine Sammlung von Stiefeln oder ein paar Büchern, sondern intakte Hütten von zwei großen Expeditionen, die mit allen Utensilien und Alltagsgegenständen gefüllt sind, die von diesen frühen Entdeckern verwendet wurden.

Shackletons Hütte in Cape Royds auf Ross Island, die 1908 während seiner Nimrod-Expedition errichtet wurde, einem frühen Versuch den Südpol zu erreichen, ist ziemlich groß, weil fünfzehn Entdecker untergebracht werden mussten.

Sie ist immer noch genau so, wie sie war, als die Männer weggingen. Auf dem Herd stehen immer noch ein Wasserkocher, ein Kochtopf und sogar eine Pfanne mit einem halb fertigem Pfannkuchen! Dosen mit Lebensmitteln und Medizinflaschen säumen die Regale, während ein Tisch, der gegen eine Wand geschoben ist, mit Handschuhen und Schuhen bedeckt ist. Außerhalb der Hütte befinden sich die Überreste eines Stalles für sibirische Ponys und eine Garage für das erste in der Antarktis eingesetzte Auto (ein 15-PS-Arrol-Johnston). Ein bemerkenswerter Fund wurde 2010 gemacht: Die ursprünglichen Entdecker flohen in solcher Eile, dass sie fünf Kisten Whisky und Brandy zurückließen. Der Schatz wurde geborgen und für »wissenschaftliche Experimente« nach Neuseeland gebracht.

Sir Douglas Mawson (1882–1958) begleitete Shackleton auf einigen seiner unglücklichen Expeditionen, machte sich aber einen Namen als Australiens größter Antarktisforscher. Mawsons Hütte, die während der Australasiatischen Antarktisexpedition 1911–14 gebaut wurde, befindet sich am Kap Denison in der Commonwealth Bay. Sie war mit Eis und Schnee gefüllt, bis ein australisches Restaurierungsprojekt 34 Kubikmeter Eis entfernte und das Dach wiederherstellte. Es ist ein kleineres Gebäude als Shackletons Hütte und enthält Küche, Schlafräume und einen Abstellraum. Es gibt viele faszinierende Artefakte in der Hütte, darunter einfache Generatoren, Fotografien und Bücher in den Regalen an der Wand. Eine Schüssel getrockneter Bohnen steht immer noch auf dem Küchentisch und wartet auf den Kochtopf!

OBEN **Mawsons Hütte auf Cape Denison ist eine wertvolle Zeitkapsel, die die einfachen Bedingungen zeigt, unter denen die Antarktisforscher leben mussten.**

Robert E. Peary

DER NORDPOL

Zwei Männer wetteiferten darum, als Erste den Nordpol zu erobern. Im Gegensatz zu Captain Scott überlebten beide, aber ihr Ruf war beschädigt.

Robert E. Peary zeigte viele Eigenschaften, die man heute als typisch für eine narzisstische Persönlichkeitsstörung bezeichnen würde. Von klein auf erklärte er, dass er über der breiten Masse seiner Mitmenschen stehe und eines Tages für eine bemerkenswerte Leistung bekannt sein werde. Er war ein grober Kerl, der viele seiner Gefährten abschreckte, auch seinen Rivalen im Rennen um den Nordpol, den amerikanischen Forschers Frederick Cook (1865–1940), und er schwankte zwischen wildem Optimismus und tiefer Verzweiflung. Doch Peary war sehr willensstark. Als er bei einer Expedition seine Stiefel auszog, fielen ihm dabei acht erfrorene Zehen ab! Unerschrocken brachte sich der Forscher selbst bei, wieder ohne Hinken zu gehen.

Als ausgebildeter Marineingenieur war Peary von den riesigen Eisfeldern Grönlands fasziniert. 1886 nahm er an einer Expedition in das Innere dieses eisigen Landes teil und das Schiff, auf dem er unterwegs war, wurde im Inglefield-Golf an der Nordwestküste eingeschlossen. Er und sein Begleiter waren gezwungen, das obere Ende des Landes zu durchqueren, um Hilfe zu holen und auf das Schiff zurückzukehren. Dabei bewiesen die beiden, dass Grönland eine Insel war.

UNTEN **Robert Peary und sein Team errichteten im April 1909 diesen Eisturm am Nordpol.**

RECHTS Ein Mitglied von Cooks Expedition zeigt die wichtigste Ausrüstung der Arktisforschung: Schneeschuhe, Skier und ein wasserdichtes Zelt.

Peary wandte sich dann der kanadischen Arktis zu. Hier lernte er das Leben der Inuit kennen und erkannte, dass er mit ihrem Fachwissen den Nordpol erreichen konnte. Die amerikanische Regierung interessierte sich für die Expedition und finanzierte Peary, was ihm den Kauf der SS *Roosevelt* ermöglichte, einem 1 600 Tonnen Kutter, der für arktische Bedingungen ausgestattet war. Im Juli 1908 machte sich Peary auf und nahm unterwegs einige Inuit mit. Die Gruppe überwinterte am Kap Columbia und brach am 1. März 1909 zum Pol auf. Nach einem Marsch von 650 Kilometern erreichten sie schließlich am 6. April 1909 den Nordpol.

Angeblich. Obwohl Peary als Held in den Vereinigten Staaten begrüßt wurde und als Konteradmiral in den Ruhestand ging, gibt es einige, die behaupten, dass er sein Ziel nie erreicht hat. Einige seiner Aufzeichnungen sind ungenau, sein Tagebuch war in bemerkenswert gutem Zustand angesichts der Reise, auf der es gewesen war, und die Schrift war bemerkenswert ordentlich für einen Mann mit Handschuhen. Viele Seiten waren leer.

Frederick Cook, ein ehemaliger Kamerad Pearys, behauptete, am 21. April 1908 den Nordpol erreicht zu haben, gab aber aus irgendeinem Grund seine Leistung erst im September 1909 bekannt. Auch Cooks Behauptungen wurden genauestens hinterfragt. Nach der Fahrt war sein Schlitten noch in fast makellosem Zustand und die Gruppe kam trotz des unwegsamen Geländes verdächtig schnelle voran. Einer der Inuit-Begleiter erklärte, dass sie nur wenige Meilen vom Land entfernt gewesen seien.

In der folgenden Kontroverse gewann Peary den Kampf um die öffentliche Meinung und wurde als erster Nordpolentdecker bestätigt, während Cook wegen Betrugs inhaftiert wurde. Eine neue fotogrammetrische Auswertung der Bilder, die an dem Ort aufgenommen wurden, den Peary als Pol bezeichnet hatte, bestätigt seine Behauptung.

Obwohl Peary wahrscheinlich den Nordpol erreichte und Roald Amundsen allem Anschein nach schlug, hatte der Norweger noch ein Ass im Ärmel. In einem Zeppelin mit italienischer Besatzung namens *Norge* war er der erste Mensch, der am 12. Mai 1926 über den Nordpol flog.

KAPITEL 9

DIE LETZTEN GRENZEN

IM 20. JAHRHUNDERT flogen Menschen und ihre Maschinen durch die Stratosphäre und darüber hinaus und entkamen der Anziehungskraft der Erde. Die gleichen Gravitationskräfte beschränkten die Tiefe, in die Menschen unter die Oberfläche des Ozeans eindringen konnten.

Pioniere wie Auguste Piccard (1884–1962) brachten das menschliche Potenzial zur Entfaltung, indem sie sowohl die Stratosphäre in einem Ballon als auch die Tiefsee in seinem »Bathyskaph« erkundeten Das selbstfahrende Tauchboot erreichte 1953 eine Tiefe von 3 150 Metern und bewies, dass Menschen in der unter hohem Druck stehenden Tiefseeumgebung überleben konnten.

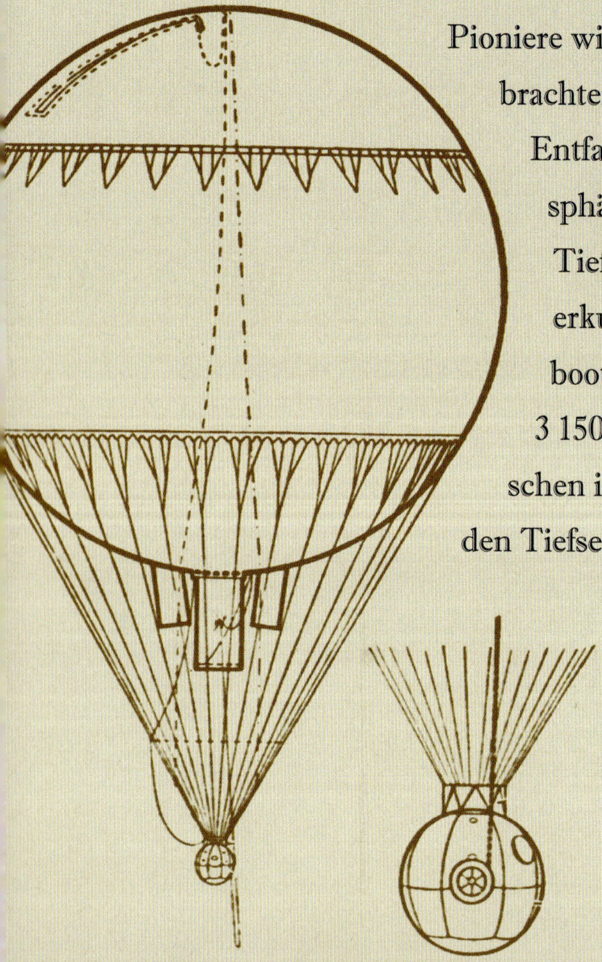

LINKS Piccard schaffte es, mit diesem bemerkenswerten Gerät die Stratosphäre zu erreichen. Eine mit Sauerstoff versorgte Gondel hing unter einem riesigen Ballon.

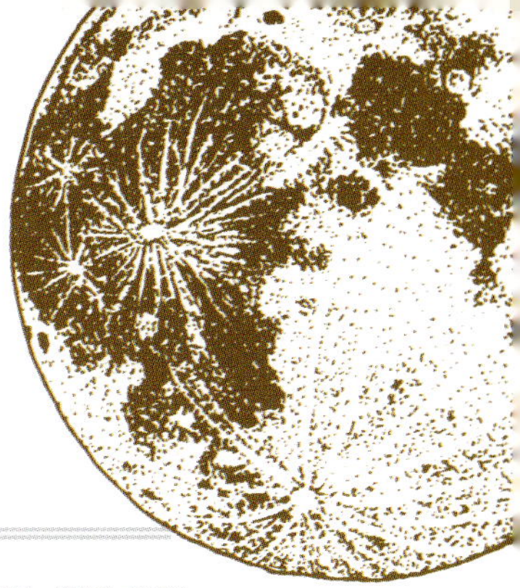

Wettlauf im All

In einer Rede am 12. September 1962 kündigte US-Präsident John F. Kennedy (1917–63) Pläne an, Menschen auf den Mond zu bringen. Er sprach von einer optimistischen Zukunft der Entdeckungen jenseits unserer Atmosphäre:

> »Wir haben geschworen, dass wir nicht zusehen werden, wie der Weltraum mit Massenvernichtungswaffen gefüllt wird, sondern mit Instrumenten des Wissens und des Verständnisses ... Denn die Weltraumforschung, genau wie die Atomwissenschaft und die Technologie im Allgemeinen, hat kein eigenes Gewissen. Ob sie zu einer Macht für das Gute oder für das Böse wird, hängt vom Menschen ab.«

Diese Worte erwiesen sich als weitsichtig. Die Weltraumforschung zeigte das Beste, was Menschen tun können, wenn sie international kooperieren, doch in letzter Zeit wurde sie zu etwas Bedrohlichem. Könnte die Weltraumforschung durch ein Wettrüsten im Weltraum ersetzt werden?

In seiner berühmten Rede forderte Kennedy die Sowjetunion heraus, indem er die Amerikaner und ihre Verbündeten einlud, vor 1970 einen Menschen auf den Mond zu bringen. Das war ein großes Unterfangen, da so viele der von Astronauten benötigten Technologien nur theoretisch existierten. Es gab noch keine geeigneten Raumanzüge, die Frage der Abfallbeseitigung war ungelöst, und es gab keine Methode, Nahrung und Wasser in der Schwerelosigkeit zu nutzen..

UNTEN **Präsident Kennedy kündigt die Mondlandung an.**

Kennedy ging das Risiko ein. Seine Worte waren inspirierend:

»Wenn ich sage, dass wir eine gigantische Rakete zum Mond schicken werden, 240 000 Meilen entfernt von der Kontrollstation in Houston, eine Rakete, die eine Höhe von 300 Fuß misst, das ist die Länge dieses Football-Feldes, bestehend aus neuen Metalllegierungen, von denen einige noch nicht erfunden wurden und die Hitze und Belastungen aushalten, die ein Vielfaches von dem sind, was man bisher erlebt hat, zusammengesetzt mit einer Präzision, die die der besten Uhren übersteigt ... Wenn ich sage, dass sie all die erforderliche Ausrüstung für Antrieb, Steuerung, Kontrolle, Kommunikation, Nahrung und Lebenserhaltung trägt und sich zu einer noch nie in Angriff genommenen Mission zu einem unbekannten Himmelskörper aufmacht und anschließend sicher zur Erde zurückkehrt, während sie beim Wiedereintritt in die Atmosphäre Geschwindigkeiten von mehr als 25 000 Meilen pro Stunde erreicht, was Temperaturen verursacht, die beinahe halb so heiß wie die Sonne sind ... und dass wir all dies machen werden und richtig machen werden und es als Erste machen werden, bevor dieses Jahrzehnt vorüber ist, dann müssen wir kühn sein.«

Obwohl der Präsident es nicht mehr erleben konnte, wurde seine Vision verwirklicht. Am 20. Juli 1969 landete *Apollo* 11 auf dem Mond. Aber bei allem Idealismus war Kennedys Hauptmotivation, unbedingt sicherzustellen, dass die Vereinigten Staaten den Wettlauf im Weltraum gegen ihre Feinde des Kalten Krieges, die kommunistische Sowjetunion, gewinnen würden.

Die Amerikaner begriffen zum ersten Mal im Oktober 1957, dass sie im Hintertreffen waren, als die Russen ihren *Sputnik* 1 (»Trabant 1«) starteten. Das seltsame Ding von der Größe eines Wasserballs war das erste künstliche Objekt, das in die Erdumlaufbahn gebracht wurde. Es sendete einfache repetitive elektronische Signale mit keiner anderen Bedeutung als: »Ich bin hier.«

Im Kontext des Kalten Krieges (1947–91) zwischen dem kapitalistischen Westen und dem kommunistischen Osten war das eine bedeutsame Verschiebung der Machtverhältnisse. Es signalisierte eindeutig, dass die So-

UNTEN ***Sputnik* 1 war das erste künstliche Objekt, das in die Erdumlaufbahn gebracht wurde. Der einfache sowjetische Satellit begeisterte und erschreckte die amerikanische Öffentlichkeit.**

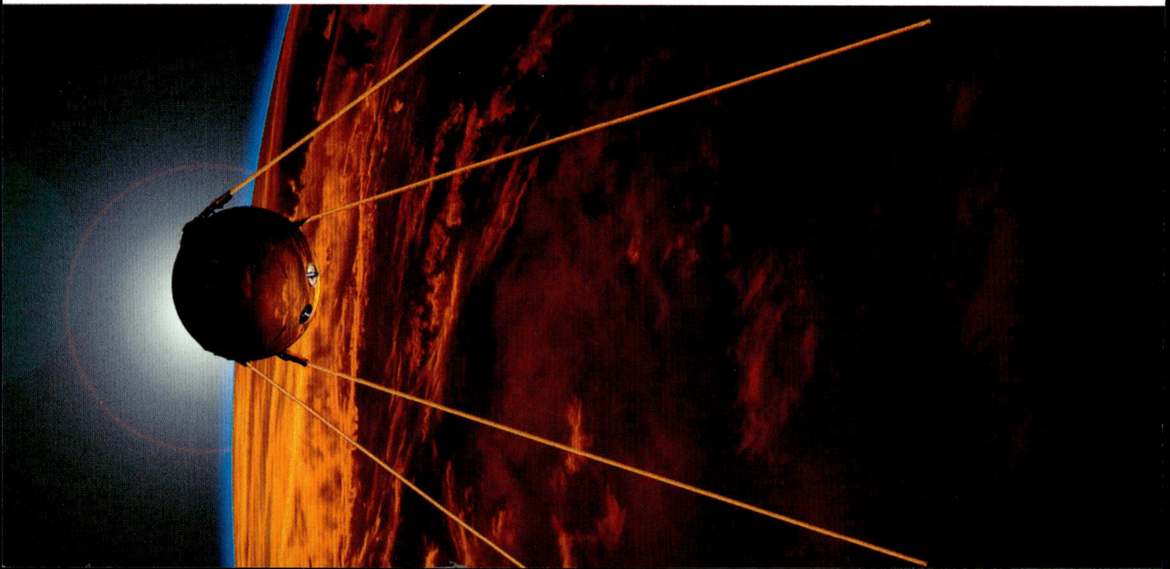

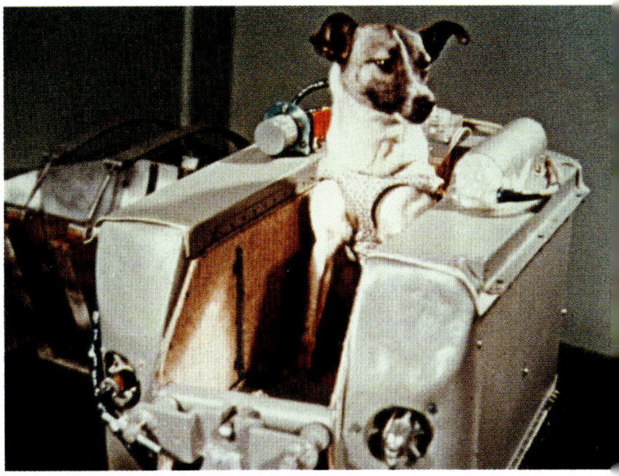

RECHTS **Laika war das erste lebende Wesen, das die Erde umkreiste. Der Hund schrieb Geschichte, überlebte den Flug aber nicht.**

wjetunion in der Lage war, Atomwaffen überall auf der Welt einzusetzen. Die Amerikaner bekamen Angst. Es war auch eine moralische Niederlage: Die Amerikaner mit ihrem Optimismus wurden von einem totalitären Staat geschlagen.

Sputnik 2 startete im November 1957. Die Mission sollte zeigen, ob es möglich war, im Weltraum zu überleben. Ein Mischlingterrier genannt *Laika* (»Kläffer«) aus den Straßen Moskaus wurde über die Atmosphäre hinaus befördert und war somit das erste Lebewesen (abgesehen von Mikroben), das in die Erdumlaufbahn gelangte.

Der siebeneinhalb Kilo schwere Terrier befand sich dabei in einer ausgepolsterten Druckkabine mit ausreichend Platz zum Stehen oder Hinlegen. Nahrung wurde in gelatinierter Form verabreicht, Elektroden an seinem Körper schickten Vitalparameter zur Erde. Die Sache dauerte nicht lange. Die Raumkapsel überhitzte schnell und der Hund starb nach vier Umrundungen nach mehreren Stunden an Hitzestress. Die Sowjets verheimlichten diese Tatsache und behaupteten, dass der kleine Hund fast eine Woche lang lebte.

In Amerika nahm die Angst weiter zu. Mehrere missglückte Versuche, einen Satelliten zu starten, machten die Dinge noch schlimmer. Glücklicherweise fand sich eine Lösung. Seit einigen Jahren baute der deutsche Wissenschaftler Wernher von Braun (1912–77) das mehrstufige Raketenstartsystem *Juno*. Die Rakete, sollte Nutzlasten so einfach wie möglich in die Umlaufbahn zu bringen. Nach einem erfolgreichen Start am 31. Januar 1958 erreichte *Explorer* 1, der erste amerikanische Satellit, die Erdumlaufbahn. Die mehrstufigen Raketensysteme von Braun und seinem Team legten den Grundstein für die erfolgreichen Raketenstarts der folgenden Jahrzehnte. Im selben Jahr gründete der US-Präsident Dwight D. Eisenhower (1890–1969) die National Aeronautics and Space Administration (NASA).

LINKS **Wernher von Braun (rechts) hält ein Modell der Zukunft der amerikanischen Weltraumforschung hoch. Frühe Raketen wurden zur Saturn V weiterentwickelt.**

Nazis im All

OBEN In der »Operation Paperclip« wurden die Personalakten Von Brauns und vieler anderer Nazi-Wissenschaftler geändert, um ihnen den Weg nach Amerika zu ermöglichen.

In den letzten Jahren des Zweiten Weltkriegs stellte der NS-Führer Adolf Hitler (1889–1945) dem von Wernher von Braun betriebenen Raketenprogramm erhebliche Mittel zur Verfügung.

Am Raketentestgelände in Peenemünde entwickelte der talentierte Luft- und Raumfahrtingenieur die ballistische V-2-Rakete. Er dachte immer, dass das Schicksal der Menschheit im Weltraum liege, und vergaß dabei nur zu gerne, dass seine Raketen mit Sklavenarbeit gebaut und mit Sprengladungen bewaffnet wurden, um auf zivile Ziele abgeworfen zu werden. Jedenfalls machte Braun große Fortschritte bei der Entwicklung stabilisierter aerodynamischer Raketen.

Als der Krieg zu Ende war, unternahmen sowohl die Sowjets als auch die Amerikaner enorme Anstrengungen, Nazi-Technologie und Waffen für ihre eigenen Forschungszwecke zu sichern. Die Amerikaner knackten den Jackpot, als sie von Braun mit seinem Team von mehr als 200 Wissenschaftlern, die alle auf dem neuesten Stand ihrer Forschungsgebiete waren, anheuerten.

Beim Wettlauf ins All war von Braun das Ass in den Händen der Vereinigten Staaten und seine Entwicklung der mehrstufigen Saturn-Raketen gab der NASA eine zuverlässige Möglichkeit, den Weltraum zu erreichen.

Ein weiterer deutscher Wissenschaftler, der nach Amerika gebracht wurde, war Hubertus Strughold. Viele der Erkenntnisse seiner tödlichen Experimente im KZ Dachau wurden zur Entwicklung von Lebenserhaltungssystemen im Saturn-Programm herangezogen.

LINKS Nach dem Krieg wurden Hunderte von zerlegten V-2 an Bord von Liberty-Frachtern in die USA gebracht. Sie wurden wieder zusammengebaut und bildeten die Grundlage des amerikanischen Raumfahrtprogramms.

Der Druck stieg weiter an. 1959 starteten die Sowjets *Luna* 2, eine Raumsonde, die den Mond erreichte. Am 12. April 1961, drei Monate nach der Amtseinführung von Präsident Kennedy, wurde der sowjetische Kosmonaut Juri Gagarin (1934–68) der erste Mensch, der die Erde umkreiste und an Bord des Raumschiffs *Wostok* 1 sicher zurückkehrte.

Um 9 Uhr Moskauer Zeit wurde die Rakete gestartet. Sie umkreiste den Planeten in einer Entfernung zwischen 175 und 327 Kilometern. Die Reise dauerte 108 Minuten und während Gagarin im Orbit die Erde durch drei Bullaugen beobachten konnte und die Bordsysteme überwachte, diktierte er seine Beobachtungen.

Earth

Die Sowjets hatten offensichtlich den richtigen Mann für den Job ausgewählt. Während des Starts der 8 000-Kilometer-Reise, als Gagarins Pilotensitz in einer Höhe von mehr als sechseinhalb Kilometern ausgestoßen wurde und als sich sein Fallschirm in einer Höhe von 2 500 Metern öffnete, blieben sein Blutdruck und Puls konstant.

Juri Gagarin wurde zum Helden der Sowjetunion gemacht, aber sein Glück währte nicht lange. Am 27. März 1968 wurde der mutige Forscher bei einem Testflug getötet.

1962 war das Mondlandungsprogramm der NASA endlich fixiert. Das *Apollo*-Projekt erhielt riesige Geldsummen. Die NASA wuchs zu einem riesigen Unternehmen heran und beschäftigte Zehntausende von Wissenschaftlern und technischen Mitarbeitern.

In den Jahren vor 1969 machte das *Apollo*-Programm große Fortschritte bei der Erforschung des Sonnensystems. Am 24. Dezember 1968 umrundete mit *Apollo* 8 erstmals ein bemanntes Raumschiff den Mond. *Apollo* 9 und *Apollo* 10 legten den Grundstein für die nächste Mission, die Mondlandung von *Apollo* 11.

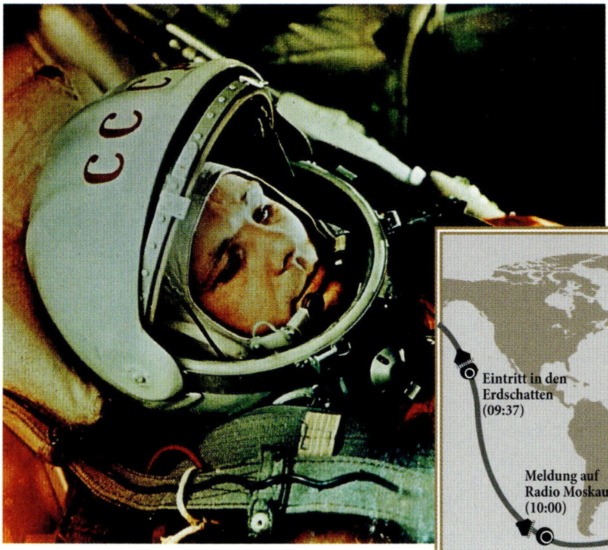

LINKS UND UNTEN **Gagarin war der erste, der die sowjetische Kosmonautentradition eröffnete, auf das Rad des Busses zu pinkeln, der ihn zu seinem Raumschiff brachte!**

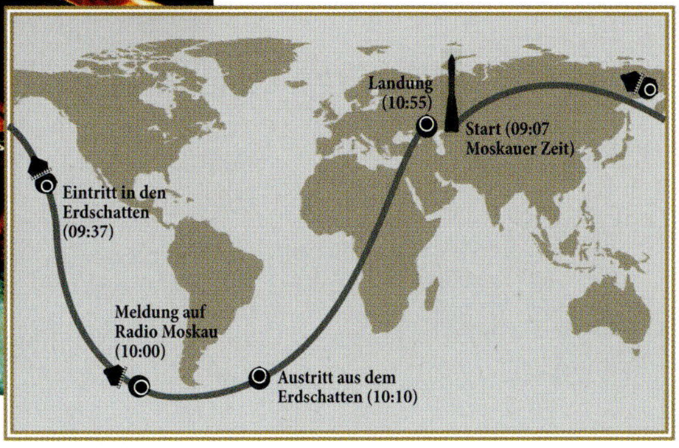

Die erste Frau im All

Valentina Vladimirovna Tereshkova (geb. 1937) startete im Alter von 26 Jahren in den Weltraumund umkreiste im Juni 1963 an Bord von *Wostok* 6 die Erde achtundvierzig Mal. Die Mission sollte ursprünglich nur vierundzwanzig Stunden dauern, doch sie hielt drei Tage lang durch, obwohl sie ihren Sitz nicht verlassen konnte. Diese Expedition brachte die Sowjetunion im Wettlauf im All an die Spitze. Die Russen hatten im Propagandakrieg noch mehr Tricks auf Lager. Tereshkova übertraf die Erdumrundungen der sechs amerikanischen *Mercury*-Kapseln und strahlte während der Umkreisungen eine Live-TV-Sendung in den sowjetischen Medien aus.

Die Russen hatten damals zwei Kapseln gleichzeitig auf einer Erdumlaufbahn. Valentina stand häufig in Funkkontakt mit ihrem Landsmann Valery Bykovsky (1934–2019). Die beiden Raumschiffe näherten sich einander bis auf etwa fünf Kilometer und landeten beide am 19. Juni 1963 auf der Erde. Ab 1961 trainierten die Russen sechs Kosmonautinnen, die die gleiche strenge Ausbildung absolvieren mussten wie die Männer.

UNTEN **Valentina Vladimirovna Tereshkova wurde aus einem Pool weiblicher Elitekosmonauten erwählt, die erste Frau im Weltraum zu sein.**

OBEN UND NÄCHSTE SEITE

Armstrong, Collins und Aldrin erreichten erfolgreich den Mond. Eifersüchtig verbreitete die Sowjetunion das Gerücht, dass die Mission ein Schwindel war.

Obwohl das Projekt, Menschen auf dem Mond zu bringen, Welten von der historischen Erkundung des Pazifischen und Atlantischen Ozeans entfernt zu sein scheint, gibt es bemerkenswerte Parallelen. Alle frühen Forscher steuerten ihr Schiff auf ein neues Land zu und eine kleine Gruppe fuhr in einem Ruderboot an Land, um das Gelände zu erkunden, bevor sie zum »Mutterschiff« zurückkehrten, um ihre Ergebnisse zu melden. Ähnlich ging man bei *Apollo 11* vor.

Am 16. Juli 1969 starteten drei Astronauten, Neil Armstrong (1930–2012), Edwin »Buzz« Aldrin (geb. 1930) und Michael Collins (geb. 1930) von Cape Kennedy in Florida in der *Apollo*-11-Kommandokapsel an der Spitze einer 155 Millionen PS starken Saturn-V-Rakete. Am 19. Juli trat das Raumschiff in die Umlaufbahn des Mondes ein und trennte sich von der dritten Stufe der Saturn-V-Rakete. Am nächsten Tag kletterten Armstrong und Aldrin durch die schmale Luke aus dem Kommandomodul in die Mondlandefähre *Eagle.* Die beiden Raumschiffe trennten sich und die Landefähre stieg zu Mondoberfläche hinab, während Collins in der Kommandokapsel *Columbia* im Orbit weiterflog.

Das war eine sehr gefährliche Phase der Mission. Die Kommandokapsel und ihre Rettungsrakete kreisten mehrmals hinter dem Mond und verloren den Kontakt zu Armstrong und Aldrin. Wenn etwas schief gelaufen wäre, hätte Collins nicht helfen können.

Nichts ging schief und um 20:17 UTC (Coordinated Universal Time) setzte der *Eagle* auf der Mondoberfläche auf. Die ersten Pläne sahen eine sechsstündige Ruhezeit für die Besatzung vor, aber die menschliche Natur, die Neugier und die Liebe zur Erkundung trieben die Männer an. Am 21. Juli 1969 um 02:56 Uhr UTC war Neil Armstrong der erste Mensch, der die Oberfläche eines Himmelskörpers betrat. Die Amerikaner hatten den Wettlauf zum Mond gewonnen.

Verbündete wie Australien leisteten einen wertvollen Beitrag zur Mission, indem sie wichtige Daten und Signale von der Mondlandefähre übermittelten. Sogar die Russen überwachten den amerikanischen Funkverkehr von einer Einrichtung im südlichen Teil der Sowjetunion aus. Da sie nicht mithalten konnten, gaben sie ihre Absichten auf, auf dem Mond zu landen, und gaben zu, dass der Westen gewonnen hatten.

»Das ist ein kleiner Schritt für einen Menschen, aber ein grosser Sprung für die Menschheit.«

—Neil Armstrong

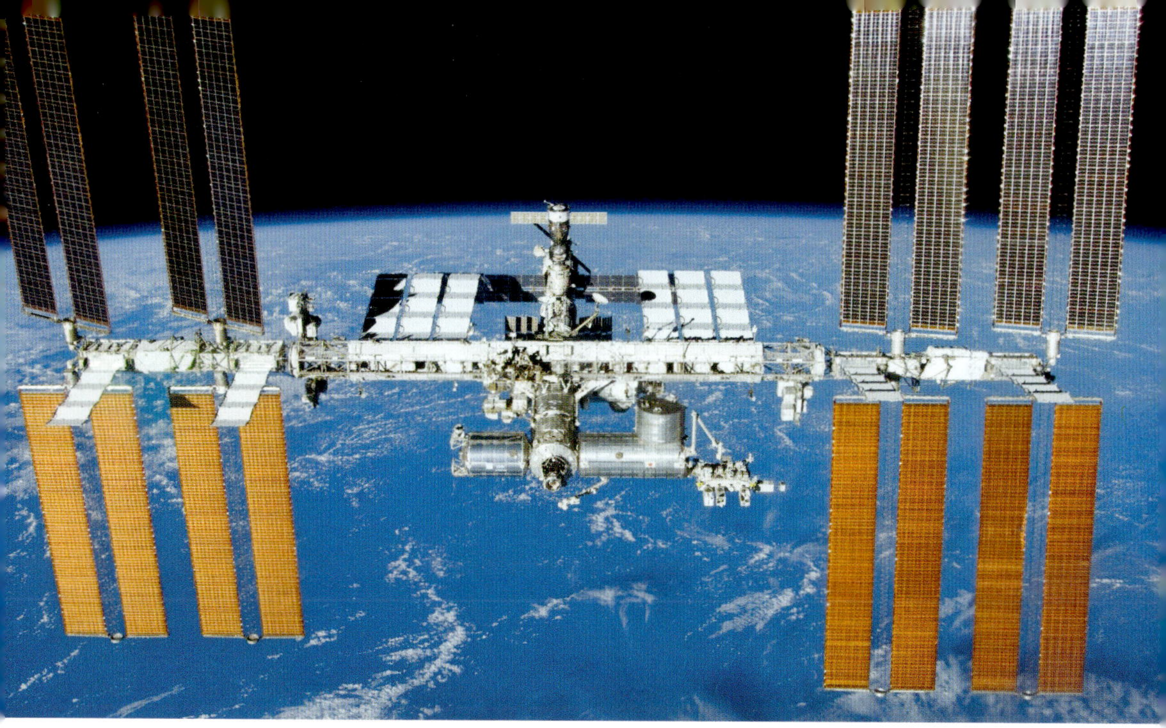

Die drei Astronauten durften sich nach der Rückkehr im Pazifischen Ozean kaum ausruhen. Kurz nach einer Nachbesprechung begab sich das Trio auf eine Reise, die den großen Reisen der Vergangenheit gleichkam. In fünfundvierzig Tagen flogen sie mit der *Air Force II* um die Welt und besuchten vierundzwanzig Länder. Königin Elisabeth II., Papst Johannes Paul I. (amtierte 1963–78) und der König von Thailand gehörten zu den geschätzten 100 Millionen Menschen, die die Astronauten im Rahmen der »Giant Leap«-Welttournee begrüßten. Natürlich stand die Sowjetunion nicht auf dem Programm.

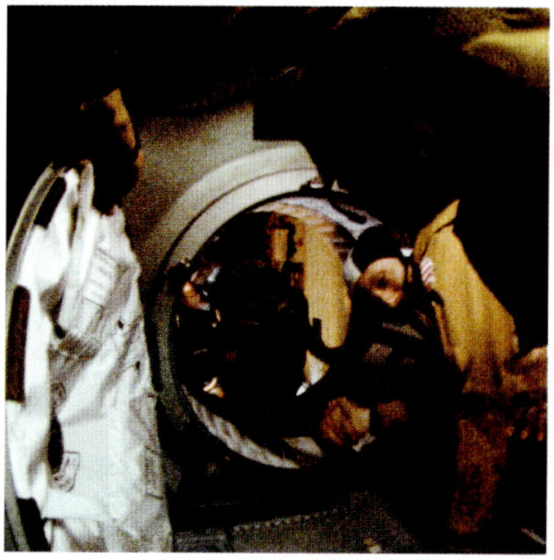

Die Weltraumforschung nach *Apollo* 11 wurde weniger patriotisch. Aus Budgetgründen stellten die Großmächte die Raumfahrt in den Hintergrund. Kooperation statt Wettbewerb wurde die Losung, und 1975 brachte eine *Apollo*-Mission drei amerikanische Astronauten zu einem Sowjetischen *Sojus*-Raumschiff, wo ein symbolischer Handschlag im Weltraum die Bühne für die internationale Zusammenarbeit in der Weltraumforschung begründete, die bis heute mit der 1998 gestarteten Internationalen Raumstation fortgesetzt wird.

OBEN **Die Internationale Raumstation ermöglicht die erste permanente Präsenz der Menschheit im Weltraum. 1975 schüttelten Astronauten und Kosmonauten einander als Symbol des guten Willens die Hände.**

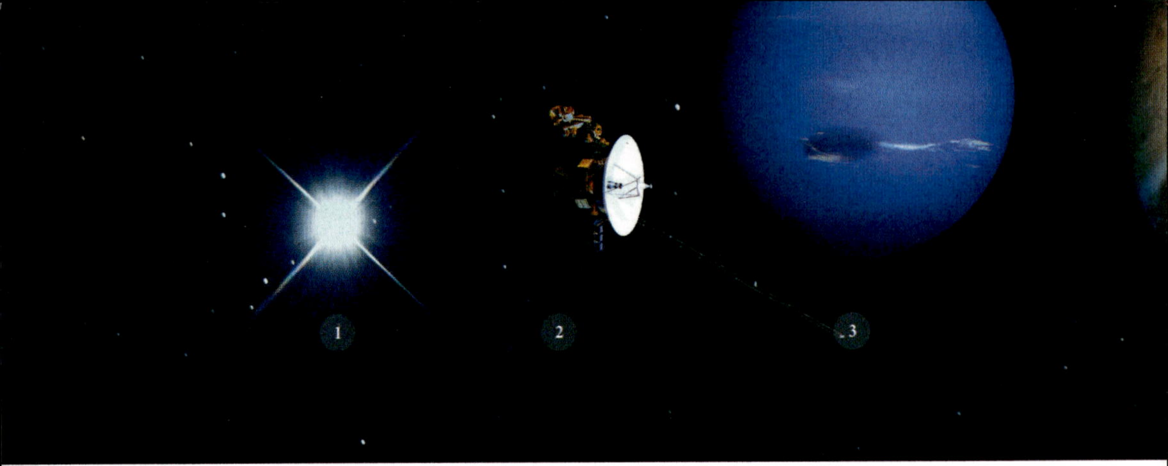

1 Sirius
2 Voyager 2
3 Neptun
4 Jupiter
5 Voyager 1
6 Cassini-Huygenes
7 Saturn

Zeitalter der Raumsonden

In den letzten fünf Jahrzehnten gab es einen neuen Entdeckertyp, die Raumsonde. Gebaut, um weiter und schneller als bemannte Raumschiffe zu fliegen, sind Raumsonden und Lander bedeutend für die Erforschung unseres Sonnensystems und des Weltraums.

Viking

Am 20. Juli 1976 sah der Mensch die Marsoberfläche zum ersten Mal aus der Nähe. Ein Bild von *Viking* 1, die gerade auf dem Planeten gelandet war, zeigte einen staubigen Boden, der mit gezackten Felsen und Steinen durchsetzt war. Ein etwas später aufgenommenes Bild zeigte den Horizont in der Ferne. Andere Bilder von geologischen Formationen bewiesen, dass einst Wasser über die Oberfläche des »Roten Planeten« floss. Tiefe Täler, Flussläufe und sogar uralte Ozeanbecken zeugen von längst verschwundenen Meeren, die von Sturmwolken und Regen gespeist wurden. Neben dem Fotografieren ihrer Umgebung setzten die Lander Sensoren ein, die chemische Analysen durchführen und nach Lebenszeichen suchen. Es wurde keine definitive Antwort auf die Frage gefunden, ob es Leben auf dem Mars gab.

Voyager 1 und *2*

Beide *Voyager*-Sonden wurden 1977 von der NASA gestartet. *Voyager 1* flog an Jupiter, Saturn und dem größten Saturnmond Titan vorbei. Die Sonde untersuchte die Ringe um die beiden Planeten, ihre Atmosphäre und Magnetfelder, während sie detaillierte Fotos der Planetenoberflächen machte. 1980 erreichte *Voyager 1* die Fluchtgeschwindigkeit, um die Anziehungskraft der Sonne zu verlassen, und beförderte sich selbst aus dem Sonnensystem. 2012 erreichte sie die Heliopause (Grenzen der Sonnenwinde) und gelangte in den intergalaktischen Raum. Bemerkenswert ist, dass die Sonde immer noch mit der NASA kommuniziert und, obwohl sie bis jetzt mit 21,9 Milliarden Kilometern das am weitesten von der Erde entfernte von Menschen geschaffene Objekt ist, immer noch Befehle von der Missionskontrolle annimmt.

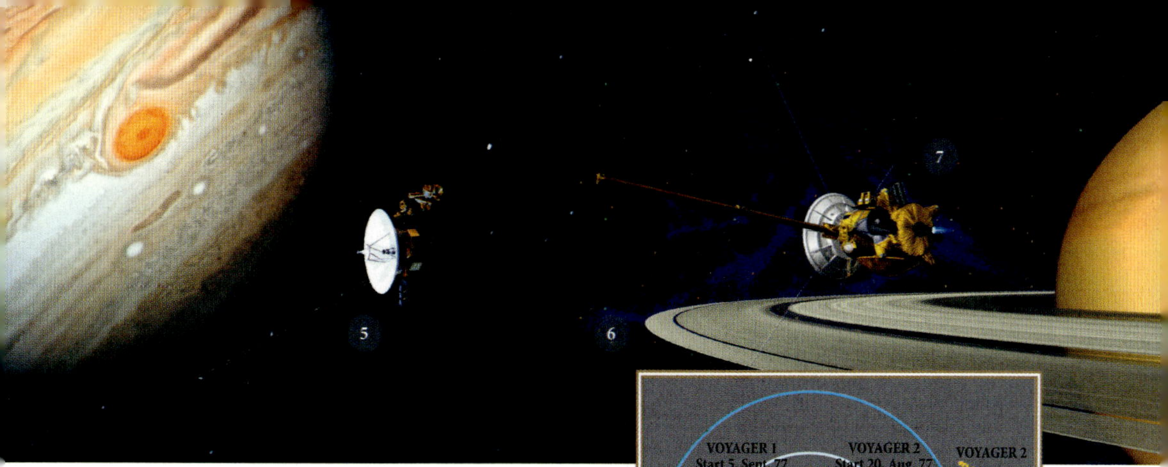

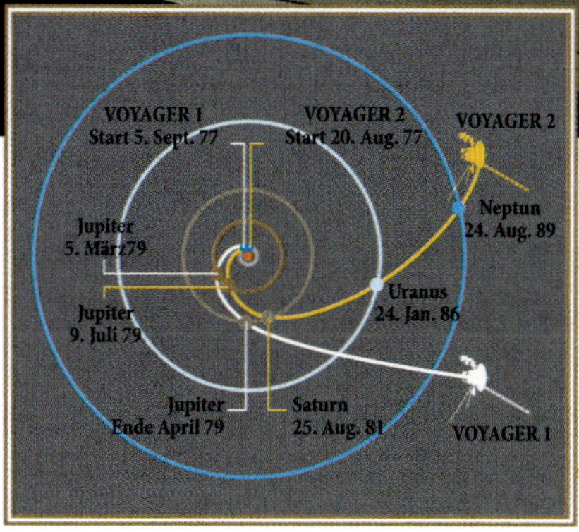

Voyager 2 führte Vorbeiflüge an Jupiter und Saturn durch, näherte sich aber auch Uranus und Neptun. Auch sie erreichte den interstellaren Raum erreicht und rast derzeit mit 15,3 Kilometern pro Sekunde durch den Weltraum, obwohl die Sonde nach mehr als vierzig Jahren im All erst 16 Lichtstunden von der Erde entfernt ist. In etwa 3 000 Jahren sollte *Voyager 2* Sirius passieren, den berühmten »Hundestern«, der 8,6 Lichtjahre von der Erde entfernt ist. Die Sonden werden voraussichtlich bis 2025 senden.

OBEN **Unbemannte Raumsonden und Lander erforschen den Weltraum und unser Sonnensystem. Die Technologie brachte die Entdeckungen schneller denn je voran.**

Cassini

Offiziell als *Cassini-Huygens* Weltraumforschungsmission bezeichnet, kombinierte die bemerkenswerte Entdeckungsreise eine Raumsonde und einen Lander. Die erfolgreiche Mission, die 1997 gestartet wurde, vermittelte der NASA, der Europäischen Weltraumorganisation und der italienischen Weltraumorganisation bedeutende Erkenntnisse über den Saturn, seine Ringe und Monde. Im Jahr 2004 erreichte *Cassini* als erste Sonde die Umlaufbahn des Planeten und verbrachte dreizehn Jahre damit, die Ringe des Saturn und die gasförmige Oberfläche zu fotografieren, bevor sie 2017 in die Saturnatmosphäre eindrang und verglühte. Auf dieser letzten Mission sandte sie wichtige Messwerte zur chemischen Zusammensetzung der Saturnatmosphäre zurück.

Inzwischen erreichte der *Huygens*-Lander am 14. Januar 2005 erfolgreich die Oberfläche des größten Saturnmonds Titan. Es war die erste Landung auf einem Himmelskörper im äußeren Sonnensystem, und bemerkenswerte Fotos einer eisigen Oberfläche und einer methanreichen Atmosphäre wurden zur Erde gefunkt.

Im Februar 2019 führte die japanische Sonde *Hayabusa 2* (japanisch für »Wanderfalke«) das atemberaubende Kunststück durch, auf einem Asteroiden zu landen, der um die Sonne raste und dabei wie ein Kreisel rotierte. Die Sonde musste sich dem kleinen Asteroiden 162173 Ryugu nähern und einen Landeplatz auf seiner felsigen Oberfläche finden, die einen Durchmesser von nur 900 Metern hat.

Auf den Grund des Meeres

Man kann sagen, dass die Erforschung der Tiefen des Ozeans mit Ferdinand Magellan begann, der im 15. Jahrhundert versuchte, die Tiefen des Pazifischen Ozeans zu erkunden. Er befestigte eine Eisenkugel an einem 300 Meter langen Seil und ließ sie tief in den Ozean hinab, aber sie erreichte den Meeresboden nie.

Die wahre Tiefe des Ozeans wurde erst im 20. Jahrhundert durch den Einsatz modernster Sonar- und Radartechnik ermittelt. Die tiefste Stelle ist der Marianengraben im Pazifischen Ozean. Dieser riesige, sichelförmige Graben ist an seiner tiefsten Stelle etwa 11 000 Meter tief. Der Mount Everest wäre in diesem Graben immer noch mehr als 3 000 Meter unter Wasser!

Natürlich ist der Druck in einer solchen Tiefe immens (1 Tonne pro Quadratzentimeter), aber ein Mann drang auf den Boden von Challenger Deep (dem tiefsten bekannten Stelle im Marianengraben) mit einem Gerät, das Magellans Tiefensucher ähnlich war, einem Objekt, das die Schwerkraft nutzte, um den Boden zu erreichen.

Der berühmte kanadische Filmregisseur James Cameron (geb. 1954) steckte einen Großteil seines Vermögens in den Bau des Solo-Tiefseebootes *Deepsea Challenger*, damit er Challenger Deep erkunden konnte.

OBEN James Cameron versenkte viele Millionen Dollar in der Tiefseeforschung.

Das U-Boot sollte wie eine eiserne Kanonenkugel so schnell wie möglich mit 150 Meter pro Minute sinken. Dadurch brauchte Cameron, einer der wenigen Männer, die den Grund des Marianengrabens erreichten, nur siebzig Minuten, um sein Ziel zu erreichen. Er hatte dann mehr Zeit, die wissenschaftlichen Instrumente des U-Boots, Greifarme und Sauger zu verwenden, um Daten zu sammeln und hervorragende 3D-Bilder zu filmen.

Diese faszinierende Expedition vom März 2012 zeigte, dass Menschen viel entdecken können, wenn sie die »Hadal-Zone« unterhalb von 6 000 Metern Tiefe erkunden. Einige Wissenschaftler sehen im *Deepsea Challenger* das perfekte Gerät für eine mögliche Erforschung des wasserreichen Monds Europa.

Zukunft der Weltraumforschung

Die *Europa-Clipper-* und *Europa-Lander-*Missionen sind noch im Entwurfsstadium, aber sie klingen fantastisch aufregend. Frühere Vorbeiflüge an Jupitermond Europa zeigten, dass es sich um einen vollständig mit Wasser bedeckten Himmelskörper mit einer 15 bis 25 Kilometer dicken Eiskruste handelt. Diese Kruste bewegt sich ständig und verschiebt sich, genau wie die tektonischen Platten unseres eigenen Planeten, und weisen die Existenz eines lebendigen Kerns hin, aus dem hydrothermale Gase auf den Boden des Ozeans Europas gelangen.

Gibt es dort vielleicht wasserbewohnende Tiere und Pflanzen, die mit denen auf der Erde konkurrieren, vielleicht sogar intelligentes Leben? Der *Clipper*, der im dritten Jahrzehnt dieses Jahrhunderts gestartet werden soll, wird geeignete Standorte ausfindig machen, wo ein *Lander* auf der Oberfläche dieses faszinierenden Mondes aufsetzen und nach biologischen Signaturen suchen könnte.

Vielleicht wird diese Expedition endlich beweisen, dass »wir nicht allein sind«. Hightech-Zauberer sprechen bereits darüber, menschliches Bewusstsein auf einen elektronischen Speicher hochzuladen – vielleicht werden »Menschen« bald die Sterne erreichen!

UNTEN **So stellt sich ein Künstler den *Lander* auf Europa vor. Er wird mit Sensoren ausgestattet sein, die Anzeichen von Leben erkennen sollen.**

Weltraumaffen

Der sowjetische Hund Laika war nicht das einzige Lebewesen, das ins All geschickt wurde. Affen galten als perfekte Versuchsobjekte, um die Auswirkungen der Raumfahrt auf Menschen zu testen, da sie so eng mit uns verwandt sind. Viele verschiedene Arten von Primaten wurden in den Weltraum geschossen. Sie wurden normalerweise sediert, um sie auf den aufregenden Reisen ruhig zu halten.

Der erste Primat der Vereinigten Staaten war der Rhesusaffe Albert, der 1948 in eine V-2-Rakete geschnallt wurde. Nicht wenige »Alberts« wurden ins All geschickt, einschließlich Albert III., einem Langschwanzmakaken. Auch Totenkopfaffen wurden von den Amerikanern verwendet, ebenso einige Südliche Schweinsaffen.

Argentinien schickte 1969 einen Kapuzineraffen namens Juan hinauf, und 2001 schickte China ein Kaninchen, einen Affen und einen Hund an Bord einer *Shenzhou II*-Rakete ins All.

UNTEN Der Schimpanse Ham startete 1961 in den suborbitalen Raum. Während der Reise zog er einige Hebel, wenn er von Lichtern dazu aufgefordert wurde. Er überlebte die Mission.

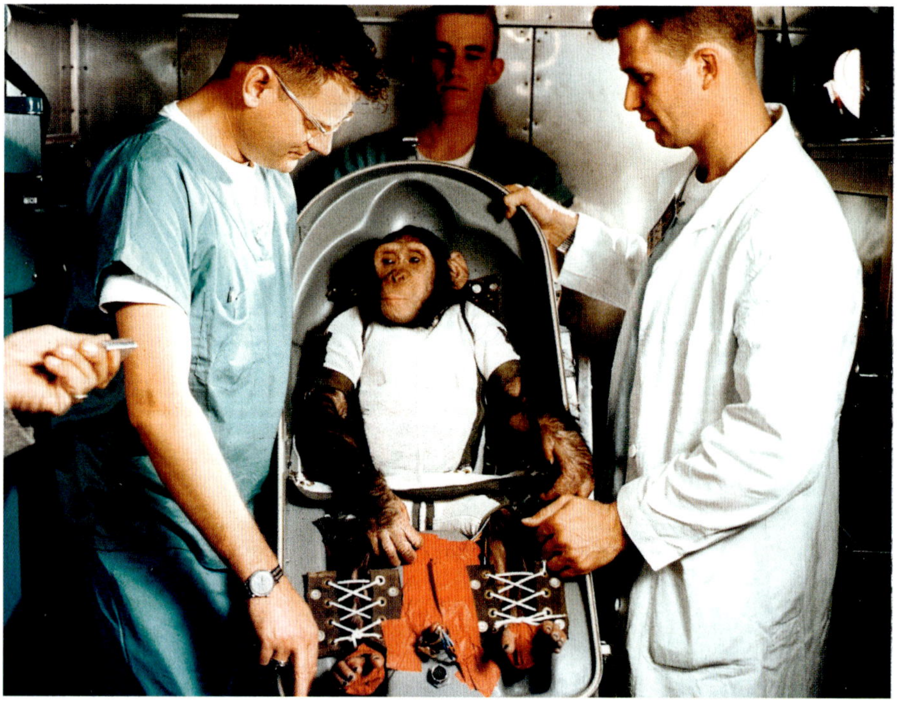

Destination Mars

Mars

Die jüngsten Missionen zeigten, dass es auf dem Mars einst reichlich Wasser gegeben hatte. Die beiden Mars-Rover, *Spirit* und *Opportunity*, fanden Kieselsteine, die durch Tausende von Jahren durch fließendes Wasser abgeschliffen wurden. Fast zwei Prozent des »Bodens« des Mars sind Wasser. Der Nordpol des Mars war früher von einem riesigen Gewässer bedeckt, das ein Fünftel des Planeten ausmachte. Zweifellos gibt es immer noch große Mengen an gefrorenem Wasser an den Polen, die nur auf ihre Entdeckung und Ausbeutung warten.

Der 2006 gestartete *Mars Reconnaissance*-Orbiter der NASA fotografierte im Verlauf von 60 000 Umrundungen 99 Prozent der Planetenoberfläche. Detaillierte Fotos ergaben Hinweise, wie Menschen den »Roten Planeten« kolonisieren könnten. An einigen Orten wurden während des Marssommers Schmelzwasser- oder Eislawinen an der Oberfläche entdeckt und Reste hydrothermaler Spalten gefunden. Genau wie auf der Erde sind diese Orte ein Hotspot, an dem eine Vielzahl nützlicher Mineralien gefunden werden kann.

Sollte eine Kolonie gegründet werden, werden alle Teilnehmer die ersten unabhängigen interplanetaren Entdecker sein. Die Entfernungen sind groß. Wenn die Planeten Erde und Mars am weitesten voneinander entfernt sind, trennen sie etwa 400 Millionen Kilometer. Die geringste Entfernung, die nur alle zwei Jahre auftritt, beträgt etwa 55 Millionen Kilometer. Ein Funksignal zwischen den beiden Planeten kann bis zu zwanzig Minuten brauchen.

Angesichts dieser Schwierigkeiten müssen alle menschlichen Forscher, die den »Roten Planeten« erreichen, von Anfang an autark sein. Sie müssen ihren eigenen Brennstoff herstellen, ihre eigene Nahrung anbauen und ihre Sauerstoffvorräte aus Wasser auf dem Planeten gewinnen. Mit 3D-Druckern werden sie wahrscheinlich Gehäuse und Ausrüstung herstellen. Neue Technologien werden es den Siedlern ermöglichen, Wasser mittels Elektrolyse in seine Atome zu spalten und so Treibstoff und Sauerstoff für Wasserstoffraketen

UNTEN **Die unterschiedlichen Umlaufbahnen von Mars und Erde schränken die Möglichkeiten menschlicher Expeditionen zum Roten Planeten ein.**

Marsrover *Opportunity*

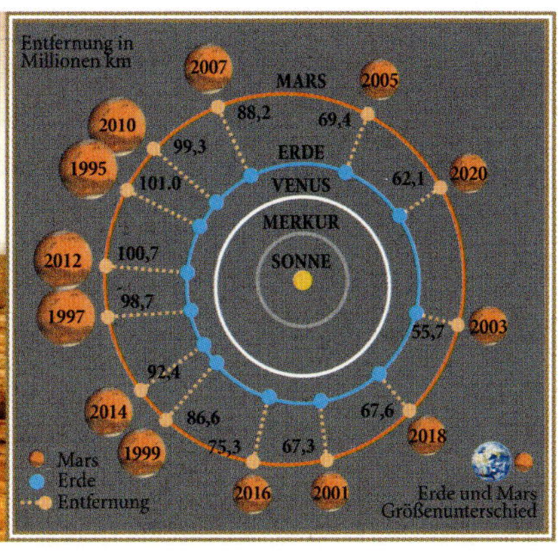

zu produzieren. Glücklicherweise dürfte die Marskruste riesige Vorkommen an Eisen, Gold, Nickel und anderen lebenswichtigen Ressourcen für die menschliche Besiedlung enthalten.

Woher kommt das Know-how für solche Technologien? Aller Wahrscheinlichkeit nach wird die Menschheit permanente Kolonien von Entdeckern auf dem Mond errichten müssen, um die Praxistauglichkeit der neuen Technologien zu testen. Indien leistete dazu einen wichtigen Beitrag. 2008 bestätigte der Mondorbiter *Chandrayaan 1* das Vorhandensein unterirdischer Eisablagerungen auf den Polkappen des Mondes, die höchstwahrscheinlich der Ort zukünftiger Exploration und Besiedlung sein werden. Schon jetzt planen die NASA und einige Privatunternehmen eine dauerhafte Präsenz. Ein Raumschiff namens *Gateway* soll den Mond umkreisen und Unterstützung für menschliche und robotische Missionen bieten. Die Russen beabsichtigen, bis 2030 auf dem Mond zu landen, und andere Mächte, einschließlich China, prüfen ähnliche Optionen. Jedes Raumschiff, das vom Mond gestartet wird, benötigt einen Bruchteil des Treibstoffs, der benötigt wird, um eine Rakete aus der Erdatmosphäre zu starten.

So wie die Portugiesen, Spanier und Wikinger von bekannten Inseln aus auf ihrem Weg in die Neue Welt fuhren, so kann die Menschheit ihren Weg zum Mars finden. Hoffentlich wird die Erforschung des Mars und darüber hinaus Science Fact und nicht Science Fiction sein.

UNTEN **Ständig werden neue Planeten entdeckt. Viele liegen in der »habitablen Zone«, nicht zu heiß, nicht zu kalt, genau richtig.**

LINKS HMS *Victoria* war der Höhepunkt der vorindustriellen Technologie. Wie wird unsere Technologie in 2000 Jahren aussehen?

UNTEN Letzte Grenzen: Wären Sie immer noch Sie selbst, wenn Ihr Bewusstsein auf eine Maschine hochgeladen würde?

Die Zukunft der Entdeckungen

Im achtzehnten und neunzehnten Jahrhundert durchzogen riesige Kriegsschiffe die Ozeane. HMS *Victoria* war das größte jemals hölzerne Schlachtschiff. Sie wurde 1859 gebaut, war 80 Meter lang und 18 Meter breit. Sie trug 121 schwere Kanonen und der höchste Mast war mehr als 30 Meter hoch.

Schiffe konnten nicht größer sein, ihre Erbauer nutzten alle Ressourcen und Technologien, die zu dieser Zeit verfügbar waren, der Bau von Schiffen mit Tauen, Holz und Eisen war an seinem Höhepunkt. Tausende von Jahren der Entwicklung hatten zum ultimativen Segelschiff aus Holz geführt, das die Technologie voll nutzte und nicht verbessert werden konnte.

In den letzten 100 Jahren erfanden Menschen neue Technologien, darunter Computer, Robotik, Raumfahrt und künstliche Intelligenz. Einige dieser Entwicklungen stecken noch in den Kinderschuhen, aber schon jetzt steigt unser Wissen exponentiell an und übersteigt bei Weitem frühere Perioden des menschlichen Verständnisses und der Technologie.

Wo werden die Menschen sein, wenn unsere aktuellen Technologien ihr volles Potenzial erreicht haben? Werden sie jemals ihr volles Potenzial erreichen? Ist unsere Galaxie die Grenze? Das Universum? Sind Raum und Zeit die Grenzen?

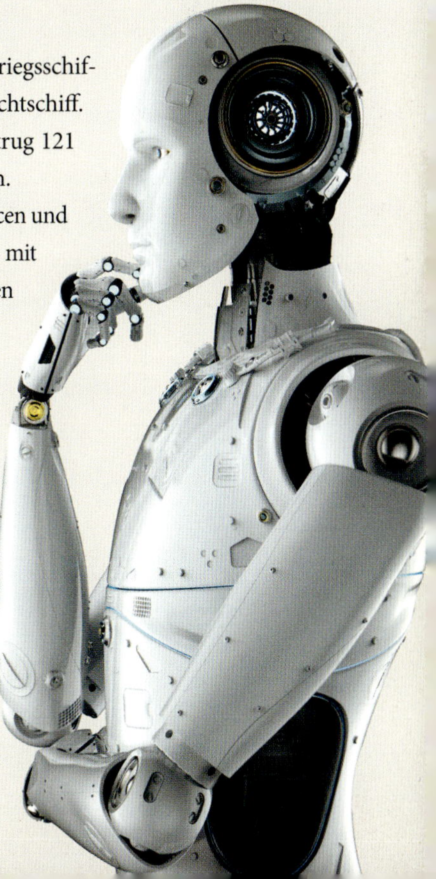

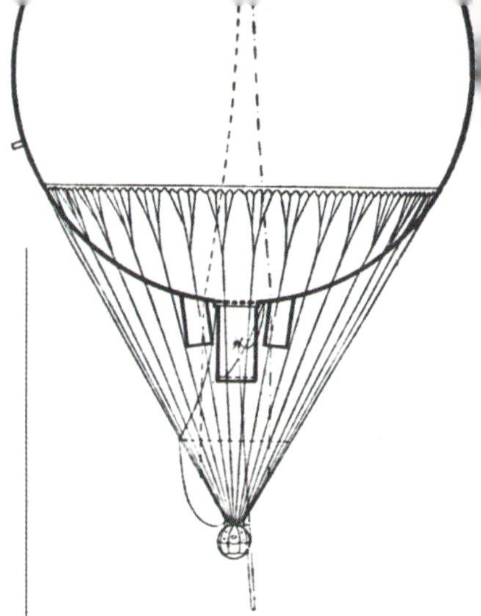

Weiterführende Literatur

Allen, John Logan, E. Julius Dasch, and Barry M. Gough, eds. *Explorers from Ancient Times to the Space Age, Vol. 2.* New York: Macmillan, 1999.

Aughton, Peter. *Voyages that Changed the World.* London: Quercus, 2007.

Boyle, David. *Voyages of Discovery.* London: Thames and Hudson, 2011.

Elliott, Lynne. *Exploration in the Renaissance.* Canada: Crabtree Publishing Company, 2009.

English, Charlie. *Die Bücherschmuggler von Timbuktu: Von der Suche nach der sagenumwobenen Stadt und der Rettung ihres Schatzes.* Hamburg: Hoffmann und Campe Verlag, 2018.

Farrington, Karen. *Atlas der Weltreiche.* Wien: Tosas, 2002.

Gascoigne, John. *Captain Cook: Voyager Between Worlds.* New York, Hambledon Continuum, 2007.

Haywood, John. *Wikinger: Der ultimative Karriereführer.* Darmstadt: wbg, 2023.

James, Lawrence. *Empires in the Sun: The Struggle for the Mastery of Africa.* London: Weidenfeld & Nicolson, 2016.

Matthews, Rupert. *Eyewitness Explorer.* New York: DK Publishing, 2005.

Mundle, Rob. *Dampier, the Dutch and the Great Southern Land.* Australia: ABC Books, 2017.

Ridley, Glynis. *The Discovery of Jeanne Baret: A Story of Science, the High Seas, and the First Woman to Circumnavigate the Globe.* New York: Fourth Estate, 2010.

Salentiny, Fernand. *Dumont's Lexikon der Seefahrer und Entdecker. Von Amundsen bis Zeppelin.* Köln: DuMont Buchverlag, 1995.

Thompson, Christina. *Sea People: The Puzzle of Polynesia.* London: William Collins, 2019.

Vail, Martha. *Exploring the Pacific.* New York: Facts on File, 2005.

REGISTER

Abbildungsnachweis

Wir danken für die Genehmigung zur Vervielfältigung von urheberrechtlich geschützten Abbildungen

ALAMY | Lakeview Images: 13; The Picture Art Collection: 14, 136; Falkensteinfoto: 15, 37; World History Archive: 18, 66, 152; Ivy Close Images: 20, 40, 43; Science History Images: 21, 79, 82, 102, 104, 110; Prisma Archivo: 23; Granger Historical Picture Archive: 27, 48, 51, 128; Peter Horree: 30; Lanmas: 31; Lebrecht Music & Arts: 38, 54; North Wind Picture Archives: 41, 107, 115, 155; The History Collection: 50; Chronicle: 53, 60, 180; Dinodia Photos: 59; Pictorial Press Ltd: 69; Juan Aunion: 70; Archive Images: 76; Izel Photography: 93; The Granger Collection: 95; 19th era 2: 123; Sabena Jane Blackbird: 126; National Geographic Image Collection: 126; Artokoloro Quint Lox Limited: 147; 914 collection: 185; Interfoto: 187

DREAMSTIME | Anton Kovalenko: 39

GETTY IMAGES | GraphicaArtis: 9; Herbert Ponting/Scott Polar Research Institute, University of Cambridge: 10; Hulton Archive: 28, 33, 114, 168; Heritage Images: 29, 58; Print Collector: 49, 134, 176, 177; Apic: 61; duncan1890: 80; jopstock: 85; Universal Images Group: 87; Universal History Archive: 89, 112, 161; Kean Collection: 91; De Agostini Editorial/A. Dagli Orti: 92, 179; Bettmann: 100; Photo Josse/Leemage: 106; Benoitb: 116; SeM: 124; De Agostini Editorial/Biblioteca Ambrosiana: 129; De Agostini Picture Library: 131; Science & Society Picture Library: 144; Royal Geographical Society: 153; API: 162; PHAS: 169; Time Life Pictures: 170, 171; Library of Congress: 172; George Rinhart:173; Historical Picture Archive: 178; Paul Popper/Popperfoto:181, 182; Robert Peary: 184; Bob Gomel/LIFE Images Collection: 187; SOVphoto: 189; Rolls Press/Popperfoto: 191; Keystone-France: 192; Jason LaVeris: 198

NASA | Neil A. Armstrong: 11; NASA: 189, 193, 194, 195, 200, 201; Marshall Space Flight Center: 190; Crew of STS-132: 195; JPL: 196, 197, 199; ESA, A. Simon (Goddard Spaceflight Center) and M. H. Wong (University of California, Berkeley): 197; Appolo 17 crew: 201; JPL/Caltech/R. Hurt (SSC-Caltech): 202

SCIENCE PHOTO LIBRARY | 146

SHUTTERSTOCK | Hein Nouwens: 5; Warpaint: 6; Cimmerian: 7; MoreVector: 8; Channarong Pherngjanda: 11, 122; Morphart Creation: 11, 12, 26, 28, 36, 46, 70, 75, 86, 99, 102, 113, 115, 117, 124, 135, 149, 156, 160, 165, 168, 180, 184; HelenField: 11; Heather Shimmin: 13; Everett Art: 17, 108; Bodor Tivadar: 31; alexblacksea: 33; Russ Heinl: 44; Marzolino: 46, 67,167, 174, 175; Rudra Narayan Mitra: 47; Renata Sedmakova: 55; Hidear: 56; enciktat: 63; R.A. Karamullah: 64; beibaoke: 65; NataLima: 66, 142; Tommy Lee Walker: 67; Mateusz Kurzyk: 68; Naci Yavuz: 68; Everett Historical: 74, 77, 97, 98, 109, 138, 157, 158, 163; Viktoriia_M: Cover, 75; Bill Perry: 84; Alexandr Vorobev: 85; Prachaya Roekdeethaweesab: 4, 94: imwaltersy: 96; Kiev.Victor: 105; fotandy: 111; saiko 3p: 120; Dn Br: 125; Creative Marc: 125; Stocksnapper: 127; MM_photos: 132; Umomos: 132; Iada: 135; Artur Balytskyi: 5, 135 189; Tero Hakala: 137; Slonomysh: 142; Olga_Zaripova: 142; Barnaby Chambers: 151; andrey oleynik: 158; Young Swee Ming: 164; Linest: 164; Hakan Eliacik: 166; Oleg Golovnov: 181; Robert_s: 191; MarcelClemens:196; Phonlamai Photo: 203

THE MET | Harris Brisbane Dick Fund 1934: 19

UNSPLASH | William Christen: 52; Babak Fakhamzadeh: 93.

WIKI COMMONS | Clasical Numismatic Group www.cngcoins.com: 16; The Athenaeum www.the-athenaeum.org: 22; Geoz 2005: 24; Rvalette: 25; Allposters: 32; SteenWeile: 34; Karamell: 35; Nasjonalgalleriet Oslo: 42; Gilwellian: 45; Old News: 51; British Library via Flickr: 71, 72, 130; Public Domain/Museu Paulista (USP) Collection: 73; Ruiz via Spanish Wikipedia: 78; www.crystalinks.com: 81; Houghton Library, Harvard University: 83; WIKI Commons: 88, 90, 100, 101, 102, 108, 119, 121, 140, 143, 165, 203; State Library of New South Wales: 99, 148, 149, 150, 154; PawełMM: 101; Evan T. Jones: 103; Barry Lawrence Ruderman Antique Maps Inc.: 111; Tuht14jZ6YCqFA @ Google Cultural Institute: 118; nl:nationaal Archief: 133; Fitmoos: 136; www.collections.tepapa.govt.nz: 139; Florian FDP: 141; nmm.ac.uk: 145; Prints and Photographs Division, Library of Congress: 145; PD.ART: 146; State Library of Queensland: 147; Agência de Notías do Acre: 159; www.ihm.nlm.nih.gov: 162; David Killik: 183; Ben_pcc: 190; Gregory R. Todd: 188; Mellostorm: 196, 197

Obwohl alle Anstrengungen unternommen wurden, Abbildungen zu zitieren, möchte sich der Verlag für Auslassungen oder Fehler entschuldigen und würde sich freuen, entsprechende Korrekturen in zukünftigen Ausgaben des Buches vorzunehmen.